JN280714

The Ethics in the 21st Century

21 世紀の倫理

笠松 幸一・和田 和行 編著

大熊　圭子
小口　裕史
京屋　憲治
小松奈美子
小山　英一
齋藤　暢人
杉田　広和
鈴木みどり
高橋陽一郎
平野　明彦
降旗　芳彦

八千代出版

はじめに

　21世紀に入り、倫理、倫理学は人類史上の新事態に直面してますます混迷を深めている。医療技術は、遺伝子治療やクローニングのように直接に生命を操作できる。資本主義的経済活動は、拡大再生産を加速させて自然環境の大規模な破壊をもたらしている。電子メディアの情報は、容易に国境を超えて高速・広域・同時的に地球上のインターネット網を駆けめぐり、グローバル化を進めている。以上のような生命、環境、メディア、グローバル化等の諸問題、そこにはいうまでもなく近代科学技術が根深くかかわっている。いまや科学技術は、私たちの生（生命・人生・生活）に密接不離なそれとして展開している。したがって、科学技術のあり方に触れることなしに、現代の倫理および倫理学を語ることはできない。

　本書は、現代倫理における諸問題について、その解決をめざすというよりも、むしろまずは的確にその問題を把握すること、その問題をわかりやすく整理することに主眼をおいた。著者たちは、自分たちの生命・人生・生活に即した具体的事例からの問題把握に努めた。曖昧な問題把握をしないように、また早急な問題解決を図ろうとしないように心がけた。的確な問題把握の中からこそ、善なる、正なる問題解決としての倫理的実践が開かれてくるからである。これが本書に寄せる著者一同のコンセプトである。

　はたして近代は本当に人間の倫理および倫理学を構築して来たのであろうか。著者たちは、本書を執筆するにあたり、近代倫理の展開を科学技術との関連において見直しをする議論を積み重ねてきた。その中で、近代倫理においては、男性の視点ばかりが重きをなして、女性の感じ方・考え方、その視点からの倫理的実践が欠けていたのではなかろうか、その意味において近代倫理はまだ半人前の倫理ではなかったか、という思いに至った。母が命を産み育む、自然は母なる自然でもある。そして母の眼差し・ことばが子どもにとっては最初のメディアである。近代倫理が、こうした女性（母）なるもの

の倫理的実践（たとえば「共生」）を忘却して来たがゆえに、現在、私たちは、生命、環境、メディア、グローバル化などの問題に立ち至ったのである。このような発想を編者は本書の根幹に据えた。

　本書の刊行にあたり、編者の趣旨に賛同してくださり快くペンを執ってくださった執筆者の方々に、編者として厚く御礼を申し上げたい。とりわけ、編者の半人前の能力が一人前になるようにご指導をしてくださった鈴木みどり先生、小松奈美子先生には心より感謝を申し上げたい。

　八千代出版社長、大野俊郎氏には出版の遅れをお詫び申し上げるとともに、本書の進捗を暖かく見守っていただいたことに深謝するのみである。また、同社編集部、森口恵美子氏には編集の進捗において種々のご配慮をいただいた、謝意を表するものである。

　本書が、21世紀を担う若き読者に親しまれて、若い方々の倫理的実践の一助となりうるならば、著者一同にとってこれに優る喜びはない。

　　　　　　　　　　　　　　　　　　　　　編　者　笠松幸一

目　次

はじめに

第1章　倫理学の歴史 ——————————————————— 1

1　倫理とは何であるか ………………………………………… 2
1 倫理の語義　2 実践としての倫理　3 倫理の変容性
4 日本の倫理

2　古代・中世の倫理 …………………………………………… 11
1 ソクラテスにおける無知の知　2 プラトンのイデア論
3 アリストテレスにおける倫理的徳　4 ストア派における自然と理性　5 エピクロス派の快楽主義　6 アウグスティヌスにおける自由意志　7 トマス・アクィナスにおける理性と信仰

3　近代の倫理 …………………………………………………… 25
1 社会契約説の三つの基本理念　2 カントにおける道徳法則と人格の尊厳　3 功利主義と自由主義の二つの原型
4 ニーチェにおける近代批判と道徳の系譜

4　現代の倫理 …………………………………………………… 37
1 メタ倫理学　2 プラグマティズムの倫理思想　3 応用倫理学　4 現代倫理学の課題

第2章 生命倫理 —— 49

1 遺伝子治療 …… 50
1 染色体、DNA、ゲノム　2 遺伝子　3 ヒトゲノム解析：遺伝病、DNA多型　4 遺伝子治療　5 ゲノム創薬、テーラーメイド医療　6 再生医療　7 遺伝子診断

2 移植医療 …… 63
1 脳死は人の死か　2 脳死は人の死である：臨調答申の多数意見　3 脳死は人の死ではない：臨調答申の少数意見　4 人格、因果関係、脳　5 二つの意見に対する批判

3 生殖医療 …… 75
1 人工授精とノーベルバンク　2 体外受精をめぐる倫理的諸問題　3 出生前診断と中絶　4 出生前診断とリプロダクティブ・ヘルス／ライツ　5 受精卵診断とドナー・ベビー

4 未来に向けて …… 88
1 人類と「死」　2 「昔の死」と「現代の死」　3 「患者の権利章典」とインフォームド・コンセント　4 生命倫理とパターナリズム　5 現代医学と安楽死・尊厳死　6 EBMからNBMへ　7 未来に向けて

第3章 環境倫理 —— 101

1 環境破壊 …… 102
1 「沈黙の春」　2 環境破壊の思想的背景：西洋と東洋　3 20・21世紀的環境破壊　4 環境破壊と倫理：世代間倫理と遠隔責任

2 自然の権利 …… 112

1 自然の権利思想の歴史　2 人格　3 権利、義務、契約
　　　4 自然と人間

　3 自然保護と生態学 ………………………………………… 123
　　　1 保全と保存　2 生態学的立場　3 多様性の問題　4 人間中心主義

　4 環境思想とホーリズム …………………………………… 133
　　　1 生態学的危機の時代：リン・ホワイトの告発　2 プロセス神学：ホワイトヘッドの思想とその展開　3 ディープ・エコロジー：アルネ・ネスの運動　4 エコフェミニズム：マーチャントの闘い　5 近年の動向：「京都議定書」その他

第4章　メディア社会の倫理 ―――――――――――― 145

　1 社会の情報化をめぐって ………………………………… 146
　　　1 マス・コミュニケーションにおける社会的責任　2 情報コミュニケーションの世界秩序　3 メディア社会を生きる市民とメディア・リテラシー　4 メディア・リテラシーとメディア倫理

　2 広告倫理 …………………………………………………… 160
　　　1 広告とは　2 広告における倫理　3 今後の広告倫理のあり方

　3 コンピュータ・エシックス ……………………………… 173
　　　1 コンピュータ・エシックスとは　2 ネチケット：ネットワーク（インターネット）でのエチケット　3 電子民主主義：コンピュータとインターネット（ネットワーク）を使った民主主義　4 デジタル・デバイド（情報格差）　5 著作権の保護　6 プライバシーの保護と個人情報保護

4 メディア倫理 ………………………………………………… 185
　1 何が問題か：メディア倫理をめぐる問題の所在　2 グローバルに展開する変革の取り組み　3 日本における現状と課題

第5章　グローバル化時代の倫理 ──────── 199

1 多文化社会とリベラリズムの課題 ……………………………… 200
　1 グローバリゼーションとは？　2 多文化主義と承認をめぐる問題　3 リベラリズム対リバタリアニズム　4 リベラリズム、リバタリアニズム対コミュニタリアニズム　5 正義論と人権思想の普遍性をめぐって

2 ジェンダーとマイノリティ ……………………………………… 214
　1 主なフェミニズムの主張　2 つくられる性の枠組みとしてのジェンダー　3 マイノリティと平等　4 多様化社会における私たちのあり方

3 ポストモダンの倫理 ……………………………………………… 223
　1 ポストモダン宣言：メタ物語に対する不信感　2 ポストモダンの倫理と20世紀の負の遺産　3 フーコー：権力の病弊と離脱の倫理　4 ドゥルーズとガタリ：欲望解放の倫理　5 デリダ：脱構築の倫理

4 グローバル化時代のコミュニケーション倫理 ………………… 235
　1 グローバル化とコミュニケーション　2 コミュニケーション哲学の形成　3 二つのコミュニケーション論　4 コミュニケーションと沈黙

おわりに
人名索引 ……………………………………………………… 249
事項索引 ……………………………………………………… 253

第 1 章

倫理学の歴史

　本章では、まず倫理および倫理学の実践的性格を理解するとともに、人間生活の4つの関係性に基づいて応用倫理の役割を考慮しつつ、倫理の意味を把握したい。次に、倫理の歴史的展開を古代・中世、近代、現代へとたどりながら概観する。

　倫理は、古代ギリシャにおけるポリス（都市国家）の民主制において自覚的に考察され、そこに善や正義や徳等の観念が生まれた。やがて中世において倫理は神中心のキリスト教倫理となり信仰を基礎として展開した。ルネッサンス期を転機として倫理は人間中心に展開しはじめて、近代に入ると人間の理性や快楽を基調とする市民社会の倫理として展開した。そこにおいては個人の自由、平等、幸福、財産などにかかわる権利や義務が主張されることになった。また科学革命以降の科学技術の進展、および産業革命以降の資本主義的経済活動は、市民生活を豊かで便利なものにしてくれたが、そこには深刻な問題もまた生じてきた。そして現代において、倫理は生命や環境や情報などにかかわる諸問題に直面している。

　本章では、倫理および倫理学は歴史的要請に応えながら展開してきたこと、また歴史は倫理的要請に応えながら進展してきたことを確認しよう。この倫理と歴史の相互性に着目することによって、歴史的課題である21世紀の倫理の理解を深めよう。

1 倫理とは何であるか

◼ 倫理の語義

「倫理」の「倫」という字は「人のまとまり、なかま」を表している。また倫理の「理」という字は、「ことわり、すじみち、道理、理法」を表している。したがって端的にいうと、倫理とは、「人のまとまり」や「なかま」を可能にしてくれる「すじみち」や「理法」といえる。換言すると倫理とは、人がまとまりなかまとなっている社会、そこにおける人間関係のすじみちであり、理法である。この人のまとまり、なかまの外延的内容は可変的である。その内容はたとえば、家族、部族、共同体、地域社会、民族、国民等々である（21世紀は「地球市民」というなかま意識が生まれるかもしれない）。いかなる内容であれ、人がまとまり、なかまとなるところには倫理を見出すことができる。

したがって、倫理とは社会における人間関係の理法であり、その関係における行為には、正邪善悪などの価値的な評価が行われる。それゆえに、学問としての倫理学は、社会における人間関係の理法、およびその根拠や基準などについて考究する学である。

倫理・倫理学は翻訳された言葉であり、もとの言葉は ethics（英）、Ethik（独）、éthique（仏）であり、それらの語源は古代ギリシャ語のエートス（ēthos）である。エートスは社会（なかま）とともにそれを構成する諸個人の慣習・習俗を意味する。「郷に入っては郷に従え」という格言がある。人は知らない土地を訪れた場合、その土地の慣習や習俗に従うことが礼儀であり、またそうすることによってはじめてその土地のなかまに入って生活しえる、という意味である。人のまとまり、なかまには、それが家族や部族や共同体や地域社会などどんな形であれ、そこにはそれぞれのエートスがあるということである。エートスは具体的には、社会においては慣習・習俗として、個人においては性格・人柄・習慣として表出していよう。なお道徳（moral）についていうと、モラルは、ラテン語の mos（慣習・習俗）と、その複数形

のmores（行為・行状）に由来する語であり、エートスとほぼ同義であるといえよう。

　日本において倫理学が自覚され体系的に研究されはじめたのは、西欧の諸学を受容した明治期であった。倫理、倫理学の語は、ドイツ観念論や新カント学派の学究、中島力造（1858-1918）や井上哲次郎（1855-1944）による訳出と伝えられる。ちなみに、倫理の語は古くは中国の四書五経の一つ『礼記』にはじめて認められる。倫理は以下のように記されている、「楽者通倫理者也」。本当の「楽しみとは倫理に適っているものである」という意味である。

2　実践としての倫理

　倫理は、エートスが示唆するように、元来、学問というよりもむしろ、諸個人の行いであり行為の仕方である。したがって、学問としての自覚の有る無しにかかわらず、倫理は成立しえる。すなわち倫理学なしに倫理は成立しえる。このことは倫理学を否定することではない、倫理は倫理学よりも勝義であり優位である、ということである。つまり倫理学は、社会における実践的行動としての倫理をめざさなければならない。その実践的行動としての倫理に至りえないならば、倫理学における学説や理論は無意味である、ということができよう。実践的行動に対する反省と考察をとおして学としての倫理が成立するといえる。

　上述のように、倫理学は人間関係の理法を考究する学である。このことは自然の事実に理法を究める自然科学（物理学）とは対照的である。科学の理法は、不可解な自然現象を説明し解明するために仮説をつくり、それを実験や観察によって経験的に検証する、そのことにより法則や定理が確立する。基本的に事実の理法は「……は……である」（「すべての物体は外力の作用を受けないとき等速直進運動をする」「水は水素と酸素との化合物である」など）という普遍的な法則（命題）の形で表される。一方、倫理の理法は、「……は……べきである（べきでない）」（「私は正直にすべきである（嘘をつくべきでない）」「人間は人間を愛すべきである（憎むべきでない）」など）という当為の形で自覚されて、正直や

人間愛が実践される。そこには、「……が善い」「……が正しい」として価値判断が成立している（「正直にすることは善い（正しい）」「人間を愛することは善い（正しい）」など）。

かつてカント（1724-1804）は、自然と自由の観点に基づいて以下のように倫理を把握した。自然哲学（物理学）は自然現象に必然的な「自然の法則」を確立する。一方、倫理や道徳は自由な人間が従い行うところの「自由の法則」を探求する。倫理は、事実判断（……である）の理法とは異なって、むしろ価値判断としての「当為」（……べきである）の理法である。そして、人間が自由であるということは、さまざまな判断を個人が「……べきである（べきでない）」として自覚し自らの理性的意志において行うことである。それはまた、その判断と行為についての責任をみずからに引き受けることでもある。こうして、カントは彼の倫理の根本を以下のような定言命法の形で提示した。

　　「汝の意志の格率が、常に同時に普遍的立法の原理として妥当しうるように行為せよ」（文献［１］）。

この命法の意味は、各個人は、ある行為を決断するとき、それが万人のなすべき法則として成立するように行為せよ、ということである。

カントとほぼ同時代のベンサム（1748-1832）は、人間は苦痛を避け快楽を求める、したがって幸福は快楽にある、ととらえて「最大多数の最大幸福（快楽）」という功利の原理を提示した（文献［２］）。

カントとベンサムの倫理学は、方法的にも学説的にも著しい相違を見せているものの、個人を中心に据えて法を論じ社会や国家のあり方を唱えている点においては同様である。すなわち、カントは個人の理性および意志を、ベンサムは個人の快楽を根拠として、近代市民社会の倫理を提唱した。

3　倫理の変容性

（１）　四つの関係性

歴史的に倫理を概観すると、倫理の理論・学説はさまざまな変容を見せている。この倫理の変容性は何に由来するのであろうか。この点について、自

分（人間）の日常生活の四つの関係性を例にしてとらえてみよう。
　（a）　自分と自分自身との関係——主体的関係
　（b）　自分と他者（社会）との関係——社会的関係
　（c）　自分と自然（環境）との関係——自然的関係
　（d）　自分と超越者（絶対者）との関係——宗教的関係
　（a）の主体的関係において、私は自分の主体の内的世界において、自分自身と向き合い内省しつつ対話をして、自分の行いの非を深く恥じて反省し、これからは善い人間になろうと決意する。（b）の社会的関係において、私は誠実を心がけて他者とさまざまなコミュニケーションをするし、共同で何かを行ったりする。また私は常識をわきまえているし、友達との約束は破らないし、規則や法を守りつつ生活している。（c）の自然的関係において、私は新鮮な空気や水や食物を必要としている。私は森林浴を楽しみとしており、野に咲く花に心の安らぎを覚える。（d）の宗教的関係において、私はある経典を読むことを心の支えとしており来世を信じている。邪悪なことをこの世で行えば、あの世では地獄に行くものと信じている。
　倫理の理法の変容性は、その倫理の及ぶ範囲（人のまとまり、なかま）が、家族、部族、共同体、民族、国民などのように異なるからである。それとともに、倫理は上述の四つの関係性を主たるベースにして展開するからである。
　倫理は、（a）の主体的関係、つまり唯一のかけがえのない自分自身の存在、他者が代替しえない自分自身の内面的世界を否定するものではない。人間を単独者ととらえるキルケゴール、あるいは人間を実存と規定するヤスパースは主体的関係を重要視する。しかし彼らは究極として（d）の宗教的関係に彼らの倫理の根拠を求めた。ニーチェやハイデガーやサルトルらは主体的関係、つまりみずからの実存を徹底的に問うことによって実存的倫理を提示した。カント倫理、ベンサムやミルの功利主義倫理は、（b）の社会的関係として、すなわち市民社会の倫理として展開してきた。また（d）の宗教的関係は、中世のキリスト教倫理において顕著であった。無論、今日においてもイスラム教徒をはじめとして、宗教的教えをもって倫理とする人たちも多い。

(2) 応用倫理

ところで近年、科学技術と私たちの生活との間にさまざまな軋轢が生じている。とくに、環境、情報、生命などにかかわる領域それぞれには新しい倫理の確立が要請されている。このことを再び上記の四つの関係性に基づいて把握してみよう。

まず「環境倫理」である。上記(c)の自分と自然（環境）との関係だけは、他の関係とは異なって、西欧の倫理思想史において倫理的主題としてはとりあげられなかった。18世紀後半の産業革命以降の経済活動は、20世紀に入ると大量の生産・消費・廃棄となって展開して、二酸化炭素濃度上昇、有毒化学物質、森林破壊、生物種絶滅などの地球規模の問題を引き起こした。こうして1970年代以降、人間と自然との関係における倫理、すなわち環境倫理の構築が緊急の課題となった。

さらにまた「情報倫理」の問題が生じている。すなわち、目覚しいコンピュータ技術の発展は、社会的関係に混乱を持ち込んだ。ITを主軸とする情報メディアが社会的関係に混在する問題である。これは次のように把握できよう、(b)自分と〈他者（社会）・情報メディア〉との関係。IT社会においては、人間はテレビゲームで遊びパソコンで知識を学び、ネットをとおして会話が成り立ち、ビジネスが行われ、恋愛や結婚が成立したりする。現実社会と同じような喜怒哀楽のリアリティをもってIT社会が存在している。ここには、情報の独占や管理の問題、情報の操作や捏造や撹乱（ウイルス、サイバーテロ）などの問題が起きている。

次に「生命倫理」の問題である。医療技術の目覚しい進展は、遺伝子治療（操作）、移植医療、クローニングなどの慎重な検討を要する問題を引き起こした。2000年にヒトゲノムの解析が終了して以来、遺伝子およびその機能（人間の内的自然）が問題となりつつある。つまり、私の内的自然が遺伝情報として露わになって、自然的関係に混乱を持ち込んでいる。これを以下のように把握できよう、(c)自分と〈自然（環境）・遺伝現象〉との関係（なお移植医療やクローニングも遺伝現象と同様に、自然的関係に混乱を持ち込んでいるといえよ

う)。

　さて、カントは『実践理性批判』において、彼の心を崇高と畏敬の念で満たしてくれるものが二つある。それは「わが上なる星空と、わが内なる道徳法則である」と結んでいる（文献[1]）。星空とはニュートン力学が説明する機械的必然的な物理法則の領域であり、道徳法則とは理性と意志による自由な人格の実践である。すなわち星空（事実）は理論理性が対象とする世界であり、道徳法則（価値）は実践理性が担う世界である。カントにとっては事実と価値には大きな間隙があった。

　しかし今日、事実と価値は個人としての自分にとって一体である。生命諸科学は、生命現象を限りなく物理現象と見なしつつ接近して、生命は機械的必然的に説明されつつある。そして、ヒトゲノム解析は遺伝子治療を可能にした。こうして、たとえば、私はアルツハイマー病になる遺伝子を事実として持っている、私はその遺伝情報（事実）を評価し価値判断をしなければならない。ここにおいては事実と価値には間隙はない。私の生の切実な問題なのである。その切実さとは、事実判断から価値判断を導出しえるか否かという論理上の問題とは次元を異にする。すなわち、個人の身体的・精神的な諸特徴および諸能力を司り伝える遺伝子に、善・悪あるいは優・劣の価値判断が迫られている。その判断をする主体は誰か（その当の個人か、他者ないしは社会か、国家か）、またその判断の根拠は何か、が問題となってくる。さらに進化の観点からいうと、遺伝現象は元来、自然選択のプロセスにあったはずである。ところが遺伝の治療（操作）は、人間がみずからの遺伝現象を人為的に評価し操作し選択する、という人工進化のプロセスに乗り換える試みであるかのようである。

　以上のような自然、情報、生命などの問題に答えようとするのが応用倫理（applied ethics）である。応用倫理は、科学技術がもたらす諸問題の解決を主たる任務として、人文・社会・自然の領域に捕われない接近法を見せつつ進行中である。倫理および倫理学にとって21世紀は人類史上の大転換期なのである。

4 日本の倫理

　人がまとまり、なかまとなるところには倫理がある。もちろん東洋にも日本にも倫理があり倫理学がある。東洋の倫理は儒教に代表されよう。儒教は人間関係を父子、君臣、夫婦、長幼、朋友の五つに大別して、人の守るべき五道として人倫五常をあげる。父と子の関係には親があり、君と臣には義があり、以下は順に別、序、信である。

　和辻哲郎（1889-1960）は、著作『人間の学としての倫理学』（文献[3]）冒頭において「倫理とは何であるか」（本節のタイトルもこれにならっている）と設問し、上述の人倫五常に触れて、これへの深入りは避けようと断りつつ、「倫理」と「人間」というこの語の解釈を試みる。儒教倫理を脱して日本および日本人の倫理学を打ち立てようとする独創的な接近法といえよう。

　和辻はまず「倫理」という言葉の持つ意味を手がかりにして、「倫」は「なかま」、「理」は「ことわり」「すじみち」を意味すると把握する（本節の冒頭でも触れたとおりである）。倫理を問うことは結局のところ人間存在の仕方を問うことにほかならない、と和辻は主張する。したがって、倫理とは「人間の共同存在をそれとして有らしめるところの秩序・道」であり、「社会存在の理法」である、と把握される。

　また「人間」という言葉の意味から、和辻は「人間とは『世の中』であるとともに、その中における『人』である。単なる『人』ではないとともに、また単なる『社会』でもない」と述べて、社会であるとともに個人でもある人間存在の二重のあり方を彼の考察の基盤とした。和辻は人間存在の二重構造を指摘し強調して、この個人性（部分）と社会性（全体）は相互に否定を繰り返しながら発展し、究極として絶対的全体性に到達する、と主張する。つまり人倫の弁証法的発展をこの二重構造に見出すのである。人倫は、二人関係の夫婦の形から、家族、地縁共同体、文化共同体を経て次第に公共性を高めつつ発展して、究極の人倫組織体である国家に到達する。

　和辻の倫理は社会と個人の関係に「空」の弁証法的発展を主張するのであるが、そこには曖昧性を免れえない面を残している。和辻倫理は、西欧の近

代倫理とは異質である。つまり西欧の近代倫理は、カント倫理や功利主義に認められるように、個人を中心に据えて、個人の人格や人権、そして諸個人間の契約や法、責任や義務などを説き起こす。和辻の倫理は個人性が希薄であり、むしろ社会や国家を重視する。個人性が希薄であるということは、個人は社会や国家に奉仕すべきであるという論旨に容易に転換し、そのような倫理に成り代わりうる。すなわち、「社会存在の理法」は国家存在の理法となる可変性を持っているのである。このことは非民主的な国家や専制的な為政者にとっては都合のよいことにもなろう。諸個人それぞれの個性、可能性、幸福などの実現が社会や国家に統制され抑圧されてしまいかねないのである。社会や国家の具体的な実質をなすものは諸個人であり、諸個人の人間関係である。

さて、倫理とは何であるか、に答えなければならない。これまで倫理および倫理学は変容する、と述べてきた。したがって、倫理とはかくかくしかじかである、として定義づけをすることには無理がある。従来の倫理の歴史的展開を踏まえて、倫理の語義に則して一般的にいうならば、倫理とは人間関係の理法である。ただしその人間の実質（外延）とは、社会や国家ではなく、私たち一人ひとりの個人である。したがって、「諸個人が幸福に生きるための人間関係の理法」である。ただしこの理法は、絶対の普遍の理法（真理）と解されてはならない。またその理法は、現在進行中の応用倫理の知見に照らして把握されなければならない。したがって、この理法をやや緩やかに柔軟性を持たせて「調整」としてとらえておこう。すなわち、「諸個人が幸福に生きるための人間関係の調整」である。この調整は現在世代と未来世代との関係にも、また人間と自然との関係にも及ぶところのそれである。

参考文献
［1］ カント、波多野精一・宮本和吉・篠田英雄訳『実践理性批判』（*Kritik der praktischen Vernunft*, 1788）岩波書店、1979年

［2］　ベンサム、関嘉彦編訳「道徳および立法の諸原理序説」（*An Introduction to The Principle of Moral and Legislation*, 1789）『ベンサム　J. S. ミル』世界の名著 38、中央公論社、1967 年
［3］　和辻哲郎『人間の学としての倫理学』岩波全書、1975 年
［4］　笠松幸一・和田和行『21 世紀の哲学』八千代出版、2000 年
［5］　佐々木力『科学論入門』岩波新書、1996 年
［6］　坂本百大「科学技術と倫理」『技術と倫理』、日本倫理学会編、1985 年
［7］　坂本百大「生命倫理の哲学的基盤」『生命倫理』、日本生命倫理学会編、1994 年

（笠松幸一）

2 古代・中世の倫理

1 ソクラテスにおける無知の知

　プラトン (BC. 427-347) の『ソクラテスの弁明』(文献[１])にはソクラテス(BC. 470-399) に関する次のような逸話が語られている。あるときソクラテスの友人が、デルポイのアポロン神殿に赴いて、ソクラテスより知恵のある者がいるかとたずねたところ、ソクラテスより知恵のある者は誰もいないという神託が授けられた。自分にはまったく知恵のないことを自覚していたソクラテスは、この神託に驚き、自分より知恵のある人物がいることを確かめようとして、知恵があると思われる人々と問答してみることにした。その結果ソクラテスが悟ったことは、他の人々から知恵があると思われ、自分でも知恵があると思い込んでいるらしい人々が、実は自分と同様に、善美の事柄に関しては、何も知らないらしいということだった。ところが、これらの人々は、自分の無知に気づいておらず、一方ソクラテス一人は自分の無知を自覚している。このわずかな違いのゆえに、神はソクラテスが他の人々よりも知恵があるという神託を下したのではなかろうかとソクラテスは考えた。そして知恵があると思われる者と問答して、その人物に無知を悟らせてやることを、ソクラテスは神から与えられた自分の使命であると信じるようになった。

　この逸話からは、当時ギリシャ各地で青年の教育者として活躍していたソフィストと呼ばれる一群の知識人とソクラテスとの知に対する考え方の根本的な相違を見て取ることができる。ソフィストの代表者とされるプロタゴラスの「人間は万物の尺度である。あるものについてはあるということの、ないものについてはないということの」という言葉は、知に対してのソフィストに共通する基本的な態度を象徴的に示す言葉だとされる。プラトンが『テアイテトス』(文献[２])に提示した解釈によれば、「人間は万物の尺度である」というときの「人間」とは、君や僕といった個々の人間を意味し、万物は個々の人間の感覚に現れるとおりにあるということを、この言葉は主張し

ようとしているのだとされる。つまりこの言葉は、個々の人間の感覚に現れるものは、それがそのまま真理であることを意味することになる。そして感覚はそもそも人によって異なるものであるから、真理というものは個々の人間において異なるものなのだということを意味することにもなる。このような考え方を相対主義と呼ぶが、相対主義はソフィストに共通する考え方であったといわれる。また相対主義は、万人に共通する真理は存在しないということ、すなわち普遍的真理の否定を意味している。

　ソクラテスによれば、人々は善美の事柄に関して何らかの真理を知っているように思い込んでいるだけで、本当は真理を知らないということであるから、個々の人間が感覚によってとらえるものがそれぞれ真理であるといった相対主義をソクラテスは否定していることになる。ソクラテスの立場からすれば、真理が人によって異なるのではなく、人によって異なるのは、むしろ単なる思い込み（ドクサ）であることになる。さらにまた、万人に共通する普遍的真理がそもそも存在しないのではなく、人々は普遍的真理を未だ知らないだけだということになる。

　ソクラテスはこのように、ソフィストの相対主義を乗り越えて、普遍的真理を探究したのであるが、ソクラテスの探究の対象となった善美の事柄とは、自然や宇宙に関する事柄ではなく、主として人間の徳（アレテー）に関する事柄であった。徳とは、人間の精神的な卓越性を意味しており、古代ギリシャで尊ばれた徳の代表的なものには、正義（ディカイオシュネー）、勇気（アンドレイアー）、節度（ソープロシュネー）、思慮（プロネーシス）などがある。

　徳について探究するにあたってのソクラテスの目標は、当然のことながら、市民の各々が徳を身につけることにあったはずであるが、ソクラテスが行っていたことは、「正義とは何か」、「勇気とは何か」といったように、徳に関する普遍的真理を得ようとして、市民と日々問答することであった。徳とは何かを知ることと徳を身につけることとは、必ずしも同じではないように思えるのだが、ソクラテスにとっては、徳とは何かを知ることこそが、徳を身につけることであった。徳に関して普遍的真理を知る者は、徳にかなった行

いをせずにはいられないはずだとソクラテスは考えた。このような主知主義的な考えが、ソクラテスの倫理思想の特徴であった。

2　プラトンのイデア論

　善美の事柄に関して、人々は普遍的真理を未だ知らないが、普遍的真理は確かに存在するというソクラテスの考えは、弟子のプラトンにおいて、新たな展開を示すことになる。「美しさとは何か」といった問いに対して、普遍的な答えが存在するためには、万人に共通でいつの時代にも変わることのない「美しさ」を万人が把握できなくてはならないとプラトンは考え、そのためには、永遠に不変で唯一のいわば「美しさそのもの」が存在しなくてはならないと考える。仮に永遠に不変で唯一の「美しさそのもの」が存在しているとすれば、この「美しさそのもの」をとらえた人は、誰であろうと、「美しさとは何か」という問いに対する同一の答えを知るはずであるから、「美しさ」に関する普遍的真理が成り立つことになる。

　プラトンはこの「〜そのもの」をイデアないしはエイドスと呼び、それぞれのイデアは永遠に不変で唯一のものとして実在すると考えた。イデアは英語の idea のように各人の精神のうちに形成される理念ではなく、個々の人間からは独立した存在である。したがってイデアが人によって異なったものとなるということはない。しかもプラトンは、イデアを倫理的な領域だけに限定せず、人間のイデア、馬のイデア、三角形のイデアというように、イデアをあらゆる領域に当てはめて、何についてであれ、イデアを知ることが、普遍的真理を知ることであると見なし、イデア論を真理の認識全般を基礎づける理論とした。

　倫理的領域においても、正義や勇気といった徳のイデアを知り、徳に関する普遍的真理を獲得することが探究の目標となった。したがって、プラトンもソクラテスと同様に、知ることを重視する主知主義的傾向を示し、徳を知ることと徳を獲得することが同義であると考え、また徳は教えることができると考えた。

プラトンは代表作である『国家』(文献[3])において、正義の徳について論じており、ここにはプラトンの徳論の根本的な考えが示されている。プラトンは個人と国家を対比させつつ、正義とは何かについて検討する。個人の霊魂は三つの部分から成ると考えて、プラトンはその三つの部分を理性的部分、気概的部分、欲望的部分と呼ぶ。理性的部分は真理を求めイデアに向かう高い部分であり、欲望的部分は肉体に影響される低い部分である。気概的部分は理性的部分に従いつつ、欲望的部分を制御する両者の中間的部分である。国家もまた、個人の霊魂と同様に、三つの階級から成り立っているとして、理性的部分に相当する階級が支配階級であり、気概的部分に相当する階級が防衛階級であり、欲望的部分に相当する階級が生産階級であるとする。プラトンによれば、人間の霊魂にとって望ましいあり方とは、霊魂のそれぞれの部分が、それぞれの徳を獲得する、すなわちそれぞれの卓越した機能を発揮することであり、理性的部分は知恵（ソピアー）という徳を、気概的部分は勇気（アンドレイアー）という徳を、欲望的部分は節度（ソープロシュネー）という徳を得ることであるとされる。そして三つの部分がそれぞれの徳を得て、霊魂全体が調和に達したときに、正義（ディカイオシュネー）の徳という最終的な徳が得られるのだという。国家においても同様に、支配階級が知恵の徳を、防衛階級が勇気の徳を、生産階級が節度の徳を有することが、国家のあるべき姿であり、三つの階級がそれぞれの徳を得て、それぞれの卓越した機能を発揮し、国家全体の調和が得られたときに、正義の徳が達成されるとのことである。正義の徳を得た人間は正しい人間であり、正義の徳を得た国家は正しい国家であるのだが、正しい人間こそが幸福な人間で、国家についてもまた同様であるとされる。知恵、勇気、節度、正義の四つの徳は、プラトンの四元徳と呼ばれ、西欧倫理思想における根本概念となっていく。

3 アリストテレスにおける倫理的徳

　倫理学にはじめて学問的な体系性をもたらした『ニコマコス倫理学』(文献[4])という書物において、アリストテレス（BC. 384-22）は最高善とは何

かを論じている。最高善とは、他のものの手段として求められるものではなく、それ自体のために求められるものだとのことであり、そのようなものとしての最高善とは幸福であるという。ところで幸福とは何かという問いに対しては、快楽、富、名誉などさまざまな答えが考えられるが、アリストテレスは、これらの答えを退けて、人間の幸福は、人間固有の機能を発揮することにあると考える。笛吹きにとっては笛を立派に吹くときが幸福であるのと同様に、人間にとっては人間固有の機能を存分に発揮することが幸福であり、この場合の人間固有の機能とは、身体的機能ではなく霊魂の機能であって、植物や動物にはない人間特有の機能だとのことである。すなわち、植物や動物にはない理性的な霊魂の機能を発揮することが人間にとっての幸福であり、最高善であるということになる。

　プラトンが人間の霊魂を三つの部分に分けたように、アリストテレスも霊魂をその機能の点から三つの部分に分けている。霊魂をまず理性的部分と非理性的部分との二つの部分に大きく分け、さらに非理性的部分を、理性的部分とはまったく無関係な植物的部分と、理性的部分に服従したり反抗したりすることで、理性的部分とのかかわりを保っている情意的部分とに二分する。これら三つの部分のうち、人間固有の機能を発揮するという意味での人間の幸福と関係するのは、理性的部分および情意的部分であるとされる。

　したがって、霊魂の理性的部分と情意的部分を卓越した仕方で機能させること、すなわちこれら二つの部分の徳が人間にとっての幸福だとされる。アリストテレスは、理性的部分の徳を知性的徳（ディアノエーティケー・アレテー）と呼び、情意的部分の徳を倫理的徳（エーティケー・アレテー）と呼ぶ。知性的徳は倫理的徳よりも理論上は重要なはずだと思われるのだが、アリストテレスは、『ニコマコス倫理学』の大半を倫理的徳の説明に費やしており、社会の中で他の人々との関係の中で生活している一般市民にとって、現実的には倫理的徳が人間の幸福の大きな部分を占めると考えていたようである。

　倫理的徳の倫理的（エーティケー）とは、性格にかかわるといった意味であり、勇気、節度、気前よさ、矜持、穏和などの徳が倫理的徳の代表とされる。

これらの徳が倫理的（エーティケー）と称されるのは、行動を反復することによって習慣（エトス）が形成され、さらに性格（エートス）として固定化されることで獲得される徳と見なされるからである。アリストテレスによれば、倫理的徳は一種の習性（ヘクシス）である。すなわち、勇気ある行動を繰り返すことによって獲得された、勇気ある行動をうながす習性が勇気の徳で、その他の徳に関しても同様であるとされる。ソクラテスとプラトンは徳を知ることと徳を得ることとを同一視したが、アリストテレスは、徳について知るだけではなく、実際に徳にかなった行動を繰り返し行い、習性が形成されることではじめて徳が得られると考える。

　アリストテレスによると、徳とは過度と不足といった両極端の中間に位置するものだとのことである。たとえば、勇気の徳とは無謀と臆病という二つの悪徳のどちらにも偏らない中間であるとされる。その他のすべての倫理的徳についても同様で、節度は放埒と無感覚の中間、気前よさとは浪費と吝嗇の中間、矜持とは高慢と卑屈の中間、温和とは怒りっぽさと腑抜けの中間だとされる。そして倫理的徳が一種の習性であるということと、両極端の中間に位置することとを総合すると、結局のところ倫理的徳とは、われわれを中庸（メソテース）の選択へとうながす習性であるということになる。

　霊魂の理性的部分の徳である知性的徳に関しては、真理を最もよく認識するような卓越性であるとして、学的知識、技術、思慮、直知、知恵の五つの徳をあげている。人間の幸福とは、倫理的徳と知性的徳に基づく活動にあることになるわけだが、人間の究極的な幸福となると、それは徳の中でも最高の徳に即した活動であるとされる。最高の徳とは、理性の徳としての知性的徳であり、理性的部分のはたらきが真理認識にあることから、知性的徳に即した活動とは、実践的な活動であるよりはむしろ、観想的な活動であることになる。アリストテレスは、観想（テオーリアー）をもって究極の幸福であるとし、観想に専念するための閑暇（スコレー）を得ることを幸福の要件とする。観想にふける生活は、人間の水準を超えた神にふさわしい生活であり、そのような生活の資質がすべての人間に与えられているとは限らないが、で

きるだけ神的なものにあやかるよう、あらゆる努力を怠るべきではないというように、現実に合わせて、その主張を緩和する配慮も見せている。

4　ストア派における自然と理性

　ソクラテスからアリストテレスに至る過程で、徳が古代の倫理学における根本概念としての地位を確立し、またアリストテレスによって徳と理性との関係が緻密に研究されたが、徳と理性をめぐる倫理学的探究は、ストア派においてさらなる進展を見せる。

　ストア派が人生の目的に掲げたのは、自然に従って生きることであった。自然に従って生きるとは、成り行きまかせにあるいは衝動のままに生きるといった意味でもなければ、人為を避けて無為自然に徹するという意味でもない。ストア派は、人間もまた自然の一部であると考え、人間の理性は自然の理法と本質的に同一のものであると考えた。自然の理法が人間の理性に等しいということは、自然も人間と同様に理性的なものだということを意味する。すなわち、ストア派は自然を神と同一視し、自然の理法と神の摂理とを同一視する汎神論的自然観を抱いていたのである。したがって、人間の理性は自然の理法に等しいのみならず、神の摂理にも等しいと考えられた。そうなると、自然に従って生きるということは、人間自身の理性に従って生きることを意味し、それは同時に神の摂理に従うことをも意味することになる。

　自然の理法すなわち人間の理性は徳に従うことを命じるとされ、理性に従って生きることは、徳に従って生きることだと考えられた。そして徳が幸福をもたらすのであり、幸福は徳だけで事足りるとして、ストア派もアリストテレスと同様に、徳を倫理思想の中心概念とした。諸々の徳の中でもストア派が主要な徳と見なしたのは、思慮、勇気、正義、節度の四つの徳であった。

　自然に従い、理性に従うことにとって最大の障害と考えられたものが、苦悩、恐怖、欲望、快楽といった四つの情念（パトス）である。情念は過度の衝動であるとか霊魂の非理性的で反自然的な運動であるとかいわれ、徳に従った生活をするうえでの大きな妨げと見なされた。したがって、霊魂がこれ

らの情念から完全に解放されて、いささかも乱されることのない静かな状態に至ることが理想とされ、この境地はアパテイア（不動の心境）と呼ばれた。宗教的な境地を思わせるこのアパテイアに到達し、あらゆる徳を備え、理性に従い自然に従って生きる賢者をストア派は究極の目標としたのである（文献[5]）。

5　エピクロス派の快楽主義

　自然に従うことを人生の目的と見なし、徳を厳格に追求したストア派と対照的に、快楽を人生の目的と見なしたのがエピクロス派だった。エピクロス派は、快楽こそが善であり幸福であって、苦痛は悪であり不幸であると考えた。このような快楽主義思想は、すでにキュレネ派によって唱えられていたものであるが、キュレネ派が、動的・積極的な快楽だけを快楽と認めたのに対し、エピクロス派は、静的・消極的な快楽をも快楽として認めた。すなわち、エピクロス派は、身体において苦痛のないことや精神において煩いのないことをも快楽と認めたのである。しかも、動的・積極的快楽よりも、むしろ静的・消極的快楽を尊重したのであるが、動的快楽が瞬間的でその後に苦痛を伴いかねないのに対し、静的快楽はより永続的だというのがその理由であった。したがって、エピクロス派は、快楽主義という言葉から受ける印象とは裏腹に、静的・消極的でしかも精神的な快楽、すなわち何ものにも煩わされることのないアタラクシア（平静な心境）を最高の快楽として尊重したのである。

　エピクロス派は、アタラクシアという目標を達成するための手段を考察するにあたり、われわれの心を煩わせるものの最たるものは、死の恐怖、死後の運命への不安、神に対する怖れといったものであると考え、われわれをこのような心の煩いから解放してくれるものとして、デモクリトスの原子論を採用した。

　原子論によれば、この宇宙は、もはやそれ以上分割しえない最小単位である原子（アトモン）と空虚（ケノン）とからなり、あらゆる事物が原子の結合

体として存在しているとされる。原子自体は生成することも消滅することもなく、われわれの目に生成消滅と映る現象は、原子の離合集散にすぎないとのことである。そうなると、人間の身体も霊魂もともに原子の結合体であることになり、死に際して身体を構成する原子が分離し、身体が消失すると、霊魂を構成する原子も分離して、霊魂も消失することになる。つまり原子論を採用することによって、エピクロス派は霊魂の不死を否定したのである。死によって、身体のみならず霊魂も消失するのであれば、死後の運命のことを思い煩う必要はないわけであり、死が訪れると、霊魂の感覚作用もなくなって、死について何も感じなくなるのであるから、死は少しも恐るべきものではないことになる。

エピクロス派は、快楽を目的としたが、徳を軽視したわけではなく、むしろ快楽を得るうえで必要不可欠なものとして尊重していた。徳の中でもエピクロス派がとりわけ重視したのは、思慮の徳であった。単純に目先の快楽を追い求めるのではなく、むしろある選択がゆくゆくどれだけの快苦をもたらすかを緻密に計算し、快苦のバランスを正確に見極めることができてはじめて、身体と精神の苦痛を逃れ、快楽を享受できると考えた。したがって、快楽と苦痛を計量する能力としての思慮の徳なくしては、快適に生き幸福に生きることはありえないとしたのである。

自足の徳もエピクロス派によってとりわけ尊ばれた。私たちが快適に生きていくために必要なものはそれほど多くないのだが、空しい思い込み（ドクサ）によって不必要なものを必要なものと見誤ることで心身の苦痛が生じるのであり、私たちが心身の苦痛から解放され、アタラクシアに至るためには、不必要なものに対する欲望を逃れ、足ることを知るという自足の徳が不可欠だと考えた。正義の徳もまた尊ばれたのであるが、不正を犯せば、発覚をおそれて精神の動揺をきたすはずであるから、正義の徳なくしてアタラクシアには至りえないと考えたからであった（文献[5]、[6]）。

エピクロス派は、物質的な豊かさとは縁遠い質素な暮らしをしつつも、快適であり至福であることをめざしたのであり、快楽主義とはいっても、身体

的な快楽を積極的に追求したわけではなかった。また徳を不可欠なものとして尊重してもいた。ストア派とエピクロス派では人生の目的に関する根本理論の点で対照的であるが、実践面における両者の相違は、理論面におけるよりもはるかに小さかったと思われる。

6 アウグスティヌスにおける自由意志

中世ヨーロッパにおいて、キリスト教が精神世界を支配することで、倫理思想はキリスト教の思想家によって担われることになり、倫理的問題はキリスト教の枠組みの中で論じられるようになった。すなわち、聖書の記述と矛盾せず、正統の教義に反しないといった条件の下で、倫理思想が展開されることとなった。たとえば、人間にとっての最高善とは何か、人間にとっての幸福とは何か、といった問いに答えるとすれば、神が絶対の善であり、そして善なる神が、善なるものとして人間と世界とを創造したという枠組みの中で答えなくてはならなくなる。したがって、キリスト教思想家における倫理思想は、基本的には神を信仰しない限り妥当性を持ちえないものとなる。しかし、宗教性を取り除いてもなお、現代のわれわれの倫理学的探究にとって示唆に富むものも少なくない。

アウグスティヌス（354-430）が意志の自由について論じたことは、宿命と自由、必然と自由といった、倫理学上の永遠の課題とかかわっており、そのような例の一つであろうと思われる。人間は善なる神によって善なる被造物として創造されたはずであるから、自由意志も善なるものとして神から人間に与えられたはずである。ではなぜ、善なるものであるはずの自由意志によって人間は神に背くのか、それとも自由意志は悪しきものなのか。この問題をアウグスティヌスは解決しなければならなかった。

アウグスティヌスは、そもそも絶対的な悪は存在せず、悪とは一種の欠落にすぎないと考える。神は善であり、神によって創造された人間も世界も善なのであるが、神は不変の善であって、被造物は可変の善であるというように、善の中には、高い善もあれば低い善もあるのであって、人間は神から与

えられた自由意志によって、最高にして不変の善である神に向かうこともできれば、可変の低い善に向かうこともできる。そして不変の善に向かわずして、可変の善に向かおうとすることが、いわゆる悪なのだという。

われわれを可変の低い善へと向かわせる自由意志は悪しきもので、神は悪しきものをわれわれに与えたことになりはしないかという点についてアウグスティヌスは、自由意志は罪を犯すために与えられたものではなく、善をなすために与えられた善なるものだと考える。善をなすために与えられた自由意志を、悪をなすことへと悪用する人間が悪いのであって、自由意志自体は悪しきものではないという。それはちょうど、善きものとして神から与えられた手や足や目を悪用して悪事をなす人間がいるからといって、手や足や目が悪しきもので、神はこれらを人間に与えるべきではなかったということにはならないのと同様だとする。

人間の霊魂が自由意志によって、高い善に向かうことも、低い善に向かうこともできるのだとすれば、低い善に向かおうとする意志の運動は、何によって引き起こされるのかということがさらに問題になる。アウグスティヌスは、この運動の起源は霊魂以外のどこにもないのだと主張する。神が人間を創造したとはいえ、神がこの運動を引き起こすわけではない。またこの運動は、自分の力では避けることのできない先天的に備わった本性的運動でもない。意志に先行して意志の原因となるものは、意志そのものであり、それ以上の原因を求めてはならないという。つまり、霊魂の運動には先行原因はないということであり、この考えは、霊魂が運動の始原であり、霊魂はみずから動くものであるというプラトンの考えとも一致している（文献[7]）。

7 トマス・アクィナスにおける理性と信仰

自然と超自然、理性と信仰、哲学と神学との矛盾対立をいかにして乗り越えるかは中世の思想家にとって、重大な課題であった。理性と信仰を融合しがたいものと考え、理性の真理と信仰の真理とを相互に独立したものと見なす二重真理説のような立場もあったが、理性と信仰を明確に区別しつつ、し

かもなお両者が矛盾対立するものではなく、同じ神に由来するもので、総合しうるものであることを示したのが、トマス・アクィナス (1225-74) であった。トマスが取り組んだのは、アリストテレスに代表される古代哲学の理性的立場とキリスト教の信仰の立場とを総合することであった。

　倫理思想においても、トマスはアリストテレスの倫理学とキリスト教の信仰とを総合しようと試みた。トマスはアリストテレスの倫理学の基本的な考え方をそのまま取り込んでおり、アリストテレスと同様に、人間の幸福は徳に存すると考え、徳論を倫理学の中心に据えた。そして徳は中庸であるとし、徳は習性として獲得されると考えたこと、また倫理的徳と知性的徳とを区別したことなどの点でも、トマスの倫理学はアリストテレスの倫理学に依拠している。しかし、トマスの倫理学は、このような理性的な立場に、信仰の立場を加えた点で、アリストテレスの倫理学と大きく異なっている。すなわち、トマスはアリストテレスのように理性的な観想（テオーリアー）をもって人間の最高の幸福とは見なさなかった。アリストテレスの説くような倫理的徳や知性的徳は、トマスにとって不完全な幸福でしかなかった。トマスによれば、最高にして完全な幸福とは神を直視することである。

　むろん神の直視は、人間の理性によってなしうることではなく、神の恩寵といった超自然的な力が要請されることになる。さらには人間が恩寵を得るにふさわしい者となるための徳として、信仰、希望、愛といった神学的な徳もまた要請されることになる。そこでトマスは、古代の倫理学が説いた知恵、勇気、節度、正義の四元徳に、この三つの神学的な徳を付け加えることになった。しかし神の恩寵といった超自然的で理性にはとらえがたいものを語ることで、理性的な探究は困難に直面する。たとえば悪をなすことを含めた人間のいっさいの行動の責任を、人間の理性を超えた神の摂理に帰する可能性も生じるからである。

　トマスはアウグスティヌスと同様に、悪を積極的な存在と見なさず、善の欠如にすぎないとすることで、神が悪の起源ではないとする。またアウグスティヌスと同様に、善悪の選択が人間の自由な意志に委ねられているとして、

悪を選択することの責任を神に帰することを避ける。しかし、神の恩寵と人間の自由な意志とは、少なくとも理性の立場からは調和させることの困難なものである。しかもトマスは、人間の意志には普遍の善としての神を求める自然的な欲求があるとしており、人間の意志の自由にかかわる問題をますます困難なものにしている。恩寵、自由意志、神への自然的欲求といったものは、理性の立場からは共存を容認しえないものであるが、こういった困難な課題に取り組んだ努力の壮大な体系がトマスの神学であった。

　理性と信仰の間を行き来しつつ、両者を総合しようとする緻密な探究からは、トマスが類稀な総合の天才であったことが見て取れる。トマスの神学体系は、理性と信仰の総合という困難な仕事の見事な成果を示していると見ることもできるが、またトマスのような天才をもってしても、やはり総合しえないものは残るという確証を示していると見ることもできる。トマスの神学の完成度の高さが、逆に理性と信仰との総合の困難さを際立たせることともなったのであり、理性と信仰を分離する傾向を促進し、新しい時代の流れを準備することになったとも考えられる。

参考文献

［1］　プラトン、久保勉訳『ソクラテスの弁明・クリトン』岩波書店、1964年
［2］　プラトン、田中美知太郎訳『テアイテトス』岩波書店、1966年
［3］　プラトン、藤沢令夫訳『国家（上・下）』岩波書店、1979年
［4］　アリストテレス、高田三郎訳『ニコマコス倫理学（上・下）』岩波書店、1971年／1973年
［5］　山本光雄・戸塚七郎訳編『後期ギリシア哲学者資料集』岩波書店、1985年
［6］　ディオゲネス・ラエルティオス、加来彰俊訳『ギリシア哲学者列伝（上・中・下）』岩波書店、1984年／1989年／1994年
［7］　アウグスティヌス、泉治典・原正幸訳『アウグスティヌス著作集(3)』教文館、1989年
［8］　アウグスティヌス、山田晶訳『アウグスティヌス』世界の名著16、中央公論社、1978年

［9］　トマス・アクィナス、山田晶訳『トマス・アクィナス』世界の名著 20、中央公論社、1980 年
［10］　F.コプルストン、箕輪秀二・柏木英彦訳『中世哲学史』(*A History of Philosophy,* 1946～1974 の部分訳) 創文社、1970 年
［11］　服部英次郎『西洋古代中世哲学史』ミネルヴァ書房、1976 年

（降旗芳彦）

3 近代の倫理

　ルネッサンス以降、中世以来の身分制度の崩壊に伴い、近代の自由な市民が誕生する。中世的な束縛から解放された近代人に対して、新たに人間のあり方を基礎づけ、一定の秩序へと組み入れようという思想が次々と出現した。こうした運動の代表的なものとして、はじめにホッブズ (1588-1679)、ロック (1632-1704)、ルソー (1712-78) の社会契約説が、続いてカントの啓蒙主義道徳があげられる。功利主義もまた、そうした伝統の延長線上に位置するものといえよう。ところで、以上のような、いわゆる啓蒙主義の試み自体に対して仮借なき批判を加えた者こそ、近代の終焉を宣言したニーチェにほかならない。

■1 社会契約説の三つの基本理念
（1）　ホッブズのリヴァイアサン

　17世紀イギリスの思想家ホッブズは、主著『リヴァイアサン』（文献[1]）において、国民の視点に立って国家の成立根拠について論じ、従来の絶対王制に代わる国民全体による統治の正当性を主張した。これが、有名な社会契約説である。

　ホッブズによると、人間とはもともと快を求め不快を避ける動物である。そこから、自分の欲するものが善であり嫌うものが悪であるという、主観的・個人的な快楽説が導き出される。さらに、人間の本性が自己保存と自己拡張にある限り、自然状態における人間は互いに自由な権利を行使することになり、対立が避けられない。こうした、自分の力を意のままに用いることのできる自然権が存続する限り、自然状態は暴力の支配する一種の戦争状態に陥らざるをえないのである。

　そこで、このような「各人の各人に対する戦争」という自然状態から脱するために、人間は各々みずから自然権を放棄し、「理性によって発見された

戒律または一般法則」であり、互いの生命を脅かす行為を禁止する「自然法」(lex naturalis) に従うことになる。つまり、もともと人間に備わっている自然権を互いに譲渡し合うことによって、ある種の社会契約が成立するのであり、その結果はじめて、国家（コモンウェルス：common-wealth）が誕生するのである。ここで重要なことは、国家とは一部の人間によって一方的につくられるべきものではなく、どこまでも国民全体の自発的な合意と契約に基づいてつくられるべきものである、という認識にほかならない。

さらに以上のように、いったん国民自身による相互の契約の結果国家が成立した以上、国民は、自分がもともと持っていた権利を国家という一つの人格に委ねたのであり、したがって、国民の代表者である国家の統治者（主権者）に絶対的に服従しなければならないのである。ここに、絶対的な権力を持ち、自由に国民を弾圧する力を手に入れた巨大な怪物、「リヴァイアサン」（旧約聖書のヨブ記に登場する海獣）が誕生する。それゆえまた、個人的・主観的な快楽説から出発したホッブズは、こうした怪物にもたとえられる国家に全面的に服従することによって公の法に従うことをよしとする、ある種社会的・客観的な倫理思想へと帰還したのだといえよう。

（２）　ロックの社会契約説と抵抗権

ホッブズの社会契約説に続いて、画期的な国家観を提唱したのが、1688年のイギリス名誉革命において重要な思想的役割を演じたロックである。国王による国家支配の絶対性を主張するフィルマー（1589-1653）に対抗して、ロックは『統治論』（文献[２]）の中で、「市民的な統治の真の起源と範囲と目的とに関する小論」を展開し、国家の成立が市民相互の契約に基づくべきものであることを主張した。

ロックによれば、人間はもともと自然状態において、各人が自分自身の意思に従って行動し、自らの身体や所有物を自由に処理する平等の権利（生命・自由・財産といった自然権）を持っている。しかし自然状態は、決して放縦状態ではなく、自然法の支配下にあるため、必ずしもホッブズの主張するような戦争状態ではない。すなわち、「自然の状態にはそれを支配する自然の

法があり、それはすべての人を拘束している。そして理性こそその法なのだが、理性にちょっとたずねてみさえすれば、すべての人は万人が平等で独立しているのだから、だれも他人の生命、健康、自由、あるいは所有物をそこねるべきではないということがわかるのである」(文献[2])。

　以上のように、もしロックの考える自然状態が基本的に平和状態であり、そこで自然権が守られているのだとするならば、各人がわざわざ自然権を放棄してまで新たに契約を結ぶ必要などない、と考えられる。しかしながら実際には、自然状態には自然権を保持することのできる確実な保証が欠けているため、各人を平等に保護するための法、自然権の侵害が生じた場合に法に従って裁くことのできる裁判官、さらに判決を執行するための権力が必要とされなければならない。そこで各人は、自分たちがもともと持っていた自然権をいったん放棄しこれを公共の手に委ねるべく、過半数からなる自由な人間相互の合意と契約によって、公民状態に入らざるをえないのである。ここに、市民的な統治の起源と目的がある。

　したがって、このような成立根拠を持つ国家（コモンウェルス）には、原理的に権力の分立と交替の可能性が要請される。というのも、ホッブズのようにひとたび国家に権力の絶対性と不可分性が与えられたならば、国家が国民のもともと持っていた自然権を侵害したとしても、国家に対する抵抗権はいっさい認められないことになってしまうからである。それに対して、立法・行政・連合（外交）権という三権の分立を前提にした（実際には、立法権の優位が主張されている）国家においては、君主や立法府が国民との信託に背いて、生命・自由・財産等の自然権を侵害した場合には、国民はいわば自己防衛のためにこれに抵抗して新たな立法府をつくることができる。つまりロックは、自由な人間同士の相互承認によって成立した社会の本来の目的を遂行するために、例外的に抵抗権を容認したのだといえよう。

（3）ルソーの社会契約説と一般意志

　18世紀のフランス革命に大きな影響を与えたルソーの思想的出発は、前述したホッブズともロックとも大きく異なる。ルソーの想定する自然状態は

ホッブズのような戦争状態ではない。そこで人間は、互いに独立した自由と平等とを獲得しており、質素ではあるものの、生きてゆくために必要な自己愛と憐れみの情を具えている。ところが、人間が自然状態の無垢な幸福から、暴力と法律の支配する一種の文明的・社会的状況へと移行する時期に、あらゆる不平等とともに富者と貧者、さらに強者と弱者との対立が生じる。人間は自尊心や嫉妬の虜となり、やがて、「公共の理性が社会という集団に教えるのとは正反対の格率を、各個人の理性が各人に押し付け、各人が他人の不幸のなかに自分の利益を見出す」ようになる（文献[3]）。ここに、現実の社会的不平等の起源がある、とルソーは見る。

このように『人間不平等起原論』において、歴史的な国家成立の不当性と現実社会の弊害とを批判したルソーは、『社会契約論』（文献[4]）の中で、いかにしてこうした社会的不平等と差別を解消し、社会契約の持つ本来の意義を取り戻すことができるのかを検討した。

自然状態を脱し、互いに協力し合って一致団結する必要に迫られた人間が、各人の自由意志と理性的な合意に基づくことなく社会を形成するならば、そこでは数々の不平等や差別が生じることとなり、人間はかえって至るところで鎖に繋がれた隷属状態に陥らざるをえない。たとえば、国家が国民全体の共通の利益ではなく、自分自身の利益のみを優先する「特殊意志」に基づいて統治されたならば、そこでは、一部の人間の利権や権益を守るための法が支配することとなり、国民の多くが不利益を被り不自由を強いられる。そこで各人は、互いに利己的な「特殊意志」を捨て、本当の意味で国民全体の立場に立った「一般意志」（volonté générale）に基づいて社会契約を行わなければならない。そのときはじめて、正義の支配する自由な社会が成立するのである。「われわれを社会体に結びつけている約束は、この約束が相互的であるが故にのみ、拘束的なのである」が、その約束はどこまでも一般意志に基づくものでなければならない。「一般意志は、それが本当に一般的であるためには、その本質においてと同様、またその対象においても一般的でなければならぬということ。一般意志は全部の人から生まれ、全部の人に適用され

なければならないということ」（文献[4]）になる。

　さらに、こうした一般意志に国民全体を従わせるために、ホッブズ同様ルソーは、契約によっていったん譲渡された国家権力の絶対性と不可分性を主張する。ここに、権力の分立と国民の部分的抵抗権を認めたロックとの大きな相違を見ることができるだろう。

　以上のようにルソーによると、原理的にすべての人間が自ら従い、決して隷属することのない民主的なルールをつくるためには、いわば各人の内面において、特殊意志の主体である私人から一般意志の主体である公人への、意識の根本的な転換が生じなければならない。そして、こうした主観的な意志から普遍的な意志への内的飛躍を道徳性の次元において先鋭化した人こそ、18世紀近代倫理学の代表的な思想家の一人、カントにほかならないのである。

2　カントにおける道徳法則と人格の尊厳

　カント倫理学と従来の教説との決定的な違いとして、少なくとも次の二つの特徴をあげることができる。

　第一に、伝統的な倫理学説の多くが人間の行動について具体的な内容にまで立ち入って、何らかの指示を与えているのに対して、カントは原則的に具体的な内容についていっさい言及しないという立場をとる。それは以下の二つの理由による。まず、もし大人が子どもをしつけるように、個人の具体的行動までもいちいち規定しなければならないとしたら、何をなすべきかはその都度状況に応じて変わらざるをえないため、指示内容も絶えず変更し続けなければならない。それどころか、ある指示と別の指示との間で矛盾が露呈することも避けられない。したがって、道徳的規範について当然普遍的な指示を与えることはできない、ということになる。さらに、もし道徳が具体的な内容にまで立ち入るならば、行為が無数の規則によって縛られ、事実上人間の自由が抑圧されかねない。未成年状態から抜け出て、独立した近代人になることを説いたカントにとって、人間が常に外から与えられた掟に従うだ

けで、自ら自分の行動を律することができないとしたら、それは、啓蒙に対する冒瀆を意味することになるだろう。

　第二に、カントの道徳説では、行為の結果ではなく、行為者の動機が善悪の判定基準とされる。たとえば、〈商品を売る際に嘘の表示をしない〉というケースを見てみよう。仮にそれが、客の信用を得て商品をたくさん売りたいという動機からなされた場合には、道徳的観点から見て決して善とはいいがたい。表面上義務に適ってはいるものの、それは、どこまでも自分自身の幸福を追求しているだけであり、利己的な目的を遂行しているにすぎないからである。他方でそれが〈嘘をついてはならない〉という純粋な義務に基づいてなされた場合には、外見上まったく同一の行為が、道徳的には端的に善と見なされうるのである。なぜ、こうした奇妙なことが生じるのか。

　カントによれば、前者のケースは事実上〈儲けたいならば、嘘をつくな〉という条件つきの指示（仮言命法）であり、そこではどこまでも商売繁盛という利己的な目的（結果）が優先されているにすぎない。それに対して、後者の場合に、いかなる目的（結果）にも縛られることのない無条件の義務（定言命法：der kategorische Imperativ）が生じる。それは以下のような形式的要請にほかならない。「君の意志の格律が、いつでも同時に普遍的立法の原理として妥当しうるように行為せよ」（第一の道徳法則、文献［5］）。簡単にいうと、自分がこれからやろうとすることを〈いつ、どこで、誰がやっても〉基本的に問題がないか否かを考えてから行動しなさい、ということである。

　人間以外の動物が感性的な欲求にのみ従うのに対して、理性に基づいて自ら道徳法則に従うことのできる人間は、他の動物にはない価値を有する。すなわち、他の動物は道具や商品として利用されるための価値を持つにすぎないが、しかし少なくとも人間には、それ以外の価値がある。『道徳形而上学原論』（文献［6］）の中で、カントは次のようにいう。理性を持たない存在は、「手段としての相対的価値をもつだけであり、その故に物件と呼ばれる。これに反して理性的存在者は人格と呼ばれる、理性的存在者の本性は、この存在者をすでに目的自体として——換言すれば、単に手段として使用すること

を許さないような或るものとして特示し、従ってまたその限りにおいていっさいの主我的な意志を制限する（そしてまた尊敬の対象となる）からである」。「しかもこの目的は、元来かかる性質のものとして、他のいかなる目的によっても代替せられ得ないのである」。〈すべての人間を本来的に目的自体として尊重せよ〉という要請は、以下のように定式化される。「君自身の人格ならびに他のすべての人の人格に例外なく存するところの人間性を、いつでもまたいかなる場合にも同時に目的として使用し決して単なる手段として使用してはならない」(第二の道徳法則、文献[6])。

また、すべての人間に掛け替えのない人格が具わっている以上、私たちは等しく、いわば「目的の国」の住人として扱われなければならない（第三の道徳法則）。換言すると、このような国において、手段として利用される物件(Sache)には価格(Preis)がつけられているのに対して、理性的な存在者である人間の人格(Person)には尊厳(Würde)が存している。したがって、そうした目的の国に属している人間の人格は、単なる物件として売買されることも、贈与されることも許されない、ということになる。

以上のようなカントの人格概念に対して、今日では生命倫理学の立場から(第2章2節 4 5、3節 3 4 参照)、〈人格の尊厳を持つのは理性的存在者だけなのか〉、〈そもそも人格の範囲はどのように限定され得るのか〉などの、さまざまな疑問が提起されている。しかしながら、現在それ以上に重要なのが、ニーチェによって加えられた、カント的な理性や道徳性ならびに自由そのものに対する徹底的な批判にほかならない。というのもニーチェにおいて、カントのみならず近代の社会契約説や啓蒙主義全般が危機に瀕することとなったからである。

3 功利主義と自由主義の二つの原型

（1）ベンサムの功利主義

フランス革命という、近代を特徴づける歴史的事件を目の当たりにしたベンサム(1748-1832)は、『道徳および立法の諸原理序説』(文献[7])の中で、

功利主義 (utilitarianism) の基本理念を展開した。そこでベンサムは、人間の行為を最終的に決定するものとして快と苦の二つをあげ、以下のように続ける。「功利性の原理とは、その利益が問題になっている人々の幸福を、増大させるように見えるか、それとも減少させるように見えるかの傾向によって」、「すべての行為を是認し、または否認する原理を意味する」（文献[7]）。

前述したカントの道徳説では、行為の結果幸福（快）になることと、行為そのものが道徳的に善であることとの間には、原理的には何の関係もない。ところが功利主義の場合、ある人が幸福であることは同時に善であること以外の何ものでもない。つまり、カントにとっては幸せでも道徳的に悪い人間や、反対に不幸でも道徳的に善い人間は大勢いるものの、幸福（快）と善とを同一視する功利主義の場合には、そのようなことはありえないのである。

功利主義は、二つに大別される。はじめに、自己の幸福を追求する個人的快楽説があげられ、次に、人類全体の幸福を目指す普遍主義的（公衆的）快楽説 (universalistic hedonism) が主張される。ベンサムの説く功利主義の原則が後者の快楽説にあることは疑いない。それは、周知のように「最大多数の最大幸福」と定式化されている。したがって功利主義が強調するのは、単なる個人の幸福や利益ではなく、むしろ、一人ひとりの人間の総和である社会全体の幸福や利益であり、基本的に個人ではなく全体が優先される、ということになる。それゆえまた、当然、一人ひとりの幸福の平等性が前提とされなければならない。たとえば金持ちの幸福が貧乏人の幸福よりも高い価値を持つ、と見なされてはならないのである（量的功利主義）。

（2）　ミルの功利主義と自由論

19世紀イギリスの思想家ミル (1806-73) は、快楽の質的な違いを認めないベンサムの量的功利主義を批判的に受け継ぎ、質的功利主義を主張した。すべての人間の快楽が平等に扱われるべきであるとしても、自分だけの快楽を追求することと他人の幸福を追求することとの間に、まったく質的な違いはないのだろうか。もしそうであるならば、幸福の総量が同一の社会を想定した場合、たとえ売春や麻薬が蔓延する俗悪な社会であろうとも、あるいは福

祉やボランティアの充実した社会であろうとも、両者を区別することはできないということになる。しかし、利己的な快楽や俗悪な趣味が利他的な快楽や社会福祉よりも優先されてよいはずがない。

後者の重要性を認識していたミルは、『功利主義論』（文献[8]）の中で、快楽（幸福）の質的相違の正当性を次のように主張する。「満足した豚であるより、不満足な人間であるほうがよく、満足した馬鹿であるより不満足なソクラテスであるほうがよい。そして、もしその馬鹿なり豚なりがこれとちがった意見をもっているとしても、それは彼らがこの問題について自分たちの側からしか知らないからにすぎない。この比較の相手方は、両方の側を知っている」。

さらにミルは、『自由論』（文献[9]）を著し、そこで近代民主主義の一翼を担う独自の自由論を展開した。ミルの思想の中で現在注目されるべきは、前述した功利主義にあるのではなく、むしろ自由主義の伝統にあるといえよう。他人や社会の利益に直接影響を与える行動に関しては、当然功利的な観点に基づいて、その自由が制限されなければならない。しかし、同意のない他人に直接影響を及ぼさないならば、基本的に個人の自由な活動に対していかなる制限も加えられるべきではない。換言すると、「自由の名に値する唯一の自由は、われわれが他人の幸福を奪い取ろうとせず、また幸福を得ようとする他人の努力を阻害しようとしないかぎり、われわれは自分自身の幸福を自分自身の方法において追求する自由である」。こうした領域として、第一に「良心の自由と、思想および感情の自由」が、第二に「嗜好および目的追求の自由」が、第三に「個人相互間の団結の自由」があげられている。

以上のようなミルの自由主義は、今日、〈他人に危害を加えないならば何をしてもよい〉という形で定式化されており、より明確には自己決定権と命名されている。それは一言で述べると、良識のある成人ならば、他人に危害を加えない限り、たとえ自分の不利益になるようなことでも自由に行うことができる、という命題に要約されうる。

4 ニーチェにおける近代批判と道徳の系譜

　前述した近代の啓蒙主義に対して徹底的な攻撃を加えたのが、19世紀ドイツの哲学者、ニーチェである。ニーチェは〈神の死〉を宣言し、近代のみならず、プラトン・キリスト教以来のほとんどすべての西洋思想に対して、いわば死刑宣告を下した。すなわちそれは、従来の掟や教説や理論がどれほど神聖視されてきたとしても、いまや、安全地帯にいて批判の手から逃れることのできるものなど一つもありえないということ、それらを支えていた地盤自体が崩壊の危機にあるということを意味する。

　まずニーチェは、近代の啓蒙主義道徳自体に批判の矛先を向ける。ニーチェによると、啓蒙主義道徳を代表するルソーの一般意志やカントの道徳法則は、第一の自然（人間のもともとの本性）に対していわば第二の自然（理性的な要請）として捏造された虚構であり、人間の自然的本性を傷つけ、人間から根源的な生きる力を奪う元凶にほかならない。というのも、人間に自由な自我と平等の権利を与えようとする近代理性の目論見は、そうした権能と引き換えに、かえって人間から本当の自分らしさや生きがいを奪い去ることとなったからである。その結果、近代人は他人と共有することのできる固有の生きがいや目標を失い、ニヒリズム（Nihilismus）とデカダンスに陥らざるをえない。それゆえ、近代の道徳こそがこうしたニヒリズムの直接的な原因である、ということになる。そこで次に、ニーチェによる近代の啓蒙主義道徳に対する系譜学的批判について概観したい。

　『道徳の系譜』（文献[10]）において、ニーチェは、理性（合理性）を強調する近代の道徳が本質的に非合理なキリスト教信仰の延長線上にあると説き、その成立動機を系譜学的に遡る。

　道徳にはもともと相反する二種類のものがある。第一のそれが「主人道徳」と呼ばれ、第二のそれが「奴隷道徳」と呼ばれる。前者は、第一の自然（本性）に由来するものであり、直接的な自己肯定から発せらた価値評価の産物を意味する。つまり「上位の支配的種族が下位の種族、すなわち『下層者』に対してもつあの持続的・支配的な全体感情と根本感情——これが『よ

い』（gut）と『わるい』（schlecht）との対立の起原なのだ」（文献[10]）。したがって、ここでの評価は現実のものの良し悪しや才能の優劣に基づいている。それに対して、後者は、第一の主人道徳に対する反感やルサンチマン（ressentiment）から生じたのであり、自らの内なる自発性に基づくものではない。後者は、前者の自然的な良し悪しや優劣をある種の奴隷一揆によって覆し、〈優れた〉（gut）＝〈悪い〉（böse）、〈劣った〉（schlecht）＝〈善い〉（gut）という正反対の価値へと転倒することによって成立したのである。換言すると、後者の道徳の誕生は、劣った者たちが優れた者たちに対する復讐から優劣に替わる善悪という対立概念を案出し、自然の競争原理においては勝つことのできない優れた者たちに、道徳という別の原理によって勝利を収めようとする反自然的な動機に基づいていた、ということになる。

さらに、以上のような奴隷道徳の典型としてニーチェがあげているのが、現実の世界の背後に理想の世界を掲げる、プラトニズムとキリスト教の教説である。そこでは、反自然的で非現実的な空想の産物が、道徳的な真実として信仰されることになり、それが形を変えて近代の啓蒙主義へと受け継がれたのだ、というわけである。それゆえニーチェによると、啓蒙主義のみならず、理性を掲げるすべての近代の道徳が本質的に奴隷道徳の亜流であり、その正当性を主張する根拠はどこにもないということになる。しかも、こうした啓蒙主義道徳の失敗の原因は、皮肉なことに、従来のキリスト教道徳の非合理性を克服すべく掲げられた理性と合理性の要求そのものによって、みずからの成立の虚偽性と無根拠性とが暴露されてしまった、ということにほかならないのである。

参考文献

[1] ホッブズ、永井道雄・宗片邦義訳「リヴァイアサン」（*Leviathan*, 1651）『ホッブズ』世界の名著23、中央公論社、1971年
[2] ロック、宮川透訳「統治論」（*Two Treatise of Government*, 1689）『ロック；ヒューム』世界の名著27、中央公論社、1968年
[3] ルソー、本田喜代治・平岡昇訳『人間不平等起原論』（*Discours sur*

l'origine et les fondements de l'inégalité parmi les homes, 1755）岩波書店、1972 年
［4］　ルソー、桑原武夫・前川貞次郎訳『社会契約論』（Le contrat social, 1762）岩波書店、1954 年
［5］　カント、篠田英雄ほか訳『実践理性批判』（Kritik der praktischen Vernunft, 1788）岩波書店、1979 年
［6］　カント、篠田英雄訳『道徳形而上学原論』（Grundlegung zur Metaphysik der Sitten, 1785）岩波書店、1976 年
［7］　ベンサム、山下重一訳『道徳および立法の諸原理序説』（An Introduction to the Principles of Morals and Legislation, 1789）『ベンサム；J.S. ミル』世界の名著 38、中央公論社、1967 年
［8］　ミル、伊原吉之助訳「功利主義論」（Utilitarianism, 1863）『ベンサム；J.S. ミル』世界の名著 38、中央公論社、1967 年
［9］　ミル、塩尻公明・木村健康訳『自由論』（On Liberty, 1859）岩波書店、1971 年
［10］　ニーチェ、木場深定訳『道徳の系譜』（Zur Genealogie der Moral, 1887）岩波文庫、1964 年
［11］　城塚登『近代社会思想史』東京大学出版会、1960 年
［12］　加藤尚武『現代倫理学入門』講談社、1997 年
［13］　マッキンタイア、篠崎榮訳『美徳なき時代』（After Virtue, 1981）みすず書房、1993 年

（平野明彦）

4　現代の倫理

1　メタ倫理学

（1）　メタ倫理学の誕生

20世紀初頭に英語圏で、「メタ倫理学」(metaethics) の潮流が湧き起こった。メタ倫理学とは、倫理的判断はそれ以外の判断とはいかなる点で異なるのか、倫理的判断の対象は何かといった、倫理的判断についての研究である。これは、倫理的判断をその言語表現の面から探究するものであり、実質的な倫理的判断を提示する従来の規範倫理学 (normative ethics) とは対照的である。メタ倫理学は、言語分析を中心課題とした「分析哲学」の発展と密接な関係があるゆえに、「分析的倫理学」とも呼ばれる。

メタ倫理学は、「認識説」(Cognitivism) と「非認識説」(Non-cognitivism) とに大別される。認識説とは、倫理的判断は何らかの認識を表し、真偽を問えるものであるとする立場である。これに対して非認識説は、倫理的判断は認識を表すものではないとする立場である。認識説はさらに「直観主義」(Intuitionism) と「自然主義」(Naturalism) とに分けられ、非認識説には「情動主義」(Emotivism) と「指令主義」(Prescriptivism) がある。

（2）　ムーアの直観主義

メタ倫理学のはじまりは、ムーアの『倫理学原理』(文献[1]) にまで遡る。ムーアによれば、倫理学の主要課題は「何が善であるか」という一般的探究である。ところが、「善い」(good) に対して何らかの定義を与えようと試みても、その定義を与えるものについて、さらにそれは善いのかと問うことができる。たとえば、「善いは快を意味する」と定義しようとしても、「快のみが善いのか」と問うことは有意味であり、結局、定義にはなりえない。これを「未決の疑問論法」(the open question argument) と呼ぶ。「善い」は、「快」や「望まれている」といった自然的な性質には還元できない。功利主義を唱えたミルは、善を「望まれている〔欲求されている〕」(desired) ものだと考

えて「望ましい」(desirable) を「望まれている」と同一視した点で、「自然主義的誤謬」(the naturalistic fallacy) を犯している。「善い」は、非自然的で単一な、独特の対象（the unique object）なのである。したがって、「善いとは何か」と問われれば、「善いは善いである」としか答えようがなく、「善はいかに定義されるべきか」と問われれば、「善いは定義できない」というほかない。

　「善い」は、「黄色い」と同様に、それ以上分析できない単一な観念である。黄色いものをまだ見たことがない人に対しては、黄色いという感覚がどのようにして生じるのかについて物理学や生理学の知見を用いて説明しても無意味であるのとまったく同様に、善いとは何であるかを自然的性質によって説明することはできない。かくして、善は無媒介に、ただ「直観」(intuition) によってとらえられることになる。この「直観」とはいかなるものなのかについてムーアは明確な説明を与えていないが、「善い」は、それ自身は定義されえない無数の「思考対象」(objects of thought) の一つであるという。

　ムーアによる「自然主義的誤謬」批判が端緒となり、価値判断は事実判断から導出できるかどうかという問題をめぐっての議論が盛んになった。「善い」は自然的性質に還元できないというムーアの主張は、いいかえれば、価値判断を事実判断から導出することは不可能であるということになる。これに対して、自然主義者は、「……である」（「存在」）から「……べきである」（「当為」）を導出できると考えたのである。

　なお、快楽主義的な功利主義を批判したムーアは、「理想的功利主義」の立場をとった。

（3）　エイヤーとスティーヴンソンの情動主義

　エイヤーは論理実証主義を英語圏に紹介し、その思想を継承した。彼の価値および倫理に関する理論は、「情動主義」と呼ばれる（文献[2]）。

　エイヤーによれば、規範的な倫理概念を経験的な概念に還元することはできない。そして、倫理概念は擬似概念にすぎず、命題に倫理的術語が現れても、その命題の事実的な内容には何も付け加えない。たとえば、「あの金を

盗んだとは、君は悪いことをしたものだ」と私がいう場合、「君はあの金を盗んだ」とだけいう場合に述べたこと以上のことは、何も述べていないのである。倫理的判断には客観的妥当性がなく、倫理的判断を表現する文は感情の純粋な表現であって、真偽を問えない。そのような文は、苦痛の叫びや命令の言葉と同様に、本物の命題を表現していないがゆえに、検証不可能なのである。あるタイプの行為が「善い」または「悪い」というとき、私は事実に関する言明 (statement) をなしているのではなく、私自身の心の状態についての言明をなしているのでさえない。私は、ある道徳的心情 (moral sentiments) を表現しているにすぎないのである。ある行為の道徳的価値について意見が異なる場合、私は、たとえば相手が行為者の動機に関する事実について誤っていることを論証する。価値の問題に関する論争と見えるものは、実は事実の問題に関するものなのである。

　エイヤーは、倫理的術語が自分の感情を表現するだけでなく、他者の感情を呼び起こし行為を刺激するために使われることもありうると指摘した。だが、この論点を独自の方法論で展開したのはスティーヴンソンである。彼は情動主義の立場から倫理的判断の構造分析を行った（文献 [3]）。彼の分析的研究は、どのような行為が正しいか、あるいは誤っているかについて、何らかの結論を提示するものではない。この方法論的研究と規範倫理学との関係は、科学方法論と自然科学との関係とほとんど同じなのである。

　さて、私たちは日常生活の中でさまざまな倫理的不一致に遭遇するが、その際に重要なのは「確信の不一致」ではなく、「態度の不一致」である。態度の不一致とは、目的、熱望、願望、好み、欲望などの不一致のことである。確信の不一致は事実に関する証拠を示すことによって容易に解消できるが、態度の不一致は倫理的判断によって解消されうる。こう考えてスティーヴンソンは、倫理的判断の分析のために作業モデルを提供する。

　分析の第一の型によれば、たとえば「これは善い」は、「私はこれを是認する、あなたもそうしなさい」という意味を持つと分析される。倫理的言明には「記述的意味」(descriptive meaning) と「情動的意味」(emotive meaning) があり、後者こそが聞き手の同意を要求し、態度の変更を勧めるのである。このように、倫理的言明には「擬似命令的機能」(the quasi-imperative function) がある。

分析の第二の型は「説得的定義」(persuasive definition) と呼ばれ、たとえば、「これは善い」は、「これは、X、Y、Z、……という性質もしくは関係を持つ」という意味を持つと分析される。このような倫理的定義も記述的意味と情動的意味を持ち、聞き手の態度を変更させたり強めたりするのに使われる。倫理的術語はただ主語を反復するのではなく、情動的意味を付け加えるものであるにもかかわらず、ムーアはこの意味を知性化し (intellectualize)、定義不可能な性質だと見なしてしまった。ムーアが「自然主義的誤謬」であると指摘していることは、実は「説得的定義」なのである。そして、ムーアが「善いものに関する命題はすべて総合的であって、決して分析的でない」と述べているのに反対して、スティーヴンソンは「……は善い」という形式の命題は分析的だと主張する。

(4) ヘアの指令主義

ヘアは、倫理的判断の命令機能を強調して「指令主義」を唱えた（文献 [4]）。彼によれば、自然主義の誤りは、価値判断を事実判断から導出しようとすることによって、価値判断の中にある指令的要素や勧めの要素を無視してしまうことにある。道徳言語は「指令言語」(prescriptive language) の一種である。そして、指令言語の最も単純な形態は命令文である。そこで、まず命令文と平叙文との差異を明らかにするために、「窓を閉めろ」と「君は窓を閉めようとしている」を分析してみると、前者は「近い将来に君が窓を閉めること、どうぞ」、後者は「近い将来に君が窓を閉めること、はい」となる。「近い将来に君が窓を閉めること」という両者の共通部分は「指示部分」(phrastic)、異なる部分は「承認部分」(neustic) と呼ぶ。このように命令文は平叙文からは導出できないことがわかる。同様に、倫理的判断は事実的な前提だけからは導出されえない。倫理的判断の主要な機能は行為を統制することであり、この機能を果たせるのは命令力ないし指令力を持つからであ

る。「私は何をなすべきか」という形式の問いに答えられるのは、命令文だけなのである。

「よい」、「正しい」、「べきである」などの価値語は「評価的 (evaluative) 意味」と「記述的意味」を持つ。「よい」の評価的意味は、適用される対象の種類すべてにわたって一定であり、記述的意味を変えるために使うことができる点で、第一次的である。この評価的意味によって、「これはよい」という評価文は「勧める」(commend) という機能を持つ。そして、たとえばある人が「このパソコンはよい」というとき、「そのパソコンの何がよいのか」と、「よい」と呼ぶ理由となる性質を質問するのは正当なことであるように、「よい」は「付加的」(supervenient) な性質形容詞である。この「付加的」性格を、道徳的文脈における「善い」も、「正しい」、「べきである」も持っているのである。

2 プラグマティズムの倫理思想
(1) デューイの自然主義

これまでメタ倫理学の系譜を概観してきたが、次にプラグマティズムの立場から価値と倫理をとらえるデューイの『評価の理論』(文献[5]) をとりあげよう。

デューイは生物学的観点から人間を有機体と見なし、エイヤーの情動主義に対して次のような批判を加える。たとえば、生まれたばかりの赤ん坊が泣くことは、「感情の表現」ではなく、人間以外の有機体の場合と同じである。やがて赤ん坊は、誰かの行為の結果として起こるような、有機体としての状態の変化を得ようという意図を持って、泣いたり叫んだりするようになるのである。また、「情動的」な言語表現と「科学的」な言語表現とを区別することは有効だが、前者は、何ごとをも述べていないとしても、その条件と結果を検討した成果として「科学的」命題の主題となることが可能である。

評価 (valuations) は、有機体にとって何か取り除かなければならない困難や欠乏などがあるときにのみ行われる。すなわち、生命衝動または固定した

習慣が変更されるとき、目的―手段関係における「考慮中の目的」(end-in-view) と結びついた欲求が生じるときにのみ、評価がなされるのである。そして、その際には常に知性的な (intellectual) 因子、すなわち探究 (inquiry) の因子がある。

「望まれている」と「望ましい」との区別は、前者が未検討の衝動のはたらきと結果であり、後者はさまざまな条件と結果とを究明した所産であるところの欲求と興味のはたらきと結果である、という対照を示す。「望ましい」もの、すなわち欲求されるべき対象は、アプリオリに空から突然降ってくるのでもなければ、道徳のシナイ山から命令として降りてくるのでもない。欲求されるべき対象は、未検討の欲求 (uncriticized desire) に従った性急な行動は敗北に導かれ、おそらくは悲劇に終わるということを過去の経験が示しているから、その姿を現すのである。だからこそ、偶然に生ずる欲求の対象という意味の「である」と、現実の諸条件に関しての検討を経てつくられた欲求という意味の「べきである」との差異が生じる。このようにデューイは、「べきである」が過去の経験の検討によって形成されてくる過程に注目するのであり、価値判断が事実判断から導出可能であることになる。したがってデューイの立場は、メタ倫理学の観点から見れば自然主義であるといえよう。

（2）　ローティの新ファジー主義

デューイによれば、事実と価値はそれぞれ別の領域に存在するのではない。評価は事実のうちに (in fact) 存在するのであって、経験的観察が可能である。ゆえに、評価に関する命題は経験的な検証が可能である。「事実の世界」と「価値の王国」との間に存在するとされる隔たりは、評価という現象の直接の源泉が行動の生物学的様式にあり、評価の具体的内容を文化的諸条件の影響に負っていることを理解しさえすれば、人間の信仰から消えうせるであろう、とデューイはいう。このような自然主義にローティは注目し、プラグマティズムの特徴の一つとして、「何であるべきかについての真理 (truth about what ought to be) と何であるかについての真理 (truth about what is) との間にはいかなる認識論的差異もなく、事実と価値との間にはいかなる形而

上学的差異もなく、道徳と科学との間にはいかなる方法論的差異もない」とする点をあげる（文献[7]）。

ローティはまた、事実と価値との区別をぼかしてしまう「新ファジー主義」（New Fuzziness）を擁護する（文献[8]）。彼にとってプラグマティズムは、「新ファジー主義」とも呼べるものなのである。新ファジー主義者は、伝統的な「主観性と客観性」の区別をぼかして、「客観性」の観念を「強制によらない合意」（unforced agreement）という観念に置き換えることを望む。このような合意を形成するために私たちは共同体の内部で、また他の共同体との間で「会話」を継続し、信念の網目を絶えず編み直さなければならない。私たちはまず自分の文化の「正当化の手続き」を参照するしかないため、「自文化中心主義」（ethnocentrism）から出発する。だが、異文化との会話をとおして得られる合意は「連帯」（solidarity）を実現する。そして新ファジー主義者ないしプラグマティストが望む文化においては、「価値の客観性」や「科学の合理性」に関する問いは理解不可能に見えるのである。

3 応用倫理学

（1）レオポルドの土地倫理

20世紀の半ば頃から、諸科学の発展や社会構造の変化に伴って、自然環境や医療など新たな領域に踏み出す倫理思想が現れた。「応用倫理学」（applied ethics）の誕生である。

レオポルドは「人間と、土地および土地に依存して生きる動植物との関係を律する倫理則」として「土地倫理」（land ethic）を提唱した（文献[10]）。彼は、これまで人間が所有物として利用し、経済的利益を得てきたところの「土地（大地）」を生態学の見地から「エネルギー回路」としてとらえ直す。「土地」は単に経済的価値を持つものではなく、土壌、植物、動物という回路をめぐるエネルギーの源泉なのである。ゆえに、人間は「土地」に対する自分の権利を主張し行使するだけでなく、責任と義務を負わねばならない。人類の歴史をふりかえってみると、倫理の適用範囲が拡張されてきたことが

わかる。この拡張は生態学的進化の過程であり、倫理を適用する対象を拡大するということは、人間の属する共同体を拡張して考えるということにほかならない。「土地倫理」とは、共同体という概念の枠を、土壌、水、植物、動物を総称した「土地」にまで拡大した場合の倫理をさす。要するに、「土地倫理」は、ヒトという種の役割を、「土地という共同体」(the land-community) の征服者から、単なる一構成員、一市民へと変えるのである。「土地倫理」とは、土地に対する人間の倫理的義務であり、生態系に対する良心の存在の表れである。

（2） ポッターのバイオエシックス

今日では、「バイオエシックス」といえば「生命倫理学」と同義であると見なされている。そして、「生命倫理学」とは、生命科学や医療にかかわる倫理学であると理解されている。また、従来の「医療倫理」がもっぱら医療従事者の倫理を問題にしていたのに対して、「生命倫理」は「患者主体の医療」の確立をめざすものである。ところが、「バイオエシックス」の原語である'bioethics'は本来、現在の「生命倫理」より広い意味での倫理をさしていた。

この'bioethics'はポッターによる造語であり、彼の構想においては「生命倫理学」と「環境倫理学」とは分化していなかった（文献[11]。現在の「バイオエシックス」と区別するため、以下、ポッターのbioethicsは〈バイオエシックス〉と表記する）。ポッターはもともとガン研究者であり、従来の倫理学を超えた新しい倫理学を構築するためにこの語を造った。〈バイオエシックス〉とは、自然科学と人文科学という二つの文化に橋渡しをするような、行動の指針となりうる学問であり、彼の"*Bioethics : Bridge to the Future*"は人類にとっての「未来への橋」を建設しようという訴えかけの書なのである。この書はレオポルドに捧げられたものであり、献辞とともに彼の『野生のうたが聞こえる』の一部が引用されていることからもわかるように、「土地倫理」を継承し発展させたものである。

従来の倫理学は人文科学の一分野と見なされてきたが、私たちはもはや倫

理学を生態学から切り離しておくことはできない。倫理的価値を生物学的事実から分離することはできないのである。人間にとっての自然環境は無限ではなく、私たちには「未来の世代に対する責務」があり、人間の生存は、生物学の知識に基づいた倫理学としての〈バイオエシックス〉にかかっているといえるかもしれない。個々人の生存本能を足していっても人類の生存を保証するには十分ではないゆえに、「生存の科学」(the Science of Survival) を発展させなければならない。〈バイオエシックス〉は、自然科学や人文科学、さらには社会科学をも含む学際的な学問であり、その基礎は、根拠のない内観ではなく、現代の生物学の諸概念にある。そのため、還元論と機械論の原理を全体論と結びつけて、人間は誤りを犯しやすいサイバネティック・マシンであると見なし、生態学的な倫理的全体論の創設をめざす。さらに、〈バイオエシックス〉は生物学の知識とその限界を現実主義の立場から理解して、英知、すなわち「社会善のために知識をどのように使うべきかという知識」を生み出そうとするものであり、公共政策の領域での勧告も行うのである。科学技術上の決定は、利潤だけに基づいてなされるべきではなく、人類の生存という観点から検討されねばならない。生存こそが、経済学と生態学とを総合するための鍵となる概念にほかならないのである。国家間の争いを続けている暇などなく、国際的な協力が必要不可欠であり、とくに世界的な規模で「人口ゼロ成長」を目標とする必要がある。

　レオポルドもポッターも、いわゆる人文科学畑の学者ではない。レオポルドは長年の森林官としての仕事を通じて「土地倫理」の必要性を提唱し、ポッターはみずから明言しているように、30年に及ぶガン研究の副産物として〈バイオエシックス〉を構想するに至った。すなわち、自然保護と医療・医学研究の実践から倫理思想が析出されてきたのである。

4　現代倫理学の課題

（1）　ロールズの正義論

　ロールズは「公正としての正義」(justice as fairness) を構想し（文献[12]）、

彼の社会正義論は規範倫理学の研究を再び盛んにさせる契機となった。

　ロールズによれば、功利主義は、善を「合理的な欲求の充足」と定義し、個々人の満足の合計を最大化することをめざす目的論的理論である。これに対し、「公正としての正義」の理論は義務論的理論であり、善を正から独立に規定することも、善を最大化することとして正を解釈することもない。正の概念が善の概念に優先するのである。すなわち、何かが善であるのは、それがすでに得られた正の諸原理と一致した生活方法に適合する場合だけである。そして、正義の第一の主題とは、「社会の基本構造、より正確に言えば、主要な社会制度が基礎的な権利と義務を分配し、社会的協働からの利益の分割を決定する方法」である。だが、功利主義においては、個々人の「欲求の充足」の総和がどのように分配されるかは問題にされない。そこで、「分配の正義」(distributive justice) が必要になる。

　ロールズは社会契約説を復権させ、いわゆる「自然状態」を「原初状態」(the original position) といいかえる。「原初状態」では、合理的存在としての諸個人は、自分の社会的地位や資産や、能力、知性、体力などの分配における運についてまったく知らない。つまり、等しく「無知のヴェール」をかけられていて、かつ互いに無関心であると想定される。この「平等な原初状態」は「純粋に仮説的な状況」であり、この状態における諸個人の合意の下で選択されると想像されるのが、正義の二原理である。正義の二原理が公正な合意の結果として得られるのは、誰もが「無知のヴェール」をかけられているゆえに、自分だけに都合のよい原理を立案できないからである。これとは対照的に、功利主義は「不偏の傍観者」を想定して、一人のための合理的な選択原理を社会全体にまで拡大してしまう。つまり、功利主義は個々人の複数性と個別性を真剣に受け止めないのである。

　さて、正義の第一原理が要求するのは、基本的な権利と義務の割り当ての平等である。第二原理は、社会的・経済的な不平等が正義に適っているのは、すべての人、ことに社会で最も不利な立場にある人の便益を結果として補整する場合だけであると考える。第一原理が第二原理に優先する。正義の二原

理を正当化する方法としてロールズは「反照的均衡」（reflective equilibrium）を採用し、私たちの原理と判断との間の相互調整の過程を重視した。

ロールズの正義論は、倫理学のみならず政治学、経済学などきわめて広い範囲にわたって活発な議論を呼び起こした。経済のグローバル化が進み、新たな形で貧富の差が拡大しつつある現在、社会正義論の研究はますます重要なものとなっている。

（2）　メタ倫理学と応用倫理学との関係

応用倫理学が誕生した背景には、科学技術の著しい発展や工業化の加速に伴って生じた自然破壊、医療技術の発達、人口爆発など深刻な問題があった。現在ではさまざまな分野において実践への倫理的関心がさらに高まり、もはやメタ倫理学の存在理由はないかのようにも見える。メタ倫理学は単なる言語表現を問題にするだけで、臓器移植や生殖補助医療、地域の環境保全、地球環境問題など、個々人や地域社会、政府、国際機関といった多種多様な場やレベルで意思決定を迫られる問題に対して、解決の糸口や具体的な解決案をまったく示してくれない、と思われるかもしれない。

しかしながら、メタ倫理学が現実離れした無力なものであることにはならない。メタ倫理学は確かに形式的な面を重視したが、倫理的判断はどのようなはたらきを持つのかという根本的で重大な問題に取り組むものであり、倫理思想の表現の基礎づけという点できわめて有意義なものであった。この問題を、応用倫理学は避けて通ることはできないであろう。というのも、応用倫理学は、先端医療や地球環境問題などについて発言するとき、事実と価値との関係を熟慮しなければならず、「である」から「べきである」を導出してよいかどうかという問題につきまとわれていて、その限りでメタ倫理学的な考察が必要不可欠だからである。応用倫理学はメタ倫理学と決して無関係ではない。実際、メタ倫理学に大きく貢献したヘアは、「選好」概念に基づく功利主義を唱え、ポッターやロールズとほぼ同時期に道徳哲学の「応用」を論じている（文献[14]）。要するに、メタ倫理学と応用倫理学とは相互に補完する関係にあり、両者のさらなる発展が要求されているといえよう。ちな

みにメタ倫理学では、善のような価値は赤のような色と同様に客観性を持つとする「道徳的実在論」(Moral Realism) をめぐって、現在も刺激的な議論が続けられている。

参考文献
[1] ムーア、深谷昭三訳『倫理学原理』(*Principia Ethica*, 1903) 三和書房、1982年
[2] エイヤー、吉田夏彦訳『言語・真理・論理』(*Language, Truth and Logic*, 1936) 岩波書店、1955年
[3] スティーヴンソン、島田四郎訳『倫理と言語』(*Ethics and Language*, 1945) 株式会社内田老鶴圃、1984年
[4] ヘア、小泉仰・大久保正健訳『道徳の言語』(*The Language of Morals*, 1952) 勁草書房、1982年
[5] デューイ、磯野友彦訳『評価の理論』(*The Theory of Valuation*, 1939) 関書院、1957年
[6] 行安茂『デューイ倫理学の形成と展開』以文社、1988年
[7] ローティ、室井尚・吉岡洋・加藤哲弘・浜日出夫・庁茂訳『哲学の脱構築：プラグマティズムの帰結』(*Consequences of Pragmatism*, 1982) 御茶の水書房、1985年
[8] ローティ、冨田恭彦編訳『連帯と自由の哲学』('Science as Solidarity' in *Objectivity, Relativism, and Truth*, 1991) 岩波書店、1988年
[9] 魚津郁夫『現代アメリカ思想：プラグマティズムの展開』放送大学教育振興会、2001年
[10] レオポルド、新島義昭訳『野生のうたが聞こえる』(*A Sand County Almanac*, 1949) 講談社、1997年
[11] ポッター、今堀和友・小泉仰・斎藤信彦訳『バイオエシックス：生存の科学』(*Bioethics : Bridge to the Future*, 1971) ダイヤモンド社、1974年
[12] ロールズ、矢島鈞次監訳『正義論』(*A Theory of Justice*, 1971) 紀伊國屋書店、1979年
[13] 川本隆史『ロールズ：正義の原理』現代思想の冒険者たち23、講談社、1997年
[14] ヘア、小泉仰監訳『倫理と現代社会：役立つ倫理学を求めて』(*Applications of Moral Philosophy*, 1972) 御茶の水書房、1981年

(小口裕史)

第 2 章

生命倫理

　21世紀においては医療技術の進歩がさらに加速化されることが予想されるが、なかでも、注目されるのは遺伝子治療と再生医療であろう。遺伝子治療は遺伝子診断・テーラーメイド医療やゲノム創薬などという形をとって多くの難病患者を治癒へと導く可能性があり、さらに、生殖医療の分野でも遺伝子治療と受精卵診断が結びつくことによって着床以前の段階での受精卵選別が本格化するであろう。

　そして、もう一つの新しい医療である再生医療は皮膚・骨髄・血管・神経組織だけではなく臓器さえもつくりだす可能性を秘めている。そのため臓器移植事情が根本的に変革されるかもしれない。さらに、再生医療の延長線上の技術として開発されたクローン技術がクローン人間製造へと暴走することも懸念されている。

　以上のように、遺伝子治療と再生医療などの最先端医療技術はさまざまな遺伝病や生活習慣病に対して画期的な治療法を開発する可能性がある点では高く評価されているが、一方では多くの倫理的問題点も指摘されている。そこで、本章では、これらの医療技術の倫理的問題点について考察するとともに、21世紀の医療の方向性について生命倫理（バイオエシックス）の立場から検討を加えたい。

1 遺伝子治療

2003年4月14日、アメリカ、イギリス、日本、フランス、ドイツ、中国の6ヵ国は、ヒトゲノム解読計画が完了したと発表した。これにより、約29億6000万個あるDNA塩基対のうち、99％が99.99％の精度で解読され、3万2615個の遺伝子が同定された。塩基配列の解読が完了したことによって、遺伝子の機能や合成されるタンパク質の構造・機能の分析解明が進み、病気の治療や新薬の開発も新たな局面を迎えることになるだろう。この節では遺伝子治療（gene therapy）、遺伝子診断（genetic diagnosis）などに関する倫理的な問題点を扱うが、それに先立って、本節で言及する議論と関連したいくつかの概念について概略を述べておくことにしよう。

1 染色体、DNA、ゲノム

人体は約75兆個の細胞から構成されているといわれる。細胞には200種類を超える型があるが、一個体（個人）を構成している細胞はすべて、同一の遺伝情報を持っている。各細胞内の核と呼ばれる小器官が遺伝情報の格納庫であり、遺伝情報の本体である長いヒモ状のDNA（デオキシリボ核酸）の連鎖は幾重にも折りたたまれた状態で、染色体と呼ばれる構造物として核内に存在している。染色体の数は生物種によって決まっていて、ヒトの場合23対46本ある。このうち、22対は常染色体と呼ばれ、残りの1対は性染色体と呼ばれる。健常な男性の場合、X染色体とY染色体の2本が性染色体1対を構成し、健常な女性の場合、2本のX染色体が性染色体1対を構成している。さて、核内のDNAは、2本の長いリボン状の鎖が相互により合わさった、らせん階段のような二重らせん状になっており、らせん階段の手すりに相当する部分はリン酸と糖（デオキシリボース）が交互に結合した構造を持つ（DNAすなわちデオキシリボ核酸の名前は、この糖に由来する）。また、らせん階段のステップに相当する部分では、アデニン（A）、グアニン（G）、シト

細胞 　核 　染色体

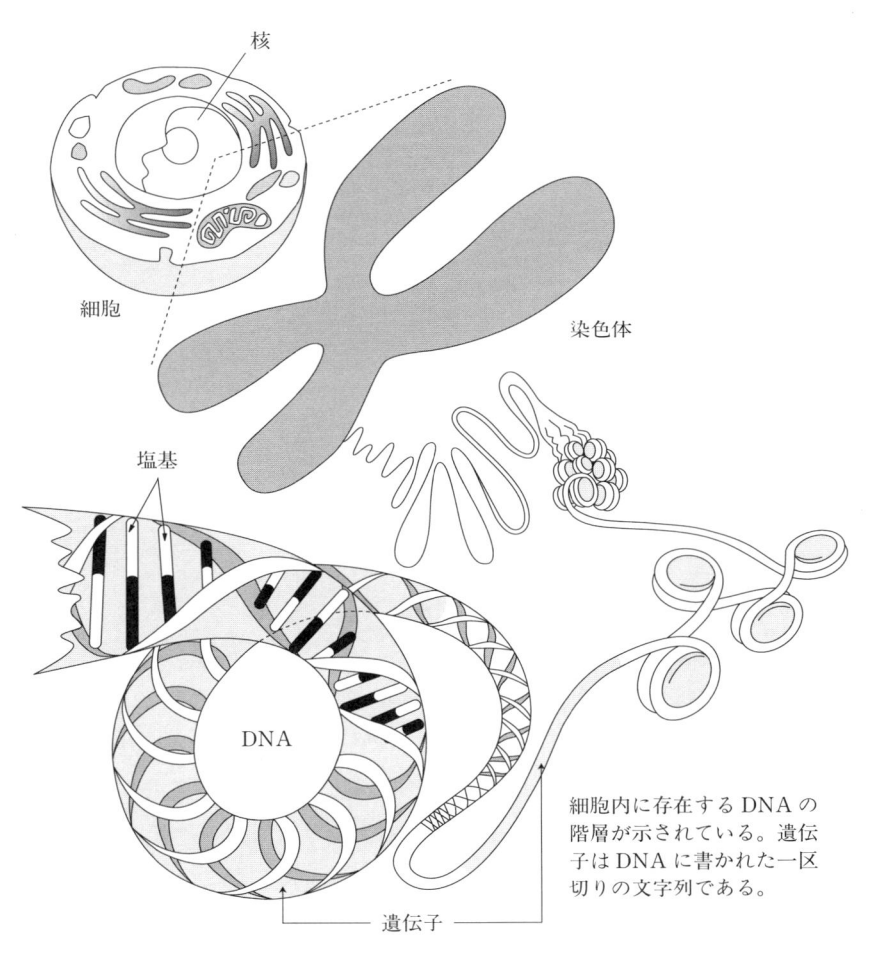

塩基

DNA

遺伝子

細胞内に存在するDNAの階層が示されている。遺伝子はDNAに書かれた一区切りの文字列である。

図2-1　染色体、DNA、遺伝子
（清水信義『ヒトゲノム・ワールド：生命の神秘からゲノム・ビジネスまで』PHP研究所、2001年）

シン（C）、チミン（T）という4種類の塩基が、ステップの中央で、反対側にある塩基と結合している。この結合には規則性があり、アデニンは必ずチミンと結びつき、グアニンは必ずシトシンと結びつく。この「AとT」および「GとC」の対（ペア）は塩基対（base pair）と呼ばれる。DNAの構成

第2章　生命倫理　51

単位は、糖分子1個、リン酸分子1個、塩基1個からなるヌクレオチドと呼ばれる化合物であるが、このヌクレオチドの連鎖がDNAの二重らせん鎖を形成している。ヒトゲノムは、一個体が持つ全遺伝情報、すなわち46本の染色体にあるすべての塩基配列をさし、その全塩基配列を読み取るヒトゲノム計画の完了で、ヒトゲノムには約29億6000万個の塩基対があることがわかったのである。しかし、遺伝情報を記すのに使われている「文字」である塩基はA、G、C、Tの4種類だけであり、それら4種類の文字だけで書かれた暗号を解読することが、ヒトゲノム計画に続く次の段階になる。

2 遺 伝 子

　DNA＝遺伝子と誤解している人もいるが、遺伝子と考えられているのはDNAのごく一部にすぎない。DNAの長い二重らせん鎖のところどころにポツポツと点在し、特定の暗号（さまざまなタンパク質を合成する設計図）を含む区画（一群の塩基配列）が遺伝子と呼ばれる単位を形成する。DNA上の、遺伝子以外の塩基配列はジャンク（がらくた）配列と呼ばれるが、現在のところジャンク配列の大部分に関して、その機能は解明されていない。さて、DNAが遺伝情報を正確に伝達するためには、塩基配列を正確にコピーし、それを次代の細胞に引き渡さなければならない。このコピー役を演じるのがRNA（リボ核酸）である。RNAはDNAと異なり、通常一本鎖でできていて、糖はデオキシリボースではなくリボース、また、チミン（T）の代わりにウラシル（U）という塩基を持っている。DNAからRNAへの遺伝情報の転写は、①二本鎖DNAの塩基対（A—T、G—C）を分離させる酵素がはたらき、ほどけた状態の一本鎖DNAが2本できる。②RNAポリメラーゼと呼ばれる酵素が一本鎖DNAと結合し、一本鎖DNAの塩基と対応する塩基（Aに対してはU、Tに対してはA、Gに対してはC、Cに対してはG）がヌクレオチドの形で参集して、一本鎖DNAの塩基と結合する。③塩基同士が結合したあと、RNAの糖（リボース）とリン酸基とをRNAポリメラーゼが結合させていき、RNAが合成されるというプロセスで行われる。RNAに転写され

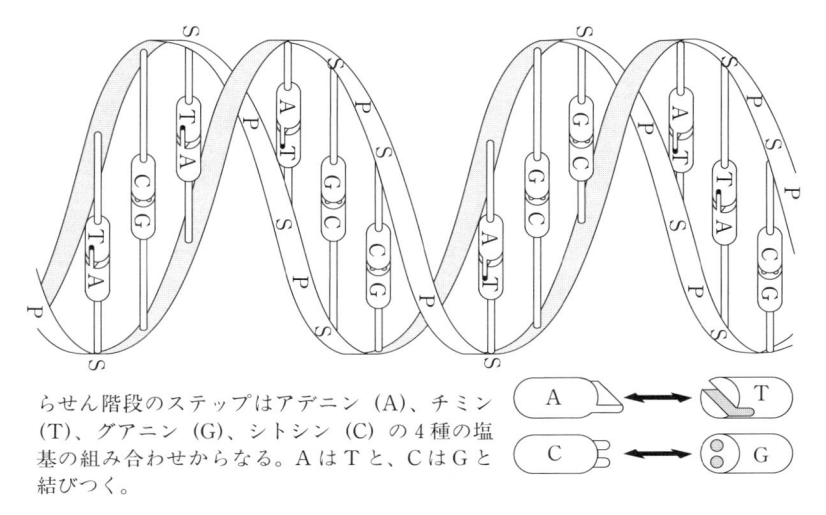

らせん階段のステップはアデニン（A）、チミン（T）、グアニン（G）、シトシン（C）の4種の塩基の組み合わせからなる。AはTと、CはGと結びつく。

図2-2　DNAの二重らせん構造
（出所：清水信義『ヒトゲノム・ワールド：生命の神秘からゲノム・ビジネスまで』PHP研究所、2001年）

た遺伝子中の塩基配列には、遺伝情報（タンパク質を合成する設計図）を含む部位と含まない部位とが飛び飛びに散在しており、遺伝情報を含む部位はエキソン、含まない部位はイントロンと呼ばれる。新しく形成されたRNAは、スプライシングなどのプロセスを経てmRNA（メッセンジャーRNA）となる。mRNAは核から離れてリボソームと呼ばれる細胞内小器官へ運ばれ、リボソームがmRNAの情報に基づいてアミノ酸を結合し、タンパク質を合成することになるが、このプロセスを翻訳と呼ぶ。その際、20種類あるアミノ酸のうち特定のアミノ酸を指定する3塩基（A、G、C、Uのうちの3つ）の配列はトリプレット構造と呼ばれ、トリプレットをなす3塩基はコドン（codon：遺伝暗号）と呼ばれる。

3　ヒトゲノム解析：遺伝病、DNA多型

ヒトゲノム計画は、ヒトに共通なゲノムの構造や機能を解明することを目

標としていた。標準的なゲノムの構造（塩基配列）がわかれば、ゲノムの個人差を調べることによって、病因の特定や治療、予防などが可能となる場合があるからである。疾病には、1個の異常遺伝子が原因となって発症する単一遺伝子病（先天性代謝異常。狭義の遺伝病）や、遺伝的な要因と環境的な要因とが複合して発症する多因子遺伝病、および染色体異常などがある。単一遺伝子病としてはハンチントン舞踏病（常染色体優性疾患）やフェニルケトン尿症（常染色体劣性疾患）、デュシャンヌ型筋ジストロフィー症（X染色体伴性遺伝性疾患）など、約4000種が知られているが、保因者は比較的まれである。しかしハンチントン舞踏病も含めた、いわゆる単一遺伝子病の多くは、残念ながら現在の技術水準では治療や予防が難しい。原因遺伝子だけを切除し、正常な遺伝子をその部位に組み込むことが困難だからである（原因遺伝子が作用する特定の臓器や組織のすべての細胞、あるいは体内のすべての細胞に、そのような操作を加えることが必要になるが、これは事実上、不可能に近い）。また、導入したい遺伝子の組み込まれた細胞が、遺伝子産物を適切な時期に、適量だけ発現するように制御することも難しい。ただ、異常な遺伝子に操作を加えるのではなく、正常な遺伝子を患者に導入することによって治療効果が得られるケースもあり、アデノシンデアミナーゼ（ADA）欠損症が、その数少ない一例である。この病気の患者は、アデノシンデアミナーゼという酵素をつくる遺伝子に異常があり、免疫システムにとって不可欠なリンパ球が機能しない。そこで、次のような手順で治療が行われる。①患者から血液を採取する。②採取した血液からリンパ球を分離・培養し、そのリンパ球にADA遺伝子を組み込んだウイルスベクター（ウイルスが持つゲノムの一部を取り替えたもの。導入したい遺伝子を細胞内に搬入するための運び手として用いられる。レトロウイルス、アデノウイルスなど、数種類のウイルスベクターがある）を感染させる。③ADA遺伝子が組み込まれたリンパ球を培養し、患者の体内に点滴によって戻す。以上のような治療によって患者の感染細胞の中でADA酵素タンパク質が合成され、症状の改善した例がアメリカ、日本などで報告されている。

　さて、高血圧症、糖尿病などの生活習慣病や、がん、アレルギーなどの、

いわゆる多因子遺伝病（多遺伝子性疾患）の場合、遺伝的要因に環境的要因（食事、飲酒、喫煙、ストレスなど）が複合して発症するが、遺伝的要因には多数の遺伝子が関与しており、個々の遺伝子の変異が発症要因として確率的に作用する。すなわち、コレコレの遺伝子群に異常があれば罹患する可能性が50％高まるとか、3倍になるといったような、確率的な推計の基礎となるわけで、このような遺伝子群は疾患感受性遺伝子と呼ばれる。たとえば、糖尿病患者の約95％を占めるインスリン非依存性糖尿病（NIDDM）の場合、発症と関連する疾患感受性遺伝子としてインスリン、インスリン受容体、HNF1-α（肝臓に特異的な転写因子。転写因子とは、転写反応においてRNAポリメラーゼ以外に必要とされるタンパク質）、グルコキナーゼ（肝臓と膵臓のβ細胞だけではたらく解糖系の酵素）、カルパイン10（カルシウム依存性プロテアーゼ。プロテアーゼとは、タンパク質分解酵素のこと）などが知られている。このような、糖尿病の発症要因となる疾患感受性遺伝子が数多く同定されれば、それらの遺伝子に基づいて遺伝子診断を行うことによって、発症した患者への治療だけでなく、発症しやすい体質の人に対して予防策を講じることが可能となる。

　ヒトゲノムには個人差があり、DNA多型と呼ばれる。DNA多型は塩基配列の相違が原因で生じるが、現在最も研究者の注目を集めているDNA多型がSNP（スニップと読む。一塩基多型：single nucleotide polymorphismの略）である。これは、塩基1個が別の塩基1個と置換されていることによって生じるゲノムの個人差をさし、1000塩基に1個の割合で、そうした配列の置換が存在すると推定されている。たとえば、ロイシンというアミノ酸にはUUA、UUG、CUU、CUC、CUA、CUGという6種類のコードがあり、SNPが反映されて別のアミノ酸に変化してしまう場合がある。そうした変化が複合して異常なタンパク質が合成され、発症する患者が現れたとしても、その病因SNPを特定する（発症のメカニズムを解明する）ことは容易ではない。さらに、環境的要因もからんでくるわけであるから、SNP解析に基づく多因子遺伝病の発症メカニズムの解明は困難な、しかし重要な課題であり、現在精力的に研究が行われている。

4 遺伝子治療

　正常な遺伝子あるいは正常な遺伝子の組み込まれた細胞を患者の体内に導入し、遺伝性疾患を治療することを遺伝子治療と呼ぶ。異常な遺伝子を正常な遺伝子に置換したり（遺伝子置換）、欠損した遺伝子を補修する（遺伝子修復）ことで根本的な治療ができるが、既述のように現在の段階では技術的な面でハードルが高く、実現していない。実際に行われている遺伝子治療としては、①遺伝子補充療法、②遺伝子発現抑制療法、③付加遺伝子療法などがある。①は、遺伝子の異常によって特定のタンパク質が欠損し、発症する場合に用いられる方法で、正常な遺伝子を導入することによって補う。②は異常タンパク質の発現が原因で発症する場合に用いられる方法で、異常タンパク質の生産を抑制するためにアンチセンスRNAやリボザイム（いずれも、mRNAの機能を消失させる働きをする）などを導入する。③の付加遺伝子療法は、患者の細胞に別の機能を持たせるための方法で、たとえば抗がん作用を持つサイトカイン（血球細胞の増殖や分化を抑制するタンパク質性の生理活性物質。インターフェロン、インターロイキンなどがある）遺伝子の組み込まれたリンパ球を患者に導入することによって、がんを治療する方法である。

　遺伝子治療は自然界に存在しない組み換えDNAを用いるため、副作用など安全面に関していくつかの問題点が指摘されている。一つはウイルスベクターの安全性である。ウイルスベクターは、感染力を持ちながら宿主の中で増殖できないように加工されるが、その加工の安全性について批判的な議論がある。また、ベクターによって搬入された遺伝子が、新たな疾患感受性遺伝子として機能する可能性も否定できない。遺伝子治療は医学の新しい展望を開く有望な手段ではあるが、同時に、細心の注意を必要とするパンドラの箱ともなりうる。さらに、安全面での問題以外に、遺伝子治療に関する倫理的な問題点も指摘されている。遺伝子治療には、①体細胞（組織細胞）に遺伝子（あるいは遺伝子の組み込まれた細胞）を搬入する体細胞遺伝子治療と、②生殖系列細胞（精子、卵、胚）の遺伝子を改造する生殖系列細胞遺伝子治療がある。①については伝統的な治療行為の延長線上にあるものという見解が優

勢であるが、インフォームド・コンセントの徹底、患者のプライバシーの保護など、倫理面での配慮が不可欠なものとなる。②に関する代表的な批判は、遺伝子の改造が当該生殖系列細胞の後継者から同意を得ないままに行われることの倫理的な是非を問うもので、改造された遺伝子の情報が子孫にまで影響を及ぼすことを考えれば、この批判は深刻な問題をはらんでいる。目下のところ、アメリカや日本など多くの国で生殖系列細胞に対する遺伝子治療は規制されているが、この種の治療を推進すべきだという積極論もあり、今後の事態の推移を注視すべきだろう。

5　ゲノム創薬、テーラーメイド医療

　ゲノム情報に基づく新薬の開発をゲノム創薬と呼ぶ。従来、医薬品は偶然や帰納的な経験則に依存して開発されてきたが、ゲノム研究の進捗に伴って異なった形態での新薬開発が可能となりつつある。すなわち、疾患感受性遺伝子が同定されることによって、それらにターゲットを絞った薬品を開発することができるようになったのである。ゲノム創薬の過程は、ほぼ次のようなフローチャートに従っている。①疾病関連遺伝子の同定、②疾病関連遺伝子の産物であるタンパク質の同定と当該タンパク質の構造・機能の解析。および、この疾病関連タンパク質と相互作用するタンパク質（創薬ターゲットの候補）の絞り込み、③モデル動物への投薬試験、④臨床試験、⑤認可。このようなフローチャートに基づいて開発された新薬で、薬効が認められているものとしてST 1571（慢性骨髄性白血病の治療薬）やハーセプチン（乳がんや前立腺がんの治療薬）、エイズウイルスのプロテアーゼ阻害薬などがある。現在、各国の製薬会社や研究所はゲノム創薬の研究・開発にしのぎを削っている。患者の立場から考えれば心強いことではあるが、ここでも問題点が指摘されている。各製薬会社は、ゲノム創薬の研究・開発に莫大な研究費を投入している。その最大の理由は遺伝子特許の取得という問題である。遺伝子特許というのは、創薬ターゲットの対象となる疾病関連遺伝子の情報に関する特許のことで、この特許を他社に取得されてしまうと創薬開発ができなくなる

（あるいは、莫大な特許料を支払わなければならなくなる）可能性があるからである。しかし、ゲノミクス（ゲノム学）が私企業の特許対象となることは、果たして社会的に許容されることなのであろうか。有効な新薬の開発に成功した製薬会社が高利益を上げることには異論はない。しかし、新薬開発の前提となるゲノム情報は、公共のものであるべきではないのだろうか。

　一般に体質の差と呼ばれる個人差（DNA多型、遺伝子多型）を、個人個人のゲノムにまで遡って遺伝子診断することが可能になり、その人に合った医療を行うことが可能になれば、副作用のない効果的な治療や投薬あるいは予防が実現することになる。このような医療をテーラーメイド医療（オーダーメイド医療）と呼ぶ（アメリカでは個人化医療：personalized medicine という表現が用いられる）。テーラーメイド医療は文字どおり個々人に特化された医療であり、現段階では「未来の医療」ではあるが、生活習慣病やがん、アレルギーなどの多遺伝子性疾患に対する究極の医療として期待されている。ただ、個人個人のゲノム解析に要する費用が、テーラーメイド医療によって削減される医療費とバランスしない限り、国民全員がこの医療の恩恵を被ることは困難だろう。裕福な人だけがテーラーメイド医療を受けられるという事態は、倫理的な問題を生むことになる。さらに、将来、国民全員のゲノム情報や診療データがコンピュータ上で一元管理され、いつでも、どの医療機関からでもアクセスできるという状況が生まれたとき、最も懸念されるのは個人情報の漏洩である。情報管理の徹底と法的な整備が伴わない限り、個人のゲノム情報や診療データが新たな社会的差別の要因となる可能性がある。

6　再生医療

　遺伝子治療とともに未来の医療技術として注目されているのが、幹細胞（stem cell）を人工的に分化・増殖させ、組織や臓器を再生させることを目的とする再生医療である。幹細胞とは、自己複製能と分化能（いろいろな型の細胞に変化する能力）とをあわせ持つ細胞のことで、組織幹細胞（tissue stem cell）および多能性幹細胞（pluripotent stem cell）に大別される。動物の体を構成す

るさまざまな組織細胞の多くは、個体を生存維持させるために、消耗した細胞に代わって新しくつくりだされた細胞で置換されていくが、このような新たな細胞を供給する親細胞を組織幹細胞（あるいは体性幹細胞）と呼ぶ。たとえば、私たちの体内で生産されている血液細胞（赤血球、血小板、リンパ球、マクロファージなど）は、少数の造血幹細胞の増殖・分化によって維持されている。白血病や再生不良性貧血の患者に対して行われる骨髄移植は、骨髄の提供者（ドナー）の造血幹細胞を患者に移植し、患者の体内で生涯にわたって血液細胞を生産させることを意図した医療であり、組織幹細胞を利用した典型的な成功例である。血液以外にも、皮膚、腸上皮、生殖器などに幹細胞の存在が確認されており、最近では肝臓や腎臓、網膜、さらに神経細胞にも幹細胞の存在が報告されている。一方、動物個体を構成するすべての型の組織細胞に分化する能力（多能性）を持った幹細胞は多能性幹細胞と呼ばれる。発生初期の限られた期間にだけ存在する多能性幹細胞から採取され、試験管内で (in vitro) 培養できるように株化された幹細胞を胚性幹細胞株 (embryonic stem cell line) と呼ぶ。普通、英語名の頭文字をとって ES 細胞株と呼ばれるが、ES 細胞株は動物個体を構成するすべての型の細胞に分化する能力を持ち、無制限に増殖させることができるといわれている。したがって ES 細胞株を、必要とされる臓器・組織の細胞に分化誘導するメカニズムが解明されれば、臓器移植の現場で常に問題となるドナー（臓器提供者）不足が解消されることになるため、この分化誘導のメカニズム解明が目下の急務となっている。

　さて、ヒト ES 細胞株から分化誘導した細胞（や組織）を用いる再生医療は、遺伝子治療とともに、患者にとって朗報ではあるが、ここでも倫理的な問題点が指摘されている。まず、ヒト ES 細胞株は、胎児に成長する前段階の胚に由来する細胞だという点である。ヒト ES 細胞株はヒトの初期胚の胎盤の内部細胞塊から樹立されるが、その際、初期胚を破壊しなければならない。ヒト初期胚は順調に成長すれば一人の人間となるわけだから、胚の段階で、人間となる可能性を否定することになるのではないかという批判であ

る。また、ES細胞株の樹立に使用されるヒト胚は、体外受精の際に不要となった受精卵（余剰凍結胚）であるが、ヒトES細胞株として利用する目的のために、受精卵が売買の対象となるのではないかという懸念もある。いまのところ、インフォームド・コンセントに基づいて無償で提供された余剰凍結胚だけが使用されているが、提供者のプライバシーの保護という問題もある。医学的にも、ヒトES細胞株を用いた臓器・組織の再生・移植が仮に成功したとしても、増殖段階のハプニングで混入したタンパク質が患者の遺伝子組成に悪影響を及ぼし、結果的に予想外の疾病を発症させる可能性も否定できない。また、ヒトES細胞株を再生医療に応用する場合、最大の問題は、通常の臓器移植におけると同様、拒絶反応の制御である。患者にとって他者である受精卵からヒトES細胞株を樹立し、そのヒトES細胞株から分化・増殖された機能細胞を患者に移植すれば拒絶反応が起こる。そこで、こうした拒絶反応を回避するための方法が考案されている。一つは、患者の組織細胞（体細胞）を使用してクローン胚をつくり、このクローン胚からES細胞株を樹立するという方法である。このようにして樹立されたES細胞株は患者と同一のゲノムを持っているため、培養された機能細胞を移植しても拒絶反応は（原理的には）起こらない。しかし、クローン胚をつくるためにはヒト卵子が必要であり、ここでもまた卵子の身分をめぐる倫理的問題の発生が考えられる。また、現段階では、クローン胚の作製はクローン人間の作製に発展する懸念があるとして規制されている。いま一つ、夢の再生医療として期待されているのが、組織細胞を幹細胞化するという技術である。核移植を行うことなく組織細胞核を未分化の状態にし、細胞株を樹立することができれば、患者自身の組織細胞による臓器・組織の再生が拒絶反応の懸念なく可能となる。現在、再生医療に応用されている組織幹細胞として造血幹細胞があり、神経幹細胞も治験段階にある。また肝幹細胞、筋幹細胞、皮膚幹細胞、網膜幹細胞なども、再生医療への応用が研究されている。

7 遺伝子診断

　一般に「体質の違い」といわれる個人差が DNA 多型に由来すること、また、DNA 多型の一つ SNP を解析することによって疾病との因果関係が解明される可能性が開かれていることは、すでに述べた。治療可能な疾病、あるいは予防措置を講じることが可能な疾病の場合には、個人の遺伝子検査（遺伝子解析）は朗報になるだろう。しかし、現在の医学では治療も予防も不可能な単一遺伝子病患者の場合、発症以前の遺伝子検査の結果は悲報となる。遺伝病と関連した遺伝子変異を診断する遺伝子診断には、深刻な倫理上の問題が発生するケースが少なくない。遺伝子診断には、（1）着床前診断、（2）出生前診断、（3）保因者診断、（4）遺伝病の確定診断、（5）発症前診断などがあるが、（1）と（2）については3節を参照してもらうことにして、ここでは（3）〜（5）の概要と、その倫理的問題点に触れておこう。

　（3）保因者診断：家系内に重度の遺伝病患者が存在する人を保因者と呼ぶ。保因者に対して行われる遺伝子診断が保因者診断である。保因者本人や、その子孫が、当該遺伝病を発症する可能性があるかどうかを診断するもので、広く実施されている。診断の結果、発症の可能性が認められた場合、その情報の漏洩は社会的差別の要因となるおそれがあるため、徹底した情報管理技術の確立と法的な整備が必要となる。（4）遺伝病の確定診断：遺伝病患者に対して正確な遺伝子検査を行い、患者の血縁者に発症前診断を実施することができるかどうかを判断する目的で行われる。検査の結果、患者の血縁者が将来（治療法や予防法のない）重篤な遺伝病を発症することが判明した場合、その情報の漏洩は血縁者にとって悲報となりうる。患者の遺伝情報は、患者本人のみならず、患者の血縁者にも影響を及ぼすことが考慮されなければならない。（5）発症前診断：発症した患者に対して行われる従来の医療行為とは異なり、健常者に対して行われる遺伝子診断。アメリカでは、発症前診断を受け治癒可能な疾患と判明した女性が、高額な治療費の必要な疾患であることを知った雇用主から解雇されるという事例が発生している。発症前診断は、結果いかんによってさまざまな遺伝子差別を惹き起こす可能性がある。

患者が陽性であるという情報が漏洩した場合、健康保険や生命保険に加入できないという事態の発生が考えられる。逆に、保険機構や生保会社の立場からは、加入者が遺伝情報を秘匿して加入するのは不当だという主張も考えられる。この問題を解決するための社会的な合意形成が必要となるだろう。

　遺伝子診断はもろ刃の剣であり、生活習慣病やがんなどの多因子遺伝病（多遺伝子性疾患）の場合には環境的要因の改善などにつながる契機となる一方、重篤な遺伝病が判明した場合には深刻な事態を惹き起こすことも考えられる。本人やその家族、当該遺伝病を発症する可能性のある人に対して、適切な情報提供と支援を行うための遺伝カウンセリングが不可欠となる。

参考文献

［1］　ネイチャー特別編集／藤山秋佐夫監訳『ヒトゲノムの未来：解き明かされた生命の設計図』徳間書店、2002年
［2］　中込弥男『絵でわかるゲノム・遺伝子・DNA』講談社、2002年
［3］　中村祐輔編『SNP遺伝子多型の戦略：ゲノムの多様性と21世紀のオーダーメイド医療』ポストシークエンスのゲノム科学1、中山書店、2000年
［4］　菅野純夫編『ゲノム医科学がわかる』わかる実験医学シリーズ、羊土社、2001年
［5］　横田崇編『再生医学がわかる』わかる実験医学シリーズ、羊土社、2002年

（京屋憲治）

2 移植医療

現代では医療技術の進歩に伴って移植医療、より具体的には脳死状態からの種々の臓器移植や、生体からの骨髄や肝臓移植、などに関して新たな倫理的問題が生じている。生体からの移植に関しては、ドナー（臓器提供者）の生命を危険にさらしてまで移植を行うことの是非や、臓器を金で買うことの是非、などの問題が生じる。しかし、より問題となるのは、脳死状態からの移植であると思われる。そこでこの節では、このような問題について倫理的、哲学的な観点から考えてみたい。なお、この節は文献[1]の内容を加筆、修正したものである。

1 脳死は人の死か

脳死状態からの臓器（とくに心臓）移植には、「脳死は人の死か」といういわゆる脳死問題が関係している。実際、脳死が人の死でなければ、脳死状態にある人から心臓を取り出すということは殺人にほかならない。脳死状態というのは、全脳死の状態、すなわち脳全体が不可逆的に機能を停止している状態とされる。この状態になった場合でも、人工呼吸器で酸素を送れば、一定期間は心臓を生かしておくことができ、移植が可能である。なお、脳死に関しては、機能死よりは器質死（すなわち、脳細胞が完全に壊れた状態）をとるべきではないかという意見もある。またこれと関連して、脳死判定の問題、つまり、どのような徴候が観察されたとき、脳死であると判定するのか、という問題も生じる。しかし、ここでは一応脳死を上で述べたとおり、全脳の機能死として考えることにする（この問題に関してはまた後で述べる）。また、脳死判定の問題は、もちろん重要ではあるが、ここでは論じないことにする（文献[2]ではこれらの問題に関して詳しい議論がされている）。さらに、脳死と間違われやすいものとして植物状態がある。これは大脳等は破壊されているが、呼吸など生命維持中枢が集まっている脳幹は、基本的には機能している状態

である。植物状態では自力呼吸が可能であり、栄養を補給し続ければ、大脳等以外は（場合によっては何年も）生き続けることができる。

　日本でも1968年に札幌医大の和田教授によって最初の心臓移植手術が行われて以来、臓器移植や脳死問題については賛否それぞれの立場からさまざまな議論がなされてきたが、法律的には脳死状態からの臓器移植は認められなかった。しかし、結局1997年に「臓器移植法」が成立し、脳死は人の死であると認められ、臓器移植が可能となった。けれども、それには臓器を提供する本人（15歳以上）が、その意志をドナーカードなどの文書で表明している、家族の承諾がある、などの条件が必要であり、脳死を人の死と認めるか否か、臓器を提供するか否かは、現在では個人の選択に任されている状態といってもよい。

　この「臓器移植法」のもととなったのは、臨時脳死及び臓器移植調査会による「脳死及び臓器移植に関する重要事項について」という、1992年に出された答申である（以下「臨調答申」という。これは文献[2]に記載されている）。この臨調答申は、時代的にはもはや新しいとはいえないだろうが、日本における脳死や臓器移植についての重要な考察を含んでいると思われる。そこで、以下ではこのような臨調答申にそって脳死の問題を考えることにする。答申は脳死を人の死とし、臓器移植を認める考えを多数意見としているが、それに反対する考えも少数意見として載せている。

2　脳死は人の死である：臨調答申の多数意見

　多数意見は、脳死を人の死とする理由を概略次のように述べている。

　人の死というのは、人の身体に生ずる現象であるから、その理解にあたってはまず医学、生物学的知見に基づくべきものと考えるのが自然である。しかし、死は人々の価値観を前提した一つの文化現象でもある。したがって、人の死の定義は、単に医学のみからではなく、より広く哲学、宗教、社会学などのさまざまな立場から総合的に考えられるべきである。しかし、これらの立場を超えて、死に対する理解の基礎には医学あるいは生物学的な知見が

おかれるべきである。

　従来は「死の三徴候」、すなわち、心臓の拍動停止（心停止）、呼吸停止、瞳孔散大という徴候によって死の判定が行われた。しかし、近年、人工呼吸器の登場によって人為的に呼吸運動の維持が可能になってきたのに伴い、呼吸停止が必ずしも死の徴候とはいえなくなってきた。さらに、将来もし人工心臓が開発された場合には、もはや死の最も普遍的な徴候であった心停止という徴候自体が生じなくなる可能性すら生じている。そのため、人の死についても根源的に考え直す必要が生じてきている。たしかに、身体を構成しているすべての細胞が死滅していれば、その人を死んでいるとすることに異論はないであろう。しかし、一方このような場合でなければ死の宣告を行いえないとすることは、従来の「三徴候」による死の考えとも著しく相違し、合理的な考え方とはいえない。

　このような考えに対して、近年の医学、生物学的な考え方では、「人」を意識・感覚を備えた一つの生体システムあるいは有機的統合体としての個体としてとらえ、この個体としての死をもって人の死と定義しようとするのが主流となってきている。具体的には、身体の基本的な構成要素である各臓器・器官が相互依存性を保ちながら、それぞれ精神的・肉体的活動や体内環境の維持などのために合理的かつ合目的に機能を分担し、全体として有機的統合性を保っている状態を「人の生」とし、こうした統合性が失われた状態を死とする考え方である。

　このように各臓器・器官が統一的な機能を発揮するのは、脳幹を含む脳を中心とした神経系がこれらの各臓器・器官を統合・調節しているためである。したがって、意識・感覚など、脳の持つ固有の機能とともに脳による身体各部に対する統合作用が不可逆的に失われた場合、人はもはや個体としての統一性を失う。これが脳死であり、たとえそのとき個々の臓器・器官がばらばらに若干の機能を残していても、もはや「人の生」とはいえないとするのが、わが国も含め近年各国で主流となっている医学的な考え方である。なお、いわゆる「植物状態」は、脳幹の機能が未だ失われておらず、個体としての統

合が失われた状態とは異なり、医学的に見て「人の死」ではない。

3 脳死は人の死ではない：臨調答申の少数意見

このような多数意見に対して、少数意見は、概略以下のように述べている。

多数意見は、脳死は人の死であることを論証する根拠として、生命は有機的統一体であるという説を用いるが、これは医学的見解ではなく、特殊な一哲学的見解にすぎない。仮に有機的統一体論を認めたとしても、脳死が死であることを論証することはできない。なぜなら、生命は全体として有機的統一体なのか、それとも部分として有機的統一を司る器官があるのかどうか、それがあるとしたら、それは脳であるか心臓であるかは一概に決定できない問題である。多数意見は、何の論証もなく生命を有機的統一体として、しかも統一を司る器官を脳として、それでもって脳死は死であると断定するが、そこには幾重かの論理の飛躍があり、とても多くの人を納得せしめるものではない。脳死を死とする論証は、臓器移植のためだけに故意につくられたものである。

多数意見は、何よりも科学、この場合は医学の成果が重んじられるべきこと、そのために法や哲学が多少の変更を受けても仕方がない、という科学主義に基づいている。しかし、現代における生命科学などの発展は、そのまま放置すれば、人間の社会生活にも危機をもたらすかも知れない。科学と技術に関する無条件の信頼は危険であり、社会がこれらを制御する仕組みと思想を考え出すべきである。

また、多数意見は、デカルト的二元論に基づき、人間の生命の中心が有機的統合を司る脳にあり、理性にあるという、理性主義に基づいている。たしかに、人間は理性によって自然支配を進め、近代文明をつくった。しかし、その結果、環境破壊のような地球の危機が起こった。この危機を乗り越えるためには、人間を他の生物の持ちえない理性や脳を持った特別なものと考えずに、人間と他の生命との共通性を認識し、他の生命との共存を図ることが必要である。

さらに、多数意見は、西欧で行われていることはできるだけ早く日本に取り入れるべきであるという、西欧主義に基づいている。けれども、今日本に必要なのは、西欧のしていることを無条件に受容することではなく、それを自己の文化的伝統に従って検討することである。真の国際化のためには、諸外国にはっきり説明できる自己の原理を持つことが必要である。以上の理由により、多数意見の思想的前提は、支持しがたいものであり、したがって、脳死を人の死と断定することはできない。

4 人格、因果関係、脳

以下ではこれら二つの意見に対して、哲学的、倫理学的な観点から考えてみたい。もちろん以下で述べられる考えは、あくまで著者のそれであり、定説というわけではない。

まず、脳死問題においては、単なる生物学的な概念ではない人、すなわち「人格（パーソン）」という概念が重要な役割を演じている。そこで、ここではまず人格概念について考察することにする。なお、ここでいう人格は、狭い意味でのそれ、すなわち、生物学的な意味での人間の身体を有するものであり、他の生物やいわゆる「法人格」などを含む、広い意味でのそれではないとする。

哲学においては「人間（あるいは人格）とは何か」という問いは古代よりなされてきた。いわゆるデカルト的二元論では、人間を心（あるいは精神）と身体という二つの実体（すなわち本当に存在するもの）からなるものと考える。一方、このような二元論に対して、現在では有力な考え方として、実体としての心の存在を否定し、身体のみを認めるいわゆる唯物論が存在する。これらの説に関しては多くの議論がなされてきたが、ここでは基本的にデカルト的二元論の立場をとることにする。さらにここでは、心と身体をある種の事態（あるいは出来事）として考える。ここで事態というのは、文の意味とされるものであり、通常「〜ということ」といわれるものである。事態は現実に起こったり、起こらなかったりするが、とくに前者は事実と呼ばれる。事態 p

とqに対して、p（が事実）ならばq（が事実）ということが必然的にいえるとき、qはpの部分であるという。心理的事態としての心は、さまざまな心理的出来事を部分として含むものである。このような心理的出来事には、いわゆる感覚（を有すること）、本能、情動、感情、知性、意志などが考えられる。また、物理的事態としての身体は、さまざまな物理的出来事を部分とするものである。脳や神経がある、心臓に弁があるなどの身体の構造、また胃が消化液を分泌する、肝臓が尿素をつくる、などの生理機能、さらに筋肉が収縮する、腕が上がる、等の身体の動きもこれらの出来事の中に含まれるとする。したがって、ここでは身体の構造（器質）も機能も事態であると考える。このように考えれば、先に述べた脳の機能死と器質死との区別は、本質的なものではなくなる。それらはともに、ある事態がある時点までは事実であったが、それ以後はそうでなくなるということにすぎない。いずれにせよ、おそらく脳のような微妙なものに関しては、機能と器質を厳密に区別することはできないと思われる。人格はこのような心と身体を部分とする事態であるが、しかし単にこのような事態であるということだけでは、人格とはいえないだろう。そのためには、さらに心と身体（の部分である出来事）の間にある種の因果関係が存在しなければならないと考えられる。実際、視神経が電気的刺激を受けた場合、それが原因になって知覚（視覚）が起こる、と通常は考えられている。また、たとえば、腕を上げるということを意図した場合、それが原因になって腕が上がるということが起こる、と考えられている。つまり、普通、人格に要求される知覚や意図的行為の能力は、このような因果関係を前提にしているのである。

　もちろんこの場合、因果関係とは何かということが問題となる。哲学者のヒュームは、因果関係は恒常的連接に基づくと考えた。彼の考えは、事態という概念を用いれば、次のように表せるだろう。まず、ある事態の性質Aと他の事態の性質Bの間に恒常的連接が存在するということは、Aを有するある事態が起こったときは、常にBを有するある事態が起こるということである。私たちが個別的出来事p、qに対して、pとqの間に因果関係が

成り立つというときには、単にpならばqということのみでなく、pが有するある事態の性質Aと、qが有するある性質Bとの間の恒常的連接の存在が前提されていなければならない。ヒュームによれば、一般にAとBの間に恒常的連接が成り立つかどうか、したがってpとqの間に因果関係が成り立つかどうかは、アポステリオリ（後天的）に、すなわち、経験に基づいて認識されるものである。このような因果関係の考え方は、現代ではヘンペルらによって、演繹—法則的な関係として一般化されている。ここではこのような因果関係の厳密な定義は行わないが、ヒューム、ヘンペルらに従って、少なくとも因果関係はアポステリオリに認識されるものであると考える。なお、アポステリオリの反対は「アプリオリ（先天的）」とされる。すなわち、アプリオリな認識とは、私たちがどんなことを経験しようとも、それに依存しない認識のことである。さらに、アポステリオリ＝偶然的、アプリオリ＝必然的と考える立場もあるが、ここではこの問題に関しては中立の立場をとり、アポステリオリ—アプリオリの区別のみを問題とする。

　上のような意味で、人格は心と身体が因果関係で結ばれたものである、と考えることができるが、さらに人格のより具体的、本質的な条件としてさまざまなものが提案されている。たとえば、トゥーリーは「自己意識要件」、すなわち、自我の概念を有していることをあげている（この問題に関して詳しくは第3章2節を参照）。しかし、ここではこれらを具体的には決定せず、人格とは心や身体とされた事態が、ある種の因果関係で結ばれたものである、ということだけを前提にして議論を進めることにする。

　通常、「心は脳にある」あるいは「脳は心の座である」といわれる。これらは、脳が身体の中でも最も直接的に心と因果関係にあるということ、すなわち、脳は心との因果連鎖において、脳以外の身体的出来事を中間の原因あるいは結果として有していないということ、を意味していると解釈するならば、たしかに正しいと思われる。唯物論に従えば、心は脳のある（物理的）状態であるとされる。しかし、そうであれば、「心は脳にある」ということは、「脳のある状態は、脳にある」、つまり「脳のある状態は、脳の状態であ

る」ということになり、当然アプリオリに成り立つことになろう。たしかに、直観的にいって、心と脳との間に密接な因果関係が成り立つということはいえる。しかし、先にも述べたように、因果関係一般、したがって心と脳のそれもアポステリオリに確立されたものである。実際、過去においてはその名のとおり、心は「心臓」にあると考えられていた。また、現代においても、心と脳の間の大まかな因果関係は記述できても、その因果関係を成立させる厳密で体系的な法則を私たちはまだ手に入れていない。将来、脳の一部に、あるいはまったく別のところに「心の座」が見つかる可能性は否定できない。それゆえ、心は脳にあるということは、アプリオリにいえることではない。したがって、唯物論は少なくとも私たちが常識的に考えている、心と脳との関係を正しくとらえているとはいい難い。二元論は常識的な人格に関する諸問題を説明するのに必要である、あるいは少なくとも説明を容易にすると思われる。

5　二つの意見に対する批判

　上のような分析に基づいて、以下では臨調答申の二つの立場に対して考察を行うことにする。
　まず、多数意見に対する少数意見の批判の根本的な理由は、生命が有機的統一体であったとしても、その有機的統一を司る器官が脳であるか心臓であるかは一概に決定できない、ということであると考えられる。たしかにこのような批判は、正しいと思われる。実際、生命が有機的統一体であるとすれば、脳と心臓はまさに有機的に結びついているのであり、それゆえ、脳と心臓のどちらが有機的統一を司っているかは決定できないことになる。たしかに、脳が死んでしまえば、心臓も死んでしまう。しかし、その逆もいえるのであって、どちらかが他に優越している、あるいはどちらかが有機的統一を司っているとはいえない。この点は、多数意見でも「各臓器・器官が相互依存性を保ちながら、……全体として有機的統合性を保っている状態を『人の生』とし、……」と述べている。もちろん、将来、心臓はそれと完全に同じ

機能を持つ人工的な装置に置き換えることが可能となるかも知れない。しかし、脳の場合でも、あらゆる機能を同一にしたまま、その部分を、あるいは全体さえ、人工的な装置に置き換えることが可能となるかもしれない。この点でも、脳と心臓に何ら違いはない。多数意見は、たしかに人を意識・感覚などを持つものとしてはいるが、少数意見が指摘しているように、基本的には人を医学的な立場から考えていると思われる。さらに、少数意見は多数意見がデカルト的二元論をとっていると主張しているが、これは間違いであろう。つまり、多数意見は基本的には人を心理的な存在ではなく、物理的な存在として考えていると思われる。しかし、上に述べたように、純粋に医学的な、あるいは唯物論的観点からでは、脳を他の器官や組織に優先させる理由を見出すことはできない。身体の有機的統一を主張したとしても、それを強調すればするほど、脳の統合性を主張できなくなってしまう。

　このように、多数意見に対する少数意見の批判は、基本的に正しいと思われる。しかし、その正しさは、脳死を人の死とする理由に対する批判としてのものであり、結論に対するものとしてではない。先にも述べたように、ここでは人（格）は、心理的事態としての心と物理的事態としての身体の間に因果関係が成り立つということであると考えた。それゆえ、単に心や体のどちらか、あるいは両方が死んだ（すなわち事実でない）場合のみならず、たとえそれらが生きていても、それらの間の因果関係が失われた場合も、やはり人の死は起こったといえる。もし、人の死後もその心が存続しているならば、それはいわゆる霊魂として存続しているということになろう。このような考えは、まさに多くの宗教が主張していることであり、現実の世界でそのようなことが起こるかどうかはともかく、少なくともその論理的可能性は否定できないだろう。心や体のどちらかが死んだとしても他方は生きているという〈可能性〉を認める立場は、論理的二元論とでも呼ぶことができよう。一方、現実に、すなわち現実の世界でそういうことが起こると考える立場は、現実的二元論と呼ぶことができよう。もちろん、論理的二元論は現実的二元論より弱いものである。すなわち、後者は前者を含むが、その逆はいえない。二

元論に反対する多くの人においては、これらの区別が明確になされていないと思われる。現実的二元論に反対する人は多いかもしれないが、上でも述べたように論理的二元論に反対する人はおそらく少数であろう。

　先に述べたように、脳は心と最も直接的な因果関係にあるものと考えられる。それゆえ、脳が生理的機能を失い、したがって心との因果関係を持たなくなれば、他のすべての身体と心との因果関係も失われる。それゆえ、やはり脳の死は、人の死をもたらすものである。この意味で、脳死は人の死であるといえる。したがって、多数意見の結論は、基本的には正しいと考えられる。けれども、これも先に述べたように、脳が心と最も直接的な因果関係にあるということは、経験的に確立されたものであり、したがってアプリオリではない。それゆえ、脳死は人の死であるということも、アプリオリにいえることでもない。「脳死は人の死である」という命題は、論理的なものではなく、経験科学に属するものである。少数意見も主張しているように、経験科学の成果に対する無条件の信頼は危険であり、私たちはその限界をわきまえ、常にその検証を怠らないようにしなければならないだろう。

　少数意見によれば、人の命や死を他の生物の持たない理性や脳と関係させずに、それらと共通な基準によって扱えば、人以外の生命の尊重やそれらとの共存を図ることが可能となる。しかしながら、理性あるいは一般に心を有する人の命や死を、常識的にはそれを有さないとされる植物などのそれらと同じ基準で扱うということは、基本的に無理であると思われる。実際、上にも述べたように、人の死を心と関係させて考えるならば、心を持たない植物の死は、どのような基準をとるにせよ、このような人の死と同じものとして扱うことは不可能である。たしかに、少数意見が主張するように、私たちにとって他の生命の尊重やそれとの共存を図ることは必要であろう。しかし、私たちが他の生命を尊重するのは、それが人格に通じるものであるからであると考えられる。つまり、他の生命は、心と直接的な因果関係にある身体と共通な構造や機能を有するものであるという点において、尊重されていると考えられる。したがって、他の生命は最終的には、いわば心に通ずるものと

して尊重されているのである。心を否定して純粋に物理的観点に立てば、人間の身体を含めて生命というものは、たとえどんなに複雑なものであろうとも、他の非生物的な物理的出来事と原理的に違いはない。

　少数意見は、真の国際化のためにいま日本に必要なのは、西欧に追随することではなく、諸外国にはっきり説明できる自己の原理を持つことである、と主張している。しかし、人の命や死の基準というようなものは、単に一国の文化に相対的ではない。それは、まさに人類に共通なものとして確立されなければならないだろう。それゆえ、脳死は人の死である、と認めることを、単に文化の問題として拒否することはできないだろう。もちろん、先にも述べたように、死体などの人格に通じるものに対する態度というようなものは、文化に相対的である。それゆえ、少数意見が主張するように、それらに関して日本が文化的伝統に従って、明確な自己の原理を持ち、それを主張するということは必要であろう。

　なお、多数意見は、いわゆる植物状態は、医学的にみて人の死ではない、としている。しかし、このような考えは、まさに「医学的にみて」であって、上に述べたように、人の死を心の消滅、あるいは少なくともそれと身体等との因果関係が断たれたということとして考えたならば、植物状態は死んでいる状態であると考えてもよいと思われる。もちろん、この場合、その人が蘇生しない、すなわち、上のような因果関係が復活しないということを前提している。たしかに、植物状態にあるものは、純粋に人格とはいえないが、それに通じるものとして尊重されるべきであろう。しかし、たとえば、生命維持装置の経済的負担が他の人格に対してあまりに大きいとき、それを取り外すということは、決して殺人にはならないと思われる。

　以上より、結論として次のことがいえる。現在のところ、二元論の立場に立てば、そしてそのような立場に立つ限り、脳死は人の死である、といってよい。しかし、これは経験的に確立されたことであり、アプリオリにいえることでもない。したがって、実際の臓器移植などに際しては、私たちの認識の限界をわきまえた、慎重な態度が要求される。

参考文献
- ［1］ 和田和行「人格と脳死」『総合社会科学研究』7号、総合社会科学研究会、1995年
- ［2］ 立花隆『脳死臨調批判』中央公論社、1992年
- ［3］ H. T. エンゲルハート・H. ヨナスほか／加藤尚武・飯田恒幸之編『バイオエシックスの基礎：欧米の「生命倫理」論』東海大学出版会、1988年
- ［4］ 伴博・遠藤弘編『現代倫理学の展望』勁草書房、1986年
- ［5］ 今井道夫・香川知晶編『バイオエシックス入門』東信堂、1992年

（和田和行）

3 生殖医療

1 人工授精とノーベルバンク

　人類は非常に長期間にわたって「子どもは天からの授かりもの」という思考パターンをとり続けてきた。したがって、コウノトリが赤ちゃんを運んできてくれなかった夫婦は実子を持つことはあきらめていた。妊娠という現象は人間の力では操作できない神秘的な生命現象だと思っていたからである。

　実際、人間が妊娠に至るまでの過程は神秘的である。まず、排卵が近づくと卵管の先にある卵管采が卵巣のほうに移動。その卵管采が卵巣から飛び出す卵子をキャッチし、卵管内に取り込む。すると、卵管内で待機していた多数の精子がいっせいにその卵子に向かって突進。やがて、そのうちの1匹が

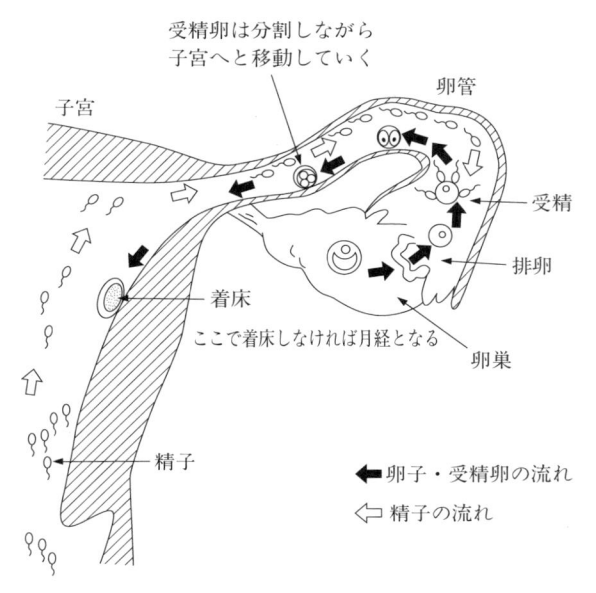

図 2-3　生殖のメカニズム
(児島孝久・謝花麻理・岩本かすみ編著『不妊治療：ここが知りたい AtoZ』農文協、1998 年、24 ページ)

首尾よく卵子の中に入り込むことができれば受精成立。その後、受精卵は細胞分裂を繰り返しながら卵管内を子宮に向かって移動。子宮内膜に着床すれば妊娠が成立する。

　以上が受精から妊娠に至るまでの経過であるが、このような一連の生命活動に対しては、人類は長期間にわたって人工的操作を加えることは不可能だと思い込んでいた。ところが、18世紀後半になると不妊に対して果敢に挑戦する医学者たちが出現。まず、人為的な操作を加えた精液を子宮内に注入する人工授精技術を開発。1799年にはイギリスにおいて第一号の人工授精ベビーが誕生した（日本の第一号は1949年）。

　人工授精にはAIHとAIDの2種類がある。AIH（artificial insemination with husband's semen：配偶者間人工授精）のHはハズバンドのHであり、夫の精子のうち良好な精子だけを分離・濃縮して妻の子宮内に注入することによって妊娠率を高める方法である。しかし、AIHで妊娠に至らない場合はAID（artificial insemination with donor's semen：非配偶者間人工授精）を試みる場合が多い。AIDのDはドナーのDであることからもわかるように、この場合は第三者から提供された精液を利用する（凍結保存されている場合が多い）（文献[1]）。

　AIHの場合は法律上の両親と遺伝上の両親が一致しているので倫理的にはあまり問題はない。しかし、AIDの場合には法律上の父親と遺伝上の父親が一致していないため、夫婦間の葛藤、父子関係の悪化などが憂慮される。また、生まれた子どもが将来自分自身のアイデンティティ確立のために自分の遺伝上の父親を知りたいと希望した場合にドナー情報を開示すべきかどうかという困難な選択に直面することになる。

　さらに、実際に使用された精子の素性については担当医師を信用するしかない点にも問題がある。現に、アメリカでは、ある産婦人科医が自分自身の精子を次々と人工授精用に使用したことが発覚。DNA鑑定を行った結果、その医院で生まれた子どものうち少なくとも75人の子どもの遺伝上の父親が当該院長であると判明した事件があった。このような事件は単に密室医療

の弊害として片付けることができない倫理的問題点を提起しているといえよう。(朝日新聞1992年6月5日付)。

　なお、多くの国々では精子授受の際に大金が動くことはないが、アメリカのように精子バンクが合法化されている国では「ノーベルバンク」を利用して理想的な子どもを手に入れようとする人々もいる。このバンクでは文字どおりノーベル賞級の男性の精子だけが扱われているので、当然、通常の精子バンクの何十倍もの価格で精子が売られている。つまり、大金を投じて優秀な子どもを手に入れようとするわけであるが、この場合、望みどおりの子どもが生まれればハッピーエンドであろう。しかし、もし期待どおりの子どもでなかった場合、親は子どもを愛せるのであろうか？　また、親の期待を一身に背負って生きていく子どもの人生は幸せであろうか？　倫理的に多くの問題をはらんでいることは明らかである。

2　体外受精をめぐる倫理的諸問題

　人工授精で妊娠できなかった場合や妻にも不妊原因がある場合は体外受精 (in vitro fertilization：IVF) を行うことが多い。人工授精は精子を子宮内に注入するだけ。つまり、精子を授けるだけであった。しかし、体外受精は文字どおり体外で受精卵をつくる不妊治療である。具体的には、卵子と精子を体外で人工的に受精させてつくられた受精卵を一定期間培養して胚にまで成長させ、その胚を女性の子宮に移植して妊娠を待つことになる。

　体外受精技術の向上とともに不妊夫婦が子宝に恵まれる症例も増えていったが、それでも、なお、体外受精にまでたどりつけない男性因子症例（低い運動精子濃度・高い精子奇形率）に対しては顕微授精が開発された。

　通常の体外受精の場合は卵子に精液をふりかけて自然受精を待つのであるが、顕微授精では受精自体に人為的操作を加える。具体的には卵子をおおっている透明帯に小さな穴を開けて精子通過を助けたり、1匹の精子を人工的に透明帯の内側に挿入したり、最後には、卵細胞内に直接精子を注入する方法をとる場合もある。したがって、不妊治療専門医の中には「精子が1匹あ

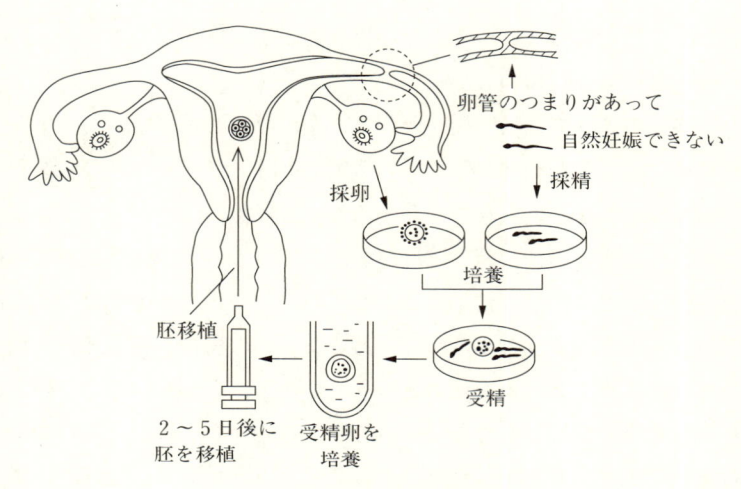

図 2-4　体外受精の方法
（小島榮吉・久保春海『もっと知りたい不妊治療』海苑社、1999 年、122 ページ）

れば妊娠可能である」と豪語する医師もいるほどである。

　以上が体外受精の概略であるが、この技術の歴史は比較的浅く、世界初の体外受精児であるルイーズちゃんがイギリスで誕生したのは 1978 年のことである。そして、その後、アメリカを中心にして急速に普及。やがて、精子売買だけでなく卵子や胚までも売買の対象となり、さらに、ホストマザー（出産のみを引き受ける女性─借り腹）やサロゲート・マザー（卵子提供も出産も引き受ける代理母）などの出産請負人までも出現する事態となった。これらの現象はすべて体外受精という不妊治療技術がもたらしたものであり、その意味では体外受精は不妊をめぐる社会情勢を大きく変えていったといえよう（アメリカに比較すると日本の不妊治療は大幅に制限されている）。

　代理出産は、極言すれば、「女性の子宮のベビー生産工場化」ということもできる。しかし、子宮は単なる入れ物ではないので、妊娠期間中に代理母が胎内のベビーに愛情を抱いてしまったために子どもの引渡しを拒否する事件が起こったこともある（ベビー M 事件）。そのほかにも、①金銭上の問題（依頼者側は富裕層の場合が多い）、②子どもに対する愛情の問題（依頼者は本当に

子どもを愛することができるか)、③親子関係の複雑化、④契約中に生起する諸問題(依頼者夫婦の心境の変化や事故死)などが倫理的問題点として浮上している(文献[2])。

以上のほかにも、法律上の親と遺伝上の親が異なっている場合に遺伝上の親の情報を開示するかどうかが議論されるようになった。この問題は、世界的な傾向としては「開示」に向かいつつある。日本も例外ではなく、不妊夫婦の秘匿権よりも誕生した子どもの権利を重視する傾向が強くなっていて、生殖医療部会(厚生労働省)から提出された報告書においても子どもが15歳以上になった段階で子どもは遺伝上の親に関する情報を知る権利があるとする方向性が打ち出された(2003年4月)。また、これまでは人工授精における第三者からの精子提供が認められていた以外は、原則として、夫婦以外のドナーからの精子・卵子・胚(受精卵)の提供は禁止されていたが、これも緩和される傾向にある。

以上のようなドナー範囲の拡大や子どもへの情報開示の姿勢は欧米の趨勢に沿ったものであるが、果たして、これが日本文化に適した倫理的選択であるかどうかについては議論が分かれるところであろう。個人主義的・合理主義的欧米文化に対して日本文化はたぶんに家族主義的・情緒的側面を有しているからである。また、日本人はすべてを明らかにすることに必ずしも絶対的な価値をおいていない。そこで、ドナーの存在自体を子どもに対して秘密にしている親も多いという情報開示以前の問題も存在している。

3 出生前診断と中絶

不妊治療に少し遅れて出生前診断も徐々に発達してきた。出生前診断とは出生前に胎児の状態を診断することであり、最も広く普及している簡単な診断技術としては超音波診断がある(1970年代以降)。これは超音波技術によって胎児の様子をモニター画面に映し出すことにより外形的異常を診断するものである(性別も判定可能)。そして、この技術と相前後して羊水検査(妊婦の腹部に針を刺して採取した羊水の中に含まれる胎児細胞を分析)が登場した。

これらの出生前診断が登場した頃には、胎児の段階で病気を発見することによって早期治療が可能になる画期的な技術であるとして高く評価されていたが、実際には治療不可能な遺伝病（デュシャンヌ型筋ジストロフィー・血友病など）や染色体異常（ダウン症候群・二分脊椎症など）を診断、それを理由に人工中絶することに結びついていった。

　その結果、1970年代の欧米では中絶を認める法律的条件として「胎児に障害があるとき」という「胎児条項」を明記する国々が続出したのであるが、この背景には出生前診断の進歩・普及があることは明らかである。その後、日本でも出生前診断が徐々に普及。羊水検査に補助金を支給する自治体が現れたこともあった。

　その好例は、兵庫県衛生部が取り組んだ「不幸な子どもの生まれない対策室」であり、その発端は当時の兵庫県知事の某心身障害児施設訪問であった。そこでの見聞を通して「この不幸な子どもたちが生まれることを防ぐすべはないか」と思案した結果、対策室をスタート（1972年）。当時、某テレビ番組に出演した知事は「だいたい人の一生を考えますと、通常の状態で2億円くらい収入があるわけですね。ところが異常児は初めからプラスはないわけで使うほうが多いわけです。だから、そういう人は出さないほうが本人にとっても幸せだし、社会にとっても幸せだと思うわけです」と述べている。つまり、羊水診断普及に要する公費よりも異常児に対する福祉予算のほうが大きいという発想法であり、この言葉の裏には「最大多数の最大幸福」という功利主義的発想法が見え隠れしている。そこで、当然、この対策は、障害者団体などから「障害者の生きる権利を奪うものだ」という激しい抗議を受けたために2年後に中止された（文献[3]）。

　このように日本では出生前診断が障害児（者）の生存権と結びつけて議論されているが、欧米では少し事情が違っていて、「ダブル・スタンダード」の論理が大勢を占めている。この論理は「すでに生まれている障害者の人権は最大限に尊重するが、これから生まれてくることは防止する。したがって、両者は矛盾しない」というものであり、出生後の福祉政策と出生前の選別と

をはっきりと区別している。このような論理を礎としている欧米社会においても障害者差別がまったくないとはいえないが、少なくとも、兵庫県のような「障害者＝不幸」と決めつけるような施策は基本的人権に反するものとして排斥されるであろう。

　さらに、欧米では、出生前診断と中絶の関係においては「胎児はどの時点から人格（人間）として認められるか」というパーソン論が焦点となっている。キリスト教圏の国々においては日本人以上に中絶に対して罪悪感を抱いている人々が多いためであるが、その点では羊水診断の時期はあまりにも遅すぎる。

　羊水診断はだいたい妊娠4ヵ月目に入ってから行われるので、母親はすでに胎動を感じている。そういう時期での中絶に対しては強い罪悪観を感じるということである。そこで、羊水診断よりも少し早い時期に診断可能な絨毛検査（胎盤にある絨毛採取による診断）が登場したが、それでも中絶には変わりない。そして、もっと早期に診断できないかということで開発された究極の診断法が受精卵診断である。これは受精卵（胚）そのものの診断であり、受精卵内の核が4〜8個に分裂した段階で1個の細胞を取り出し、遺伝性疾患や染色体異常の有無を調べる。この診断であれば、母親の子宮に移植する前の段階で問題のある受精卵を処分することができるので、当然、胎児を中絶する必要はない（体外受精が前提）。したがって、このような着床以前の段階での出生前診断はキリスト教圏の人々にとって非常にありがたいことであるが、好ましくない受精卵を不良品のように捨て去る行為に対して「受精卵の人格性」の点からの抵抗を示す人も少なくない。

　以上のように欧米では中絶時期に非常に神経質になる傾向があるが、この点では日本は事情が異なっている。なぜなら、日本人の圧倒的多数は無宗教であり、法律的にも母体保護法によって中絶の権利が保証されているからである。

　なお、以上の出生前診断のほかに全妊娠期間を通じて診断可能な母体血清マーカー検査（トリプルマーカー検査）があるが、この検査は胎児が障害を持

っている確率を診断できるだけである。したがって確定的な診断のためには羊水診断などが必要となるので、この検査はいたずらに妊婦の不安を煽るだけだという批判もある。

なお、着床前診断の一種として受精卵診断よりも早い時期に行われる卵子診断もある。これは受精前に卵子から放出される極体を検査するものであるが、それほど実用化されていない（文献[2]）。

4　出生前診断とリプロダクティブ・ヘルス／ライツ

出生前診断をしないままに重篤な障害児が生まれた場合、医師たちは「治療すべき症例」と「治療すべきでない症例」との線引きに苦慮してきた。そして、従来、その「線引き」に関する議論は新生児集中治療室内部で行われ、外部の人間を巻き込むことはほとんどなかった（両親の意見は参考程度）。要するに、重度障害新生児に対して選択的治療停止（selective nontreatment）をするかどうかは医療現場という密室において医療者によって決定されていたのであるが、1982年に、その慣例をくつがえすような事件が起こった。それは「インファント・ドゥ事件」（アメリカ）である。「インファント・ドゥ」とは食道閉鎖と気管食道瘻という合併症を持って生まれたダウン症児の仮名であるが、重度の障害を持って生まれたわが子に対して両親は外科手術や経静脈栄養はいっさい行わないで自然死させることを望んだ。ところが、医師たちの意見は治療派と治療停止派に分裂。そこで、病院管理者が「強制手術を行うべきかどうか」について法廷の助言を求めたが、その審議中にインファント・ドゥが死亡した（生後6日目）。

この事件では重度障害新生児に対する治療方針についての最終決断が裁判所に委ねられた。ということは、この問題が密室ではなくて公の場で議論されたということであり、それは当時としては衝撃的なことであった。そして、この事件をきっかけとして医療者だけではなく法律家や倫理学者なども選択的治療停止の議論に参加するようになったのであるが、とくに、倫理学者たちは、①新生児の人格上の地位の解釈、②生命を断つ時期をいつにするかと

いう2点を重視した。その結果、「生後1週間ぐらいの短い期間にかぎって嬰児殺しは許される」とする意見（M.トゥーリー）や「人間の生命が他の生物よりも価値が高いというわけではないので、障害の軽重にかかわらず両親が希望すれば障害児の生命は早い時期に断ってよい」とする意見（P.シンガー）などが出た。また、エンゲルハートは「人間は誕生を境界として人格的生命とみなすことができるので新生児は家族の中での子どもとしての社会的役割を有する」と主張。「子どもの『最大の利益』という観点こそが治療停止や意図的殺人の決断にさいしてもっとも重視されるべきである」と強調した（文献[4]）。

以上は誕生後の選択的治療停止をめぐる一連の動きであるが、出生前診断においても同様の経過が見られ、初期の頃は医療者サイドの意向が強く反映されていた。しかし、女性人権運動の高まりとともに「出産か中絶か」の決断過程においては当事者（とくに女性）の意向が最優先されるべきではないかという意見が続出。そこで発生したのがリプロダクティブ・ヘルス／ライツ（reproductive health/rights）の概念である。この概念は、日本では「性と生殖に関する健康と権利」と訳されていて、女性が生涯にわたって身体的・精神的・社会的に良好な状態であること（reproductive health）を享受する権利（reproductive rights）を意味している。つまり、「子どもをいつ何人産むか、または産まないか」などについて当事者である女性の健康を重視するとともに女性に幅広い自己決定権を認めようとするものであり、1970年代のフェミニズム思想と連動しながら徐々に世界的にも関心が高まり、ついに、1994年にカイロ国際人口開発会議において正式に提唱された概念である。もちろん、この概念の信奉者たちの中では人工妊娠中絶容認派が圧倒的多数を占めていることはいうまでもない。

さらに、女性のライフサイクルを重視する視点から、妊婦への出生前診断情報の提供が義務づけられている国々も多く、とくにアメリカでは医療者が情報提供を怠ったために障害児が産まれた場合には、ロングフル・バース（wrongful birth：間違った出産）をさせられたとして医療者が告訴されることも

ある。また、子ども自身が、自分を産んだことに対する責任と賠償を求めて親を告訴する場合もあり、ロングフル・ライフ (wrongful life：間違った人生) 訴訟と呼ばれている（ただし、大半の判決は無罪）（文献[4]）。

また、養子斡旋機関が子どもの遺伝病などについての正確な情報を養親に提供する義務を怠った場合にはロングフル・アドプション (wrongful adoption：間違った養子縁組) として告訴される場合もあり、ハンチントン病という進行性の遺伝病を持った子どもを斡旋された養親が関係機関を告訴した例もある（養親側が勝訴）。

5 受精卵診断とドナー・ベビー

出生前診断の一種である受精卵診断は、最初は、もっぱら、遺伝病児や染色体異常児の選別に利用されていたが、そのうち病気にかかりやすい子どもの選別にも使われはじめている。

たとえば、がんになりやすい遺伝子の変異を親から受けついでいるかどうかを受精卵の段階で診断。変異がないと判定した受精卵だけを母胎に戻して出産させるというような例であり、現に、アメリカ・シカゴの病院で、夫が「リー・フラウメニ症候群」と診断されている夫婦の18個の体外受精卵の遺伝子を調べて安全な受精卵だけを母胎に戻すことにより健康な男児を出産したという事例も報告されている（2001年6月）。

この「リー・フラウメニ症候群」はp53遺伝子（がん化を阻止する遺伝子）に変異がある人においては87％の確率で発病するとされているので、この夫婦にとって受精卵診断は健康な子どもを授かるための絶対条件だったことになる。しかし、この場合は胎児が確実にがんになるわけではなく、あくまでも、がんになる可能性が高いというだけである。したがって、廃棄された受精卵の中には一生健康に過ごせる可能性のある人物の受精卵も混じっていたかもしれない。そういう可能性のある受精卵を親の判断だけで抹殺することの是非が問われるところであろう。また、がんそのものを異様に敵対視する考え方にも異論が出ている。

このように受精卵診断を前提とした医療技術の応用範囲はどんどん拡大しているわけであるが、実は、さらに、受精卵診断と臓器移植を結びつける技術も開発されていて、次のようなケースがある。
　Mちゃん（6歳）は、将来、白血病を引き起こす可能性のあるファンコーニ貧血を患い、造血幹細胞の移植を必要としていたが、最適の骨髄提供者が見つからなかった。そこで、両親は体外受精と遺伝子診断を組み合わせてMちゃんの弟妹を出産。その子をMちゃんのドナー（臓器提供者）とする計画を立て、30個の受精卵を遺伝子診断。その中から完璧なドナーとなれる受精卵5個を選択して母親の胎内に一つずつ移植。その結果4回目の移植で妊娠に成功し、弟Aちゃんが誕生した（2000年9月）。
　この場合、Aちゃんは出生前からMちゃんのドナーとなることが運命付けられているので「ドナー・ベビー」(donor babies) と呼ばれている。そして、移植後のMちゃんの経過は順調であったので、両親にとっては、この選択はハッピーエンドであった。しかし、この場合は「生命の選別」だけではなく、「受精卵のモノ化」という点で倫理的議論を呼び起こしている。なぜなら、このケースではAちゃんは最初から「治療の道具」として選別されたからである。
　しかし、そのような倫理的危惧とは関係なく、親たちの欲求はデザイナー・ベビー (designer babies) へとエスカレートしていった。通常、親たちは、やがて生まれてくる自分たちの子どもに対して「ああいう子どもであってほしい」「こういう子どもならいいな」という夢を持っているが、実際には期待どおりの子どもは生まれてこない。そこで「人工的にあらかじめ親たちの理想とする子どもになるようにデザインされたベビー」を手に入れようというわけである。たとえば、頭のいい子・顔立ちの整った子・背の高い子というように。
　このようになると、「子どもは天からの授かりもの」ではなくて「親の作品」になってしまうが、デザイナー・ベビー推進派は「ドナー・ベビーのように医療目的のデザインが許されるのならば趣味的デザインも許されていい

のではないか」と反論している（文献[5]）。

　しかし、妊娠・出産という過程は商品製造過程とは違う。たとえば、工場での商品生産においてはデザインされたとおりの商品が確実に生産される。万一不良品が生じても廃棄すればいいが、人間製造においては事情が違ってくる。子宮内は工場ではないのでどんな突発的事故が起こるかわからない。不良品が発生する危険性も高い。また、客観的には「合格品」であっても親の目から見ると「不良品」に思える場合もある。

　そのような場合は、大金を払って自分の理想とする子どもを手に入れるはずだったにもかかわらず、計画どおりの子どもが生まれてこなかったことになる。でも、廃棄することはできない。その「失敗作」に対して親はどのような態度をとるのであろうか。

　また、もし親の期待どおりの子どもが生まれたとしても、デザイナー・ベビーとして生まれた子どもは幸せだろうか。最初から特殊な才能の開花を期待され続けて育てられる子ども。親が理想とする天才児になることを運命づけられた子ども。そのような子どもが、果たして、本当の意味で幸せになれるのだろうか。疑問である。

　このように、生殖医療技術の発達は、一見すると、人類の夢をかなえてくれる素晴らしい現象のように見えるが、これらの技術が必ずしも人類の幸福と直結するとは限らないようにも思える。

参考文献
[１]　　堤　治『生殖医療のすべて』、丸善株式会社、2002 年
[２]　　小松奈美子『新版 生命倫理の扉』、北樹出版、1998 年
[３]　　山田真他編『バイオの時代に共生を問う』、拓殖書房新社、1988 年
[４]　　R. F. ワイヤー、高木俊一郎・高木俊治監訳『障害新生児の生命倫理：選択的治療停止をめぐって』（*Moral Dilemmas in Neonatal Medicine : Selective Nontreatment of Handicapped Newborns*, 1984）学苑社、1991 年
[５]　　R. G. ゴズデン、堤理華訳『デザイナー・ベビー：生殖技術はどこまで行くのか』（*Designer Babies : The Brave New World of Reproductive*

Technology）原書房、2002 年

（小松奈美子）

4 未来に向けて

1 人類と「死」

　私たちが住んでいる地球は、その誕生の時点では無生物状態であったが、やがて、原核生物（核を持たない生物）が誕生。この原核生物の遺伝子・DNAは輪になっているので、無制限に増殖することができた。したがって老いることも死ぬこともないが、生存のための環境条件が悪化すると壊滅状態になってしまう。これは遺伝情報がまったく同じ生物の持つ宿命である。つまり、原核動物には私たち人間の悩みの種である「自分自身の老いや死」は存在しない代わりに進化というものがないので環境適応能力が非常に弱いということである。

　ところが、人間は核を持った生物（真核生物）であり、DNAは何本かの染色体の姿をとっている。染色体には端（テロメア）があるので無制限に分裂・増殖を繰り返すことはできない。そこで、人間は「自分が死ぬ」という宿命を背負う代わりに絶滅の危機からは大きく遠ざかることとなった。

　実際、人間は、胎児の段階においてすでに卵子や精子の始原細胞を備えている。つまり、胎児の段階からすでに自分の死後にも生命を継承していくための準備がはじまっている。そして、新しい生命誕生の度に環境の変化に順応しやすい生物体へと進化してきた。したがって、人類にとって個々の人間の死は「ヒト属・ホモサピエンス種」の存続のためには欠くことができない営みの一つといえる。

2 「昔の死」と「現代の死」

　前述のような生物学的視点から見ると、個々の人間の死は人類全体が生き延びるための必要条件として位置づけられる。実際、人類は、長期間にわたって個々人の死を「寿命」として甘受してきた。

　日本古来の伝統的死生観においても、生命は祖父母から父母そして子供か

ら孫へと一族郎党の生命が永遠に受け継がれていくとされていた。また、時期がくれば、あの世の祖父が息子の嫁の胎内に宿ることもある。そこで、「おじいちゃんにそっくりの赤ちゃんが産まれた」ということになる（文献[1]）。したがって、長寿者の死はおめでたいことでもあった。

たとえば、重兼芳子は幼児期に体験した曾祖母（95歳）の死について次のように述べている。

>「曾祖母は穏やかな人柄でいつもひなたの縁側に座って居眠りばかりしていた。居眠りの続きのまま死んだので、死の恐怖を誰にも抱かせず、むしろ、自然であることを周囲の者に示すような死に方であった。死んだ曾祖母の身体からは肉体の持つ柔らかさも肌の色艶もまったく失せ、干からびた枯れ木のように見えた。村の年寄りが集まってきて間延びした御詠歌をうたい、泣く人は誰もいないばかりか、飲めや歌えの大宴会になり、子供たちには葬式饅頭がたっぷりと配られた。そして曾祖母の身体は裏山の墓地に担ぎ上げられ、そのまま土の中に深く埋められた」

（文献[2]）。

重兼の曾祖母の死をめぐる情景は日本人の原型であるとともに、いまでは、遠い昔の遺物と化している情景でもある。その意味で、次に紹介する重兼の「伯父の死」には現代医療の中での死の情景が色濃く反映されている。

>「96歳になる私の伯父が、国道を歩いていて、疾走してきたトラックの風圧によって倒されて、頭部を強打し、病院に担ぎこまれた。当人は高いびきをかいて深く眠り込んでいる。ところが、家族が呼び集められて脳外科医から手術を勧められ開頭手術を受けた伯父は手術中には死ななかったが、手術後2日目に顔がむくんで腫れ上がり凄い形相のまま死んでいった。病院の完全な管理体制の下、白い包帯を巻きつけられた痛々しい姿で、人工呼吸器を取り付けられたままの死であり、心電図のモニターが直線を描くことによって死を宣告された」（文献[2]）。

以上の顛末について、重兼は「私は、事故後の眠り込んだような安らかな表情のまま逝かせたかったとつくづく思った」と述懐している。それが身内

の本音であろう。

　痴呆症状もかなり進んでいてトラックの風圧によって倒されるほど体力も弱っている96歳の老人に対して開頭手術を実施して延命をはかったとしても、その延命は彼の人生において有意義なものだっただろうか。その延命期間のQOL（quality of life：生命の質、生活の質）はどうだったのだろうか。この場合、SOL（sanctity of life：生命の神聖さ、生命の尊厳）を守る立場からあくまでも生命至上主義を貫いたという解釈も可能であり、それは医療者として必ずしも間違ってはいない。しかし、それでも、なお、医師はもっと患者や家族の気持ちに留意すべきではなかったか。結果的に医療者主導の治療を強要したことにならなかったか。

　以上のような疑問がわいてくるのは当然のことであろう。このような疑問は重兼の伯父一人だけの問題ではなくて、多くの家族が抱く疑問であり、それは1960年代後半のアメリカにおいても同様であった。

3　「患者の権利章典」とインフォームド・コンセント

　1960年代後半という時代は世界的に反戦運動・女性解放運動・学生運動・消費者運動などの市民運動が盛んであった。日本も例外ではなく、1969年には学生運動の煽りを受けて東大入試が中止されたほどであったが、それらの市民運動が医療消費者運動へと発展することはなかった。ところが、アメリカでは、多くの患者たちが「私たちはお客である」という消費者意識を前面に出し、それまでの受身的姿勢から一転して積極的に医療側に医療内容（商品内容）の説明を求める運動を展開。ついに患者の権利運動という大きなウェーブとなっていった。

　そして、患者の権利運動が具体的な成果となって現れたのが、1972年にアメリカ病院協会によって採択された「患者の権利章典」であり、この章典で患者のさまざまな権利が定められている。

　一例をあげれば、思いやりのある丁重なケアを受ける権利、プライバシーを保護される権利、医療費について詳細な説明を受ける権利、自分のカルテ

を見る権利、自分の診断・治療・予後に関する詳細な情報を自分に理解できる言葉で説明してもらう権利などであり、いずれもインフォームド・コンセント（informed consent：十分な説明を受けたうえで患者自身が納得して治療法を選択すること）に関連した権利である。

　日本ではインフォームド・コンセントというと「治療法の説明」という段階にとどまっていて、説明方法のよしあしなどはあまり問題にならないが、アメリカでは医療者が医学用語を駆使してペラペラとまくしたてるような説明は論外であり、「浮腫」は「むくみ」というように素人でも理解可能な言葉での説明が要求される。さらに、日本では患者側が治療拒否するケースはまず考えられないが、「患者の権利章典」においては治療を断る権利も明言されていて、実際、治療拒否の患者はかなりの数にのぼっている。また、治療だけではなく検査を拒否する場合もあり、たとえ、それが医療者から見て理不尽な決断（unwise decision）だと思っても、医療者は患者の決定にしたがう。最も重要なことは患者の意思を尊重することだからである。その意味ではインフォームド・コンセントには患者自身による治療法の選択や患者自身による決定という要素も含まれているので、インフォームド・コンセントだけではなく、インフォームド・チョイス（informed choice）とかインフォームド・ディシジョン（informed decision）という言葉が使われる場合もある。

　アメリカでこのように徹底した患者意思尊重の姿勢が貫かれている背景には裁判事情がある。アメリカでは医療訴訟が多発。しかも圧倒的に患者側勝訴の判例が多く賠償額も膨大な額になることが多いので医師は自分の保身のために前述のような姿勢をとらざるをえないわけである。

4　生命倫理とパターナリズム

　アメリカでは「患者の権利章典」採択とほぼ同時期に「章典」と同様の理念を持った生命倫理が誕生。患者に十分な説明もないままに自分が最善と思う治療を強力に推し進めていくような旧来型の医師の治療方針はパターナリズム（paternalism：家父長主義、温情主義）として批判され、それに伴って、そ

れまで医師にとってバイブル的役割を果たしていた「ヒポクラテスの誓い」の不十分さも指摘されることになった。

　古代ギリシャの医師ヒポクラテス（BC 460 年頃〜BC 375 年頃）は当時の主流医術であった迷信や魔術を排して体系的な観察による病気診断をめざした医師として有名であり、彼が起草したとされている「ヒポクラテスの誓い」は長年にわたって医師の倫理規範とされていた。中でも「私は能力と判断力の限りを尽くして患者に利益すると思う養生法をとり、悪くて有害と知る方法を決してとらない」という一文は患者思いの医療者としての彼の気概が感じられる箇所として有名であり、現在でも重要な医療倫理項目とされている「無危害原理」、「仁恵原理」、「正義原理」などにも影響を与えている。

　しかし、現在ではもう一つの重要な原理として「自律尊重原理」が追加されている。そして、同時に、この原理が追加されたという事実はヒポクラテス時代のパターナリズム的倫理観の終焉と患者主体の医療倫理の幕開けを意味している。換言すれば、それまでのように豊富な専門知識によって自分自身の判断で患者に最善の治療を施していく医師が必ずしも理想的な医師ではなくなったということであり、それに伴って、理想的な患者像も「医師に従順な患者」から「自分自身で自己決定する自律した患者」へとシフトしていった（文献[3]）。

　このような医療倫理のパラダイムシフト（概念枠組の移行）の一因としては医療技術の急速な発達があげられよう。すなわち、20 世紀後半からの急速な科学的医療技術の発達によって治療自体が非常に侵襲的になったために、医師の善意だけに立脚した一方通行的治療が行われた場合には患者の利益に反する結果となるケースも出現してきたということである。そこで、医師―患者関係も「医師は上、患者は下」という上下関係から「人間として対等な関係」へと変化。そして、そのような医師―患者関係の構築をめざす学問として生命倫理（bioethics）が誕生したのである。

5 現代医学と安楽死・尊厳死

　生命倫理における最大の関心事は「医療技術の変化に対して患者はどのように対処していったらいいか」ということであり、その対処法（治療法）が不適切であると、患者のQOLが大きくそこなわれることになる。

　一昔前までは医療技術も未発達だったために治療法の選択肢も少なかった。したがって、お任せ医療であっても大した実害はなかったが、現代の医療事情は一変した。医療技術のめざましい発達によって次々と「不治の病」が克服されていったことは現代医学の功績であるが、一方ではさまざまな弊害ももたらすことになった。

　その弊害の第一は「治療の侵襲性」である。がん治療を例にとれば、手術・抗がん剤投与・放射線治療などのようにがん細胞を直接攻撃する治療法は腫瘍部位縮小の代償として激しい副作用をもたらす。ときには副作用に苦悶しながら死んでいくケースもあり、最悪の場合は「がん細胞はなくなったけれども患者は死んだ」という結果になることもあった（遺伝子治療はこのような非常に攻撃的な過剰治療を是正する点でも注目をあびている）。

　第二の弊害は「耐性菌の問題」である。抗生物質が細菌性疾患に対して絶大な効果をもたらしたことは周知の事実であるが、細菌のほうも抗生物質の大量投与に対して「耐性菌」という手段をとって対抗してきた。すると、人間はその耐性菌に対抗する強力な抗生物質を開発。今度はそれを迎え撃つようにして新種の耐性菌が出現。こうなると人間対細菌の闘いは泥沼化の様相を呈するようになる。

　さらに、第三の弊害として医療者―患者間のコミュニケーションの希薄化があげられる。医療機器の発達によって、患者全体を診るのではなく検査結果の数値に頼りすぎる医師が増加。とくに重症患者には点滴・酸素吸入・尿道カテーテルなどが装着されてベッドに釘付け。こうした状況が医療者―患者間のコミュニケーションの希薄化を招いたばかりでなく、医療現場の無機質化・均一化にもつながっていったのである。

　そして、医療現場の無機質化・均一化は「死の無機質化・均一化」を招き、

ターミナルケアの現場では前述した重兼の伯父のようなケースが多発するようになった。重兼の曾祖母の自然な死と比較すると、伯父の死は最新の医療機器に囲まれた無機質的で不自然な非個性的な死であったが、これが、まさに、現代の死のあり方を象徴しているといえよう。そして、それは人間の生き方の問題でもある。

ドイツの哲学者・ハイデガーは人間の存在様式を「死への存在」と規定したが、これは「人間はやがて死ぬ運命にある」ということではなくて「人間は死を見据えて生きることのできる存在である」という意味である。さらに、彼は、「人間は自分の生命の非永続性を知っているからこそ自分の現存在をかけがえのない存在として認識することができる」としたうえで、生き方の中身を問うとともに、人生最後の時期の過ごし方も重視した。

したがって、「ターミナル期の充実した生」という観点から見れば、いたずらに死期を延ばすことは賢明ではない。そこで「安楽死」(euthanasia：美しくて安らかな死) という言葉が登場するわけであるが、この言葉自体はイギリス経験論の祖であったベーコンの『学問の進歩』(1605年) においてすでに使われていた言葉であり、安楽死そのものも医療現場では以前から暗黙のうちに実施されていたともいわれている。しかし、実際に安楽死が患者の権利として法的にも完全に認められたのは、2001年4月、オランダでの安楽死法成立のときであった (翌月にはベルギーも安楽死法を制定)。

この安楽死法の特徴は必ずしも死期が切迫していなくても、また、激痛にさいなまれていなくても、患者自身の安楽死を望む気持ちが揺るぎないものであれば安楽死が認められる点にある。患者の意思を最大限に尊重する点や自己責任重視の点でオランダ人気質が反映された法律であるといえよう。しかし、基本的には安楽死法は殺人正当化の法律であることは否定できない。ナチスによる大量安楽死という暗い歴史的事実もある。また、社会的弱者が周囲の圧力で安楽死を希望する場合も考えられる。そのため、世界的には安楽死の法制化に踏み切れない国々が圧倒的に多い。

それに対して、尊厳死 (消極的安楽死に近い死) のほうは法制化こそされて

いないが尊厳死運動という形をとって大きな広がりを見せている。この運動は「自分が意識不明になって人間としての尊厳を保てなくなった場合は無駄な延命治療を拒否する」という意思をあらかじめ文書で示しておく運動であり、その場合の文書はリビング・ウィル（living will：生前遺言）と呼ばれ、第三者にも意思表示をしておきたいと望む人々のために尊厳死協会がある。尊厳死協会は会の責任においてリビング・ウィルを保管しておき、本人が末期的症状に陥ったときには本人の希望がかなえられるように可能な限りの措置をしてくれる。

　しかし、リビング・ウィルにはあらかじめ定められた内容（延命治療拒否・苦痛の除去）以外の事項を盛り込むことはできない。そこで、より多くの事項を盛り込むためにアドバンス・ディレクティブ（advance directives：事前指示書）が登場。この文書では、①延命治療拒否と②苦痛除去に加えて、③病名告知、④死に場所（病院・在宅・ホスピスなど）、⑤臓器提供、⑥代理人指示（自分が意識不明になった場合の措置を医療者に指図する代理人を指名しておくこと）などについてリビング・ウィルよりも詳細な事前指示をしておくことが可能になった。

6　EBMからNBMへ

　現在では、前述のような尊厳死運動の高まりに呼応するように医療者としても最期のときには患者や患者家族の気持ちを尊重して過剰な延命治療を控える傾向が顕著になっているが、概して、医療者は身体的諸症状以外のことにはそれほど関心を示さない場合が多かった。では、その原因はどこにあるのだろうか。

　医療者が身体面以外のことについて関心が薄くなりやすい原因の一つとして現代医学の根本理念となっている心身二元論があげられるであろう。フランスの哲学者・デカルトによって説かれた心身二元論によれば心（精神）と身（身体）は別のものと考えられ、身体は単に精神を容れるための器（物体）にすぎないとされた。そうすると、身体は精巧に仕組まれた機械のようなも

のであり、病気は機械の故障、治療は機械の修理ということになる。そこで、熱心な医師であればあるほど医学的知識と技術を最大限に駆使して疾病因子（故障箇所）を特定し、その因子を除去することに全力を注ぐ結果となる。もちろん、そのこと自体は悪いことではないが、そのような場合、往々にして患者の精神面に対する配慮に欠けることが多く、ときには、精神的に疲弊している患者を医療者が叱咤激励する場合も少なくない。そこで、そのような医療者─患者間の軋轢が患者の心理状態に悪影響を与えることになる。なぜなら、人間は身体的存在であるとともに精神的・社会的存在でもあるという複合的人間存在の実態を軽んじて身体面のみに拘泥している医療現場は明らかに人間存在の一側面しか見ていないからである。

　そして、心身二元論に依拠している現代医学では、当然の結果としてEBM（evidence based medicine：科学的根拠に基づいた医学）が重視されてきた。エビデンスに裏付けられた医療こそが患者にとって安心できる医療であると信じられていたからである。しかし、その反面で精神的に満たされない思いを抱く患者も少なくない。

　そのような現状に対処するために、1990年代末頃より医学界では「EBMからNBMへ」という新しい潮流が発生。これまでEBMにこだわりすぎた結果、簡単な問診と検査値によって疾病を特定する医師が増加したことの反省のうえに立って、医学界が率先してNBM（narrative based medicine：患者の物語に基づいた医学）を導入し、患者が背負っている個人的物語（生育歴・家族状況・社会的状況・精神的葛藤など）に耳を傾けながら患者の身体面以外の部分にも目を向けようとする動きが出てきた。その結果、NBMは患者の全体的把握の点で有益なことであり、また、傾聴自体にも治療的役割があるという利点も徐々に認識されはじめている（文献[4]）。つまり、これまでキュア（治癒）を重視し続けてきた医学界にもケア的な要素を導入しようとする傾向が出てきたということである。

　この「EBMからNBMへ」の動きは看護界にも波及。看護界では、それ以前より、ケアリングの概念が普及していたこともあって「EBN（evidence based nursing)から NBN（narrative based nursing）へ」というパラダイムシフトはスムーズに浸透していった。

　そもそも、ケアリングとはケアと酷似している言葉であるが、どちらかといえば「ケア」は身体的側面に対する看護の比重が高い。それに対してケアリングは「個々の患者に対する細部まで行き届いた気遣いのこもった理解が満たされていることである」と定義されている（ヘルガ・クーゼ）。そして、この場合の「細部まで行き届いた気遣い」とは、その人の生い立ち・個人的生活環境・価値観・人生観などを含めた気遣いであり、それは NBM の概念とぴったりと一致していた。そのケアリングの概念が NBN のスムーズな浸透の一助となったといえよう（文献[5]）。

7　未来に向けて

　これまでは、現代医学だけを視野に入れて、その功罪を検証しながら新しい医療の潮流について考察してきたが、実は、もう一つの新しい潮流として「現代医学以外の医療の導入」の動きが 1970 年代初頭のアメリカにおいて起こっていた。それは「代替医療（alternative medicine）の導入」である。

　代替医療とは、現代医学に限界を感じはじめていた当時の人々が現代医学の "alternative"（代替）となることができるような "medicine"（医療）を模索した結果としてたどり着いた医療であり、基本的には現代医学以外のすべての治療法をさす。具体的には、音楽療法・心理療法・アロマテラピー・中国医学（漢方薬・鍼灸・気功）・インド医学など。また、19 世紀末にアメリカで起こったオステオパシー（骨療法）やカイロプラクティック。さらに、ヨーロッパ由来のホメオパシー（同種療法）や 20 世紀末に起こったセラピューティック・タッチ（手かざし療法）などもある。

　このように一口に代替医療といっても実際には多種多様にわたっているので、最近では、すべての療法を総称して CAM（Complementary and Alternative Medicine：相補・代替医療）と呼ばれることが多い（日本では「代替医療」が定着しているので本論では代替医療で統一する）。

代替医療は科学的根拠が脆弱である反面、人間存在を心身一如的にとらえ、身体面ばかりでなく精神面をも包括的に癒そうとする要素が強い。また、現代医学のように人体を臓器別・部分的にとらえるのではなく全体的なエネルギー循環の視点から人体をとらえることにより心身のバランスを回復しようとするものが多い。

　もちろん、代替医療にも短所はある。緊急性のある病気や感染症に迅速に対応できない点であり、これは現代医学の得意分野でもある。また、客観性（科学性）が希薄であるために詐欺的な医療が含まれる可能性も大きい。

　要するに、唯一絶対の治療法はないということであるが、少なくとも、これまでのように科学的な現代医療だけに頼りきるという姿勢は医療者・患者双方にとって好ましくないと考える傾向は強くなっている。そして、これからの医療のあり方として現代医学とCAMの融合、すなわち、統合医療（integrative medicine）を提唱する動きが起こりつつある（文献[6]）。

　21世紀においては、遺伝子治療や再生医療などの最先端医療技術がさらに飛躍的に発達するであろう。そして、そこから発生する倫理的諸問題も徐々に克服されることを多くの患者は願っている。しかし、それらの医療技術の恩恵を受けられない患者も少なくない。また、心身ともに癒してくれる全人的な医療を求める患者の増加も予想される。

　そのような状況を考慮した場合に浮上してくるのが統合医療である。なぜなら、統合医療は心身二元論的現代医学と心身一如的代替医療とが統合された医療だからである。もちろん、現代医学と代替医療は相対立するものではなくて相互に補完する関係にある。したがって、統合医療は、21世紀において患者に幅広い選択肢を提供する医療として位置づけられるように思われる。

参考文献
[1]　梅原猛『あの世と日本人』NHK出版、1996年
[2]　樋口和彦編『生と死の教育：デス・エデュケーションのすすめ』創元

社、1989 年
［3］　T. L. ビーチャム＝J. F. チルドレス、永安幸正・立木教夫訳『生命医学倫理』(*Principles of Biomedical Ethics*, 1989) 成文堂、1997 年
［4］　T. グリーンハーフ＝B. ハーウィツ、斉藤清二・山本和利監訳『ナラティブ・ベイスト・メディスン：臨床における物語と対話』(*Narrative Based Medicine：Dialogue and Discourse in Clinical Practice*, 1998)、金剛出版、2001 年
［5］　H. クーゼ、竹内徹・村上弥生訳『ケアリング：看護婦・女性・倫理 (*Caring：Nurses, Women and Ethics*, 1997)』メディカ出版、2000 年
［6］　小松奈美子『統合医療の扉』北樹出版、2003 年

(小松奈美子)

第 3 章

環境倫理

　地球の温暖化、オゾン層の破壊、酸性雨、森林の減少、砂漠化、生物多様性の減少、こうしたいわゆる「環境問題」が、大きな、しかも緊急の問題として人々に認識されて久しい。その深刻さから見て、この問題は21世紀を通じて重要な位置を占めるであろう。では、この世紀に生きる私たちはどのような価値基準によるべきなのだろうか。このような問いに答えようとするのが「環境倫理」（environmental ethics）である。

　人間はその周囲の生態系、環境に対してどのように振舞うべきか、これを明確に問題として意識したのは、環境倫理学の父といわれるアルド・レオポルドであった。彼は自然を無思慮に搾取する現代人の心性を批判して、多くの警句を発している。その後、人間中心の世界観から生態系中心の世界観への転換を訴える環境倫理の発想は徐々に浸透し、さまざまな立場に分かれながら対話と議論を通じて問題意識を深めている。他方で、動物の権利保護、動物の解放の思想や、次世代以降の世代の権利保護を訴える世代間倫理の思想もまた、生物多様性の保護や環境保護といった問題に関連する限りでは、やはり環境倫理に属すると見なされる。この章では、このような環境倫理の諸問題について概説と提案を行いたいと思う。

1 環境破壊

　本章において主題とされる「環境破壊」とは、主として「自然（環境）の破壊」のことである。しかしこれですべての「環境破壊」が包括されてしまうわけではない。自然の破壊が直ちに私たちの「生活環境の破壊」として現実的に意識されないことは、しばしばある。しかしそのように「現実的に意識されない自然破壊」も、潜在的・可能的には私たちの生活を脅かすものとして起こっているということはできよう。本章では、自然（環境）の破壊をそのようにとらえ、さまざまな角度から「環境破壊」を見ていくことにしたい。「環境倫理学」がアメリカ合衆国で提唱されだしたのは1970年代のことであった。これは「自然（環境）の破壊」が深刻化したことに端を発している。こうした環境破壊が「環境倫理学」の、ある意味での原点となったのである。

1 「沈黙の春」

　「鳥がまた帰ってくると、ああ春がきたな、と思う。でも、朝早く起きても、鳥の鳴き声がしない。それでいて、春だけがやってくる」（文献[1]）。
　害虫駆除のための薬品をニレの木々に大量撒布した結果、突然鳥の姿が消えてしまったある春の日の不気味さを、レイチェル・カーソンは上のように記している。「沈黙の春」。それは死の大地の出現を意味する。薬品の撒布によって生態系が壊れ、鳥がいなくなったことも不気味であるが、より恐ろしいのは、そのことを誰も（当時は学者たちも）予測できなかったことである。それほどに生態系の変化は複雑であり、予測困難なことである。はじめニレの木に撒布したのは、この木に巣食って木を腐らせてしまうニレノキクイムシを駆除するための薬品であり、当初それは鳥類には無害であると思われていた。だが実際には、コマドリをはじめ多くの鳥たちが死んでいった。調査

の結果、コマドリはじかに殺虫剤にあたって死ぬのではなく、殺虫剤に汚染されたミミズを食べて間接的に中毒死することが明らかになった。またその殺虫剤がニレノキクイムシだけでなく、ほかの昆虫や甲虫、クモ類に至るまで死に追いやることも次第に明らかにされていった。環境破壊が問題となりだした初期の段階では、このように、破壊がどのように連鎖していくのかという点がなかなか予測できなかった。むしろそうした「連鎖」は起こってからはじめて解明されることが多く、場合によっては通常の食物連鎖さえ、皮肉にもそうした自然環境の破壊の連鎖によってはじめて知られるという始末であった。カーソンの『沈黙の春』(1962年)は、野生生物に関する政府の調査機関に務めた彼女自身の経験をもとにまとめられた著作であるが、地球環境の悪化に対していち早く警鐘を鳴らした点で、環境倫理学にとって先駆的業績と見なされている。

2 環境破壊の思想的背景：西洋と東洋

　カーソンが告発したような環境破壊の原因は、単にそのときの社会的事情にのみ求められるわけではない。というのは、そうした社会的事情以前に、そもそもそうした事情を導いた思想的背景が存在するはずだからである。そのような思想的背景とは、いったいどのようなものであろうか。

　思想的背景の第一にして根本的なものは、『聖書』の中に見出すことができる。とくに次のような記述はその好例としてあげてよいだろう。「神は言われた。私たちにかたどり、私たちに似せて、人を造ろう。そして海の魚、空の鳥、家畜、地の獣、地に這うものすべてを支配させよう」(創世記)。この「人間による地上の支配」という考え方は、その後の西欧の自然観・人間観の基礎をなしたものであり、今日の西欧型の環境問題——とりわけ「自然破壊」——の遠因の一つとなった思想であると考えられる。

　思想的背景の第二は、上の第一の思想（人間による地上の支配）を源流の一つとして出てきた近代の二元論的思考である。第一の思想は、これがそれ自体として悪いと価値づけされる思想では決してない。つまり自然界ないし地

上の頂点に立つ人間がその高い知性を駆使して、みずからを含めた自然界のバランスを調整することができているならば、この思想自体は決して悪いとは見なされえないであろう（事実、上の『聖書』の引用にある「支配」とはそのような意味であろうと思われる）。しかし、人間以外の地上の生き物を、約言すれば「自然」を、人間と対立するもの、敵対するものととらえたとき、自然はどうなるであろうか。いうまでもなく破壊の道をたどるであろう。反対に、自然を人間と同属的なもの、類縁的なものとみなす意識が人間の内にあれば、自然が人間に対立するものとは映らないであろう。自然が人間の眼に対立するもの、敵対するものと映るということは、自然が人間とは異質なものと人間自身の眼に映っているということである。どうしてそのように映りはじめたのか。それは、ルネサンスの運動と関係がある。ルネサンス以降の、豊かな文明化をめざすべく覚醒した人間にとって、自然は人間に敵対する脅威的存在になった、ということである。ここからベーコンのような「自然は服従することによってでなければ、征服されない」（『ノウム・オルガヌム』）といった意識も生まれ、そうした自然征服のための人知こそが真の力と呼ばれるべきものとされたのであった。また、デカルトの物心二元論や機械論的自然観も、自然を対立するものと見なすこうしたルネサンス以降の自然観から発していると考えることができる（機械論的自然観とは、自然を含めた物体の現象はその物体の外部に存する原因に従って機械的に行われるとする自然観。物体の現象は自己内部の力によって自己実現を図るべく目的的に行われると説明した、古代のアリストテレス的自然観〔目的論的自然観〕と好対照をなす）。

　自然を対立的にとらえる近代以降の西欧に対して、東洋（あるいはアジア）では自然を、人間に近しいもの、同属的なものととらえる自然観が生きづいてきた、とよくいわれてきた。しかしそれならばなぜ、東洋において現在環境破壊が深刻になっているのか。最も直接的な原因と考えられるのは、東洋の「西欧化」である。これは20世紀後半以降顕著な傾向であり、東洋の最先進国である日本はもとより、アジア全体に波及した。次いで考えられる原因は、東洋的自然観そのものの内にある。すなわち、すでに見たように、西

欧では、聖書にも見られた「人間による自然支配」は、よく機能する場合には「自然は人間が守ってやらねばならない」という発想に至る。これはロゴス（知性＝秩序づけの能力）を最も高度に所有しているのが人間である、という根本思想から説明可能である。しかし東洋では、さまざまな自然物にそれぞれの神——秩序の能力の担い手——が宿るといった多神論、あるいは一種の万物有心論が浸透しているため（神々の聖域を破壊するおそれよりも）「自然は放っておいても自らの力で回復する」といった楽観主義がまさったのである。しかし今日、こうした楽観主義を押し通すことができないほど東洋世界の自然破壊も深刻化している。そのため近年では、そのような悪しき楽観主義よりも、自然に融和的な東洋本来の自然観のほうをこそ生かしながら、自然環境を守ろうとする姿勢が興ってきている。

3　20・21世紀的環境破壊

　近代の二元論的思考に基づいて発展してきた西欧の文明社会は、19世紀の産業革命の時代に、物質的繁栄の最初の頂点を迎えた。当時、文明の発展を支えたエネルギー源（とくに化石燃料の一つ石炭）は無尽蔵であるかに見え、また森林なども当然開墾されるべき領域であるとして、開墾そのものに対する反省は起こらなかった。しかしそれら天然資源の枯渇に反省の眼を向け、実際、資源枯渇が問題化されたのが20世紀的環境問題である。

　埋蔵量が有限である天然資源の中で、再生不可能なものは第一に石炭と石油に代表されるエネルギー資源であり、第二に鉄、鉛、アルミニウム、錫、といった金属資源である。これらは気の遠くなるような年月をかけて形成されたにもかかわらず、採掘の速さは経済成長と比例して加速度的であった。そのため20世紀の比較的早い時期から、枯渇の心配が指摘され、次世代における資源の残存が危ぶまれてきた。これらの資源のうち環境問題とより深刻に結びつくのは、前者のエネルギー源である。

　石炭や石油といった天然エネルギー源の枯渇問題は、それ自身一種の自然破壊ではあるが、これら資源の採掘地は都市近郊ではないことが多いために、

採掘自体による直接的な環境被害が意識されることは少ない。したがってこれらが環境問題として意識されるのは、それらをエネルギーとして利用したときということになる。すなわち大気汚染や河川の水質汚濁といった「公害」として意識されるのである。しかし石炭や石油は、これらが単に再生不可能であるからというだけでなく、大気汚染や河川汚濁の大きな原因となるということによって、前世紀の中頃からそれに代わる太陽エネルギーや地熱、海洋エネルギーなどの各種エネルギーが開発されてきた。そしてこの方針は今後より促進される見込みである。

　また資源には再生可能な資源がある。食用穀物、動物、森林、大気、水、土壌などがそれにあたる。一般に再生可能な資源は、再生不可能な資源に対して問題が少ない。再生可能な資源が環境の問題となるのは、消費が再生を上回るスピードでなされる場合か、もしくは資源を再生する行程において地球を傷つけるような副作用が現れる場合に限られる。それゆえ再生可能な資源に関しては、「消費」と「副作用」との配慮こそが倫理的課題となるのである。

　アンドリュー・ラーキンは、1979年のある論文の中で経済成長の代価として、五つの「破局的状況」をあげている。その五つとは「資源枯渇」、「化学物質による大地の汚染」、「大気汚染」、「放射能」、「ガン（の増加）」である。1970年代の先進諸国において「破局的」と診断された上記五つの状況は、その後種々の克服策が試みられながら今日に至っている。

　「天然資源枯渇」の問題については、上で見たとおりである。環境問題の初期段階においてカーソンが『沈黙の春』において指摘したような「化学物質による大地の汚染」についても、現在では生態系を破壊するDDTのような強い化学薬品がほぼ全廃されるなど、見直しはかなり進んでいる。「大気汚染」については、先進諸国では自国が経済成長期に大気汚染に荷担してきたことへの反省が行われるようになり、この問題は目下、むしろ発展途上国において深刻な問題となっている。主として原子力発電に起因する「放射能」問題は、ロシアのチェルノブイリ原発事故（1986年）を機に大々的に論

議されるようになった。たとえばドイツでは、2020-21年までに全原子炉の稼動停止を含む法案を可決するなど、環境先進国では「放射能」の可能性を見直す傾向が強まっている（ただし原子力発電は、次に見るような「地球温暖化」のためには——化石燃料の燃焼を必要としない分——なお有効な発電方式とされ、それを理由に存続を主張する論者も多くいる）。

　ところで、20世紀に指摘されながら、その問題解決が困難視されている「環境破壊」問題がある。その中で最も大きいのが「地球温暖化」と「オゾン層破壊」の問題である。その困難さは、何といっても破壊範囲が広大であることによっている。

　「地球温暖化」の原因となったのは、石油や石炭などの化石燃料を燃焼する際に出る二酸化炭素などの「温室効果ガス」が増加したことである。これによって大気の温度が上昇し、地球上に各種の異変が起こるのではないかとの危機が叫ばれたのである。たとえば、温暖化によって南極、北極の氷山が溶けることに伴う海面の上昇と津波の心配、海流の変化による海洋の生態系の変質やそれによる漁場の変化、海水温度の上昇による生物種や数量の変化、地上の気候全体の変化、森林火災の増加やそれによる砂漠化……これらが生態系全体にかかわる瓦解を引き起こし、さらにそれがもとになって国家間の経済問題、政治問題に発展する、といったことは目に見えている。ちなみに、二酸化炭素の排出量は、当然先進工業国の中の大国に多く、たとえばアメリカ合衆国は世界の二酸化炭素排出量の約4分の1を、ロシアが約5分の1を占めている。日本は全世界の約4％の二酸化炭素を排出しているが、国家の大半が森林であるため、植物による二酸化炭素吸収量のほうが、排出量を上回っているとする数値もある。

　日本政府は1990年に「地球温暖化防止行動計画」を決定した。これによると「一人当たりの二酸化炭素排出量について2000年以降おおむね1990年レベルでの安定をはかる」という規制目標を立てている。しかし、こうした規制が日本国内でしか通用しない規制であることはいうまでもない。つまり、世界の二酸化炭素排出量の4％を1億2000万人で割ることで算出された数

字が意味する生活水準と、世界の25％近くをシェアするアメリカ合衆国の二酸化炭素排出量をその国民数2億5千万人で割ることによって算出された数字が意味する生活水準とを単純に比較することができるか、といったことは当然問題になってくる。二酸化炭素の排出問題は、非常に多角的な視野をもって論議されなければならない問題なのである。しかしそれはともかくとして、「地球温暖化」はさしあたり、二酸化炭素の排出を制限することと森林破壊を食い止め、もしくは植林することによってしか解決されえない。このことを、原則的には二酸化炭素の一人当たりの排出量が多い国ほど（工業生産のエネルギー源を化石燃料から別のエネルギー源に代えるなどの対策によって）積極的に行うことが望まれる。

　オゾン層破壊も現在、深刻な環境問題である。これは、エアコンや冷蔵庫の冷媒やスプレーや発砲スチロールなどの製造過程で、あるいは半導体を洗浄する際に必要とされるいわゆる「フロンガス」（正しくはクロロフルオロカーボン〔CFC〕）が大気中に放出されることによって引き起こされる環境破壊である。成層圏のオゾン層は、有害な紫外線を吸収するはたらきを持っているため、これが破壊されると皮膚ガンや失明の危険度が上がるなど、人体への悪影響が多発することになる。そのため1992年にはモントリオール議定書を締結し、1995年までにフロンガスの全廃を決定した。しかしフロンガスは、成層圏に達するまで10年かかるため、今後のオゾン層破壊がいまなお危惧されている。

　1971年、アメリカ・マサチューセッツ工科大学のローマクラブ・グループによって『成長の限界』という名の報告書が刊行された。この30名からなるグループは、「この惑星上での成長を決定し最終的にこれを制限する五つの基本要因」として、工業化、汚染、食料生産、資源枯渇、人口増加をあげている。要するに、これらの要因によって人間の文明的進歩が限界に達し、やがては止まるという予言が西洋社会から提示されたのである。詳細な調査とそれに基づく予言的性格のため、この報告書は環境倫理について言及する際に必ずといってよいほど引き合いに出される古典の地位を獲得した。

前述の「成長を制限する五つの基本要因」とはありていにいえば、地球とその住民の瓦解につながる要因が五つあるということである。これらのうち「人口増加」を除く四つ（「工業化」、「汚染」、「食料生産」、「資源枯渇」）がきわめて高い水準の「消費」に起因するものであることは、あらためて注目されてよい。すなわち、成長を支えた原理が人々の欲望とその具現化である消費であったということ、そしてそうした成長をはばむものも同じ欲望と消費であるというパラドックスをこの報告書は示している。こうしたパラドックスに対しては、さまざまな提案が行われている。たとえばシュレーダー‐フレチェットは「自発的に質素にし消費制限を義務づけること」という題名の論文を書いて、その名のとおりの提案をしているくらいである（文献[2]）。たとえば石炭は、現状のペースで採掘が進めば、あと多く見積っても150年で枯渇することになる。石炭に代わるエネルギー源の発見・開発も重要であるが、むしろ埋蔵量をできるだけ長い時間保持し、次の世代の福祉のために生かすことが人間のとるべき倫理的態度であるとするならば、自発的に質素にするというライフスタイルを採用することが望まれる、ということである。

4　環境破壊と倫理：世代間倫理と遠隔責任

　これまでの記述からも明らかなように、環境破壊（とくに20世紀・21世紀の環境破壊）は、ある限定された地区だけにではなく、広範な地域にまで及ぼす可能性を有するときに、そして同時代の人間に対してだけでなく、次世代の人間に対して及ぼす可能性を有するとき、真に深刻な問題となる。

　ハンス・ヨナスは『責任という原理』（文献[3]）を書いて、その中で環境倫理を基本的には「世代間倫理」であると位置づけた。私たちは未来世代の福祉のために責任を負う義務があると、ヨナスは主張する。そして未来世代に対して負う責任の中で最も大きい責任が、よき環境を残す責任だとヨナスはいう。

　前項でとりあげた例を再度使って説明してみよう。現状のペースで採掘が続けば、あと150年で石炭が枯渇するとする。あと数世代で石炭という再生

不可能な天然資源が完全に枯渇するわけである。これは、未来の世代に対する犯罪になりはしないか。たしかに、枯渇するまでの間に、機能や価格において石炭と等価の、またはそれ以上のエネルギー源が発見もしくは開発されればよいではないか、と主張する論者もいる。しかしそれは、そうした保証が得られない時点での発言である以上、つまりその開発そのものが未来に依存的である以上、発言自体が無責任であるし、また実際開発されるという保証はない。また、たとえ未来において石炭と等価値のエネルギー源が開発されることになろうとも、そうした主張は、未来世代が、まだ残っている石炭とそれに代わる等価値のエネルギー源とのどちらを選択するかという「選択の可能性」を奪う主張となる。したがって、現代の私たちは、現今の石炭量をできうる限り節約し、それに代わるエネルギー源――それも環境にできる限り無害のエネルギー源――をいまから開発・使用しなければならないであろう。そしてこうした倫理観を支えるものは、前にもあげたフレチェット女史にならっていえば「世代間の公平」という概念であろう。先にあげたハンス・ヨナスはこうしたことを受けて、「遠隔責任の命法」(Imperativ der Fernverantwortung) という概念を提示している。これはドイツ啓蒙期の哲学者カントの「汝の意志の格率がつねに同時に、普遍的立法の原理として妥当するように行為せよ」という有名な定言命法をアレンジしたもので、「汝の行為の諸結果が、将来の人間的生存と両立しうるように行為せよ」という表現をとる。

　しかし、環境倫理の諸問題は「世代間」という時間軸のみに延びていくわけではない。この現代における別の地域、あるいは未来の別の地域においても問われなければならない。コンピュータ社会の到来によって、地球の裏側の人がいまや「隣人」となったし、その地域もいまや他人の土地ではない。「宇宙船地球号」という言葉があるが、この言葉は、地球が一つの閉じられた宇宙船であることをいっている。この観点からすれば、日本で起こった環境破壊がアルゼンチンではまったく影響なしということはありえないのである。私たちは地理的に遠い場所に対しても責任を負わなければならない。そ

う考えると、ヨナスの「遠隔責任の命法」という概念は世代的遠隔だけでなく、地理的遠隔に対しても妥当すべきものであろう。こうした遠隔責任の必要性については、1960年代にすでに今道友信が提唱している（文献[4]）。今道の「エコエティカ」——「生圏倫理学」と訳される——は、今日のように環境問題が現実化する以前から国際的舞台で提唱されていた国産の環境倫理学であり、時代を先取りした主張として学ぶべきものは多い。

　環境破壊は、欲望とその具現化である消費が、人口増加の問題と絡み合って引き起こした問題である。もともと倫理とは、共時的に存在する人間と人間との間に成立されるべき規範であった。そのため現代においても倫理は、人間同士の調整の技術と理解されることがしばしばある。しかし環境破壊という観点から見た場合、そうした倫理が「欲望の調整技術」としての倫理であるなら、これは見直されなければならないであろう。なぜなら人間の欲望を現今のまま容認しながらの調整では、環境問題は解決しないからである。私たちは、フレチェットのいうように、一見古典的とも常識的ともいえる「質素」(simplicity) をこそ、この問題の徳目とすべきなのかもしれない。

参考文献

[1]　カーソン、青樹築一訳『沈黙の春』(*Silent Spring*, 1962) 新潮社（新潮文庫）、1999年

[2]　シュレーダー-フレチェット「自発的に質素にし消費制限を義務づけること」(*Voluntary Simplicity and Duty To Limit Consumption*, 1979) シュレーダー-フレチェット編、京都生命倫理研究会訳『環境の倫理（上・下）』(*Environmental Ethics*, 1981／1991) 晃洋書房、1993年

[3]　ヨナス、加藤尚武監訳『責任という原理：科学技術文明のための倫理学の試み』(*Das Prinzip Verantwortung Versuch einer Ethik fur die technologische Zivilisation*, 1979) 東信堂、2000年

[4]　今道友信『エコエティカ』講談社（講談社学術文庫）、1990年

（高橋陽一郎）

2　自然の権利

1　自然の権利思想の歴史

　自然環境、とくに人間以外の生物は、人間に重大な害を与えない限りは保護すべきである、という「環境保護」の主張は、現代ではもはや常識といっていいほど当然と見なされている。しかし、この主張も実際は二つの基本的に異なった立場からなされている。一つは「人間中心主義」の立場からである。人間はいうまでもなく、その生活を結局は人間以外の生物に依存している。それらは、食料や生活資材を提供するものとして人間の生存を支えてくれている。それゆえ、人間の生存を唯一の目的とする観点からは、他の生物は人間が生きるための手段であり、道具である。この立場からすれば、他の生物を保護するのは、まさに人間の生存のためである。このような立場が「人間中心主義」である。

　もう一つの「環境保護」の主張は、「非―人間中心主義」、「人間―非―中心主義」あるいは「自然中心主義」といわれる立場からである。この立場は、人間中心主義を反省して、「自然の権利」を重視する。つまり、人間以外の生物は単なる人間の生存のための道具である、と考えるのではなく、それらにも「内在的価値」がある、すなわち、固有の生きる権利である「自然の権利」があり、したがって保護されなければならない、と考える。それゆえ、自然中心主義によれば、人間は必要以上に他の生物の個体の命を奪ってはならず、他の「種」がなるべく長期的に存続し、絶滅しないように配慮しなければならない。

　このように人間中心主義と自然中心主義は、対立する大きな二つの思想であるが、環境倫理という考えは、前者から後者へ流れが変わったということをきっかけとして起こったと見なすことができる。最初の「自然の権利訴訟」は、アメリカでディズニー社のミネラル・キング渓谷リゾート開発に環境保護団体シエラ・クラブが、差し止め請求を起こした「樹木訴訟」である。

この裁判に関連して、1972年、法学者クリストファー・ストーンは、この訴訟を支援する趣旨の論文「樹木の当事者適格——自然物の法的権利について」を最高裁に送った。彼は自然物にも法的権利はあり、それが侵されれば自然物も訴訟を起こすことが可能であり、さらにそれは市民が代行できると主張した。訴訟は原告の負けであったが、判決は自然の権利に好意的なものであった。この判決を受けて、よく1973年には、絶滅の危機にある種の保存のためには人間の活動が制限されることもやむをえない、という「絶滅の危機に瀕する種の保存法」が制定された。また、1979年には絶滅の危機にあるパリーラ鳥が原告としての資格があるということ、すなわち、その「原告適格」が認められたうえ、原告が勝訴という結果が出た。さらに、1975年には汚染されたパイラム川を共同原告とする訴訟が認められている。このように、現在のアメリカでは自然を原告とした訴訟においては原告適格が広く認められ、勝訴する例も増えている。

　日本でも1995年に「奄美・自然の権利訴訟」といわれるものがなされた。これは、「環境ネットワーク奄美」という自然保護団体が、生物の多様性の保護などを理由に、奄美大島のゴルフ場開発差し止めを求めて鹿児島地裁に提訴したものである。最初、自然保護団体は、何人かの会員名と一緒に、アマミノクロウサギなど4種の動物名を原告として訴状に併記したが、地裁はこれを認めなかった。そこで団体は「アマミノクロウサギこと……」というように氏名を列記する方法をとった。地裁は原告住民がゴルフ場とかなり離れたところに住んでおり直接の被害はないことや、生物の多様性が直ちに個人の具体的利益とは結びつかないことから、直接の利害者でなければ原告になれない、という理由で訴えを却下した。しかし、判決では、個人の具体的利益のみを問題とする現行法はこれでよいのか、人間中心主義的な考え方のみでよいのか、という問題提起もなされた。この訴訟のあと、「オオヒシクイ自然の権利訴訟」、「諫早湾権利訴訟」、「大雪山ナキウサギ訴訟」、「クマタカ訴訟」、「高尾山天狗訴訟」（「天狗」は高尾山の守り神で、山を象徴するものとして名付けられた）などが続いている。現在、まだ原告勝訴の例はないが、これ

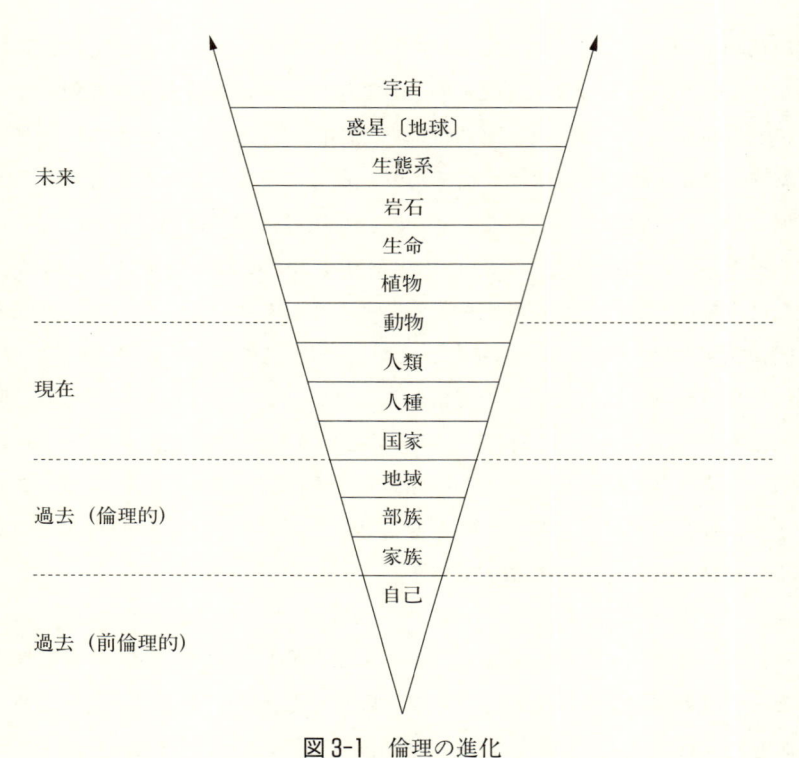

```
未来

現在

過去（倫理的）

過去（前倫理的）
```

（図：逆三角形、下から上へ）
自己 / 家族 / 部族 / 地域 / 国家 / 人種 / 人類 / 動物 / 植物 / 生命 / 岩石 / 生態系 / 惑星〔地球〕/ 宇宙

図 3-1　倫理の進化
（ナッシュ、松野弘訳『自然の権利』筑摩書房〔ちくま学芸文庫〕、1999 年）

らの裁判をとおして日本でも自然の権利についての関心が高まってきている。

　アメリカの歴史学者ナッシュは、文献[1]において、環境倫理思想、とくにアメリカのそれの歴史的、実証的研究を行っている。彼は「倫理がどのように進化してきたか、あるいはどのように段階的に発展してきたか」を上のような図 3-1 に表している。すなわち、人間は最初、自己の利益にのみかかわっていたが、正義・不正義を考えることのできる思考力が発達することによって、家族、部族、地域にかかわるような倫理が成立した。このような倫理の対象は時代とともに次第に拡げられていって、現在では国家、人種、人類にかかわり、さらには動物にも多少はかかわってきている。さらに未来で

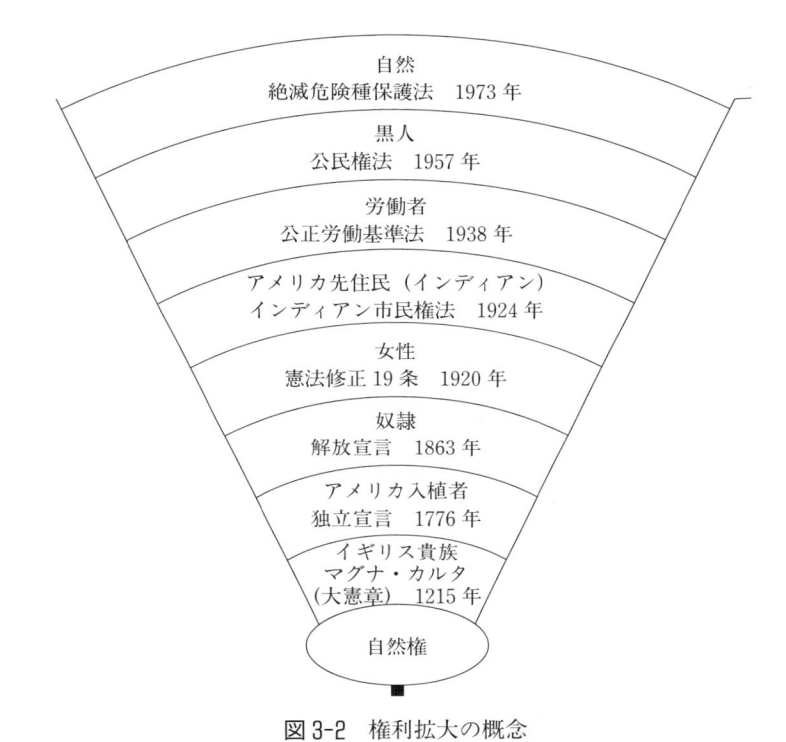

```
        自然
        絶滅危険種保護法　1973 年
        黒人
        公民権法　1957 年
        労働者
        公正労働基準法　1938 年
      アメリカ先住民（インディアン）
      インディアン市民権法　1924 年
        女性
        憲法修正 19 条　1920 年
        奴隷
        解放宣言　1863 年
      アメリカ入植者
      独立宣言　1776 年
      イギリス貴族
      マグナ・カルタ
      （大憲章）　1215 年
        自然権
```

図 3-2　権利拡大の概念

（ナッシュ、松野弘訳『自然の権利』筑摩書房〔ちくま学芸文庫〕、1999 年）

は、このような対象は、植物、生命、岩石、生態系、惑星、宇宙にまで拡大されることが予想される。

　また、ナッシュは図 3-2 において、アメリカにおいて、「自然権」が自然の権利に進化していく過程を、マイノリティの権利拡大の過程として示している。もちろん、ここでいう「自然権」は、上で述べた「自然の権利」とは異なるものであり、ホッブズやロックによって主張されたものである。すなわち、自然権は、生存権、自衛権、自由権、財産権などの基本的な権利であり、何らかの法律や契約に基づかなくとも、まさに自然に与えられているとされるものである。ナッシュは「自然権」が制度的に「自然の権利」として認められていく過程を示したのである。

2 人格

　以上では自然の権利にまつわる歴史的経緯について述べてきたが、以下ではそれにかかわる理論的、倫理学的問題について、種々の学説を紹介しながら考察を行ってみたい。

　まず、「権利」というとき、その主体となるもの、すなわち、それを有することが可能である存在が問題である。このような主体は、通常、「人格」（パーソン）といわれる（ここでいう人格は、単に人間のみではなく、他の生物なども含みうるような、広い意味でのそれである）。具体的に人格とは何かという問題は、単に環境倫理だけでなく、倫理学全般において重要である。これに関しては、とくに妊娠中絶や嬰児（生まれたばかりの赤ん坊）殺しに関連して、さまざまな議論がなされている。

　トゥーリーによれば、人格という概念は道徳的なそれであり、生物学的な人間の概念とは異なる。人格とは「生存する重大な権利」を有するものである。そして、AがXに対する権利を持つことは、AがXを欲求できることを前提とする。さらに、AがXを欲求できることは、AがXという概念を持ちうることを前提とする。生存権の場合、欲求の対象Xは自ら（自我）の生存である。そのため、人格Aは自我の概念を持たなければならない。それゆえ、人格の条件としてトゥーリーは、「自己意識要件」、すなわち、「その者が経験や他の心的状態の持続的主体としての自我の概念を有し、みずからそうした持続的主体と信じていること」をあげる。彼にとっては、胎児や嬰児（生まれたばかりの子ども）は厳密な意味での人格ではないのだから、中絶やさらには嬰児殺しも許されるものとなる。

　一方、エンゲルハートは、トゥーリーのいう「厳密な意味での人格」のほかに「社会的な意味での人格」があると考える。彼によれば、社会的な意味での人格とは、最小限の社会的相互作用に参加しうるものであって、厳密な意味での人格ではないが、あたかもそうであるように扱われるものである。たとえば、生物学的な母—胎児の関係は、社会的な母—幼児の関係とは異なる。胎児が社会的な承認を受けなくても前者の関係は成り立つが、後者の関

係はそうではない。したがって、幼児は厳密な意味での人格ではないが、社会的な意味での人格である。一方、胎児や、重度の老衰者、無脳症児はどちらでもない。どこまでが厳密な意味での人格であるかという線引きは難しい場合が多い。そのような場合でも、社会的な意味での人格というものを認め、尊重することによって、厳密な意味での人格は、相互の権利を侵害されないようにすることができる。エンゲルハートは、嬰児も社会的な意味での人格であって生存権を有しているとし、嬰児殺しに反対する。

　ウォレンはトゥーリーと同様、自己意識を人格の条件とするが、エンゲルハートと同様、人格の社会的側面も強調する。彼女は人格の特徴として次の五つをあげる。①意識、とくに苦痛を感じる能力を有する。②問題解決能力としての理性を有する。③自分の意思に基づいて行為できる。④コミュニケーションの能力を有する。⑤自我の概念と自己意識を持つ。これらの特徴を持つ人間が道徳共同体の一員となることができる、すなわち、人格となることができる。ウォレンも中絶を認めるが、嬰児殺しは認めない。つまり、嬰児は人格ではないから嬰児殺しは殺人ではないが、道徳的には許されないとする。

3　権利、義務、契約

　これら以外にも人格の条件に関しては、多くの提案がなされているが、ここでは人格の条件を上記の諸説のように直接定義するのではなく、逆の方向から考えてみたい。

　まず、権利および義務（これはいわば契約相手の権利をこちらから述べたものと考えられる）は、契約に基づくと考えられる。実際、何らかの契約がなされて、はじめてそれに基づいて権利、義務が生じるのである。何も契約されなければ、権利も義務もありえない。これはいわば実定法的な考えであるが、これに対しては当然、自然法的な立場からの反対がある。すなわち、先に述べた自然権というものが存在する、という立場である。自然権の問題は、古くて新しい問題である。たとえば、現代の日本でも憲法9条と関連して自衛権が

問題とされている。ある人々（憲法改正論者に多いが）は、自然権としての自衛権を否定している。彼らによれば、自衛権も結局、法律的な裏づけがあって保証されるものである。しかるに、憲法9条はそれを否定している。しかし、それでは国の安全は図れない。したがって、憲法は改正されなければならない、と彼らは主張する。一方、自然権としての自衛権を認める人たち（憲法擁護論者に多いが）によれば、確かに日本の憲法には自衛権は明記されていないが、それはまさに自然権として存在する。それゆえ、いまさら憲法を改正して自衛権を明記する必要はない、と彼らは主張する。

このように、現代でも自然権に関しては議論が分かれるが、筆者の立場は、自然権に否定的である（もちろん、これは憲法改正を認めるかどうかとは別問題である）。実際、何らかの宗教的な教義にでも基づかない限り、そのようなものが存在するとは考えられない。また教義に基づく場合でも、それはいわば神との契約というようなものを前提にしているのではなかろうか。まったくの自然状態においては、権利も義務もありえない。たとえば「シマウマがライオンに食われない権利」が存在するだろうか。シマウマとライオンが、「シマウマがライオンに水牛を何頭か貢ぎ物として差し出すからライオンはシマウマを食べない」というような契約でも結べば、シマウマにそのような権利も生じるかもしれないが、当然そんなことはありえない。いずれにせよ、やはり何らかの契約と見なすことができるものがなければ、権利は生じないだろう。

このように契約というものは、権利にとって本質的なものである。そうであるならば、上では権利の主体としての人格に関する諸説を述べたが、逆に人格を「契約をすることのできるもの」と考えることができるだろう。あるいはもう少し条件を弱くして、人格は上記の条件を少なくとも必要条件として有しているもの、とすることができるかもしれない。ここではどちらをとるかは決定しないでおくが、いずれにせよ、契約のできないものは人格ではない、と考える。トゥーリーなどが人格の条件としてあげた、自己意識を持つ、自分の意思に基づいて行為できる、コミュニケーションの能力を有する

などは、明らかに契約をすることのできるものにとって必要な条件である。この点でもここでの人格の考え方は、従来のそれに沿ったものと考えられる。なお、ここでいう契約は、たとえば直接契約書を交わすというような明確で具体的なものでなくてもよい。それは憲法などに対して私たちがとっている態度のように、すでに存在しているものに対する追認、あるいは不承不承の承認というようなものであってもかまわないだろう。

4 自然と人間

しかし、このように人格を考えた場合、とくに子どもの権利に関連して次のような反論がなされる（たとえば、文献[2]第9章）。つまり、子どもは選挙権がないのだから、間接的にすら法律の制定にはかかわっていない。したがって法律的には契約の主体にはならず、何らの義務を負ってはいない。けれども、まさに法律によって子どもの権利は保証されており、大人は子どもを保護する義務を負っている。同様に、自然は契約の対象にはならず、義務を負ってはいないけれども、人間はそれを保護する義務を負う。すなわち、自然は保護される権利がある。

たしかに「子どもの権利」という言葉はよく使われる。たとえば、「子どもには義務教育を受ける権利がある」といわれる。しかし、これは本来、親や保護者には子供に義務教育を受けさせる義務があるということであり、子どもが正確な意味での権利を持っている、ということではない。「子どもの権利」は一種の便宜的な言い方にすぎず、本来の義務や権利を持っているのは、あくまで法律の制定、つまり契約にかかわった大人である。自然に関しても同様である。自然は契約の対象にはならず、人間は正確な意味ではそれを保護する義務を負わない。「自然の権利」は便宜的な言い方にすぎない。人間が自然を保護する一つの理由は、もちろん先に述べた、人類の存続のために自然を破壊してしまうことのないように配慮するという人間中心主義のためであろうが、もう一つは、ヒュームらのいわゆる同情倫理学者が唱えたように、自然、とくに他の生物に対する同情、共感のためであると思われる。

これと関連して、オーストラリアの倫理学者シンガーは、従来の人間と動物の差別的な扱いを当然とする考えを批判している。快楽や苦痛に質的な区別はなく、全体としての快楽を増大させ、苦痛を減らすことが善であるという、功利主義的な考えに基づき、彼は次のように主張する。通常、人間同士は平等であるとされるが、それは人間が知性を有するというような理由からではなく、人間が快楽と苦痛を感じる能力があるからである。それゆえ、この能力が平等の基礎になっているのならば、その能力を有しているすべてのものは、たとえ人間でなくても平等に扱うべきである。あるものの苦痛をさけるために、他のものに苦痛を与えることは、平等の基礎である苦痛に差別を導入する「差別主義」である。たとえば、男性の苦痛をさけるために女性に苦痛を与えることは、「男女差別」であり、白人の苦痛をさけるために黒人に苦痛を与えることは、「人種差別」である。同じように、人間の苦痛をさけるためにマウスに苦痛を与えることは、もしそれがトゥーリーのいう人格ではない、すなわち、自己意識を持たないとしても、「種差別」である。こうしてシンガーは、理想としては動物実験や商業的な畜産すら許すべきでないとする「動物解放論」を唱えるのである。ただ、彼の考えに基づけば、苦痛と快楽を感じる能力を持たない植物などの自然は、人間と同じ権利を持ちえないことになろう。

　たしかに、苦痛と快楽を感じる能力があるものに対しては、まさに人間もそのようなものであるということから、私たちは同情、共感を覚える。そして、できうる限りそれらを保護したいと考える。しかし、シンガーのいうように、それらを人間と平等に扱うべきである、とはいえないだろう。実際、いっさいの動物実験や商業的な畜産をやめるなどということは、当然、人間がみずからの重大な利益を損ねてまで選択するとは思えない。つまり、人間がどこまで動物を保護するかは、人間の選択にかかっており、したがって最終的には人間相互の問題である。動物に固有の権利というようなものは存在しない。人間の場合でさえ、人間であるというだけでは、さまざまな権利は保証されなかったし、現在でも完全に保証されているわけではない。実際、

女性や黒人の差別されない権利といっても、それは歴史的にいわば闘争によって勝ちとられてきたという要素が大きい。

現代では捕鯨が国際的にも大きな問題となっている。捕鯨反対論者の大きな理由の一つに、鯨はとても頭がよいから、というのがある。しかし、鯨がどんなに知能が高いからといって、実際問題として契約を結べるほどの能力は有していない。それゆえ、鯨に保護される権利というようなものが本来あるとは考えられない。もちろん、鯨は知能が高いということから、感情も人間にかなり近いと推察できる。したがって、私たちは他の知能の低い動物よりは、鯨に大きな同情、共感を覚える。この点は子どもの場合と原則的にはまったく同じである。それゆえ、私たちがそのような同情、共感を商業的利益より優先させるべきだとするならば、商業捕鯨は禁止されるべきであろうし、伝統的食文化より優先させるべきだとするならば、捕鯨は全面的に禁止されるべきであろう。しかし、繰り返していうように、それは人間の選択であり、鯨の固有の権利によるのではない。

自然の権利に関する裁判においても、自然が原告となるということは、原理的に不可能であると思われる。訴訟を起こしうるのは人間のみである。自然の代弁者を名乗るというようなことは僭越であり、むしろそのことによって他の人の意見を抑圧し、権利を犯すことになるのではないだろうか。もちろん、自然が破壊された場合でも直接の利害者でなければ原告になれない、という個人の具体的利益のみを問題とする現行法には問題がある。人類全体の利益あるいはもっと広い見地からの訴訟も可能になるように、制度を整える必要があるだろう。

最初に人間中心主義と自然中心主義について述べたが、後者が、現在の地球における人間以外の自然にも固有の存在する権利がある、と主張するのであれば、それは誤りであるといわざるをえない。現在の地球上において契約の主体となるものは、実際問題として人間以外には存在しない。私たちは人間中心主義でやっていく以外ない。もちろん、このような人間中心主義は、従来の狭いもの、すなわち、人間以外の自然は単に人間の利益のための道具

である、というものであってはならない。人間は他への同情、共感から自己の利益に反するような行いもする。人間の狭い利益のためだけでなく、自然への同情、共感も考慮した生き方が今後は必要とされるだろう。「人間中心主義」も今後はこのような意味で使われるべきであろう。

参考文献
［１］　ナッシュ、松野弘訳『自然の権利』筑摩書房（ちくま学芸文庫）、1999年
［２］　山内廣隆『環境の倫理学』現代社会の倫理を考える11、丸善、2003年
［３］　シンガー、山内友三郎・塚崎智訳『実践の倫理』昭和堂、1991年
［４］　徳永哲也『初めて学ぶ生命・環境倫理』ナカニシヤ出版、2003年
［５］　伴博・遠藤弘編『現代倫理学の展望』勁草書房、1986年

（和田和行）

3 自然保護と生態学

1 保全と保存

　ソローは、19世紀アメリカの自然保護の先駆者といわれている人物である（文献[1]）。彼は自然そのものが何らかの聖なる力を宿しており、人間がそのような価値ある自然を支配することに対して疑問を持っていた。また、当時は誰も疑問に思わなかった地球上の資源の有限性について考えた人物でもある（文献[2]）。

　さて、21世紀に生きる私たちは、自然を保護することが正しいことであり、当然のことだ（できる、できないは別にしても）と考えている。なぜか。皆がソローのように、自然に価値があるから保護するのだと、必ずしも考えているわけでもないだろう。そこでなぜいま、自然保護・環境保護を問題にするのか、問題にすべきなのかを考えていきたい。が、その前にそもそも「保護」という言葉はいったい何を意味するのだろうか。

　一般に自然保護・環境保護という言葉がよく使われている。それと同時に保全や保存という言葉も用いられる。そこで最初に保護、保全そして保存といった言葉について整理しておこう。この話をする際に必ずとりあげられるのが、ミューアとピンショーという2人のヘッチヘッチー・ダムについての論争である。

　1900年代初頭、サンフランシスコ市が飲料水の確保および水力発電のために、ヨセミテ公園内のヘッチヘッチー渓谷にダムを建設することになった。原生自然の美しさを愛し、それを残すために環境保護団体シエラ・クラブ（本章2節も参考のこと）を設立したジョン・ミューアは、自然が破壊されるとしてダム化に反対する。これに対してギフォード・ピンショーは、原生自然というのはそもそも反キリスト教的な無秩序なものであり（文献[3]）、人間が手を加えそれにより私たちが何らかの利益を得るのは特に問題はないと考えていた人物である。つまり人間の役に立つように自然を利用するのはかま

わないという功利主義的な考えを持っており、ダム建設に関しても問題ないとした。ただしピンショーといえども、まったく自然を保護する必要はないと考えていたわけでは決してない。そうではなく、自然を守るより、水がなくて困っているサンフランシスコ市民を助けるのが先ではないかと考えていたのである。最終的にはダム建設はウィルソン大統領により決定された（文献[4]）。

さて、この両者の考え方の違いをまとめておこう。まず、ピンショーの自然保護は一般に保全（conservation）と呼ばれるものである。これは、私たち人間の将来のために資源を節約していこうとする立場である（文献[2]）。これに対して保存（preservation）とは、人間が何らかの我慢を強いられるとしても、動植物や自然を守っていこうとする立場である（自然をそのままの姿で保存する（原生自然）場合と、人間が手を加えつつ守っていくという場合がある）。ミューアの考えがこれにあたる。つまり一般には、自然を人間のために守るのかどうかにより保全か保存かに分かれるといわれている。しかし、実際にはこのような明確な区別はできないであろう。なぜなら、なぜ保存するのかということを考えた場合に、その理由として「私たち人間のため」ということをまったく考えないというのは不可能に思われるからである。自然が美しいから、愛すべきものだから守って生きたいというソローやミューアのような考えは、結局はその自然により人間が何らかの精神的な安らぎを得ることができる、ということになるのではないか。物理的になのか、あるいは精神的になのかの違いはあるにしても、人間にとって役に立つという点をまったく消去して考えることはできないだろう。つまりピンショーにとっては物理的に役に立つものであったし、ミューアにとっては精神的に役に立つものであったといえる。だとすればどちらもやはり人間にとっての自然という同じ見方をしているといえるのではないか。

日本においてはまた少し保全の意味合いが変わってくるようなので、簡単にまとめておきたい。保全とは一般に、人間により傷つけられた自然を守り、できる限り元の姿に戻すという意味で使われている。なぜそうするのか、と

いうことまで考えると前述の保全・保存ともに含めて使われている。たとえば、「自然環境保全法」(1972年制定)に、

> 「この法律は……自然環境を保全することが特に必要な区域等の自然環境の適正な保全を総合的に推進することにより、広く国民が自然環境の恵沢を享受するとともに、将来の国民にこれを継承できるようにし、もつて現在及び将来の国民の健康で文化的な生活の確保に寄与することを目的とする」

とある。この中には原生自然の保護も含まれている。いずれにせよ私たち人間のための保全という考えを読みとることができる。

　以上のように、保全や保存、あるいは両者を含む広い概念の保護といった言葉の違いを明確に定義するのは難しい。しかし、私たちにとって大切なのは言葉の厳密な定義をすることではなく、環境について何をなすべきかということを考えることにある。人間が手を加えつつ守っていくのか、原生自然という形で残していくのか、人間の消費生活のために守るのか、精神的な豊かさのために守るのかということについて、言葉の持つ曖昧さに振り回されずに考えていきたい。

　ところで何のための保全・保存かについては、人間のためであるという答えはミューアにしろピンショーにしろ共通であった。この、人間のために自然を保護するという考え方を人間中心主義(anthropocentrism)と呼ぶ。

　私たちは、自然そのままの中では暮らしていけない。何らかの形で自然を改変し生活の場とする。この場合、通常、自然を機械論的にとらえている。つまり自然そのものは価値や何らかの目的を持つものではないのだ。しかし現代の環境倫理学の基本は、自然に内在的価値を認めるものである。要するに、自然自体に何かしらの本質的価値があると考えるのである。そしてそれを畏敬や驚嘆の対象とする。キリスト教では無秩序とされた自然が、そのままで美しいとする。何らかの超越的なものが自然に内在していると考えることもできる。そうすると人間以外のすべての生命(ウイルスも含めて)が人間同様に生存の権利を持つ存在として扱われる(非―人間中心主義)べきだとい

う考えが出てくる。この流れに沿うものとして、P. W. テイラーの生命中心主義 (biocentrism, 1981) がある。

この生命中心主義では、前述のように自然界のすべてのものが価値を持っていると考える。しかも人間と人間以外の種は互いに依存し合っており、人間がほかの生物よりもとくに優れているとは考えない。ただしこの考えには問題点がある。ある二つの種なり個のどちらが生き残るべきで、どちらが死を迎えるべきかを選ぶ基準が存在しないことである。どちらも同じ生命だからである。このような生命中心主義は、生態学・ホーリズム（全体論）といった考え方の中から出てきている。そこで次に、生態学的な立場、全体論の立場について見てみよう。

2　生態学的立場

生態学 (ecology) とは、有機体が互いに、あるいは有機体とそれを取り巻く環境全体とがどのように影響し合うのかといったことを研究するものである。つまり有機体を含む環境全体を共同体体系としており、全体論的指向性を持つものであるといえよう。この共同体体系というシステムは、のちに生態系 (ecosystem) と呼ばれるようになる（文献[2]）。この、系全体を考え人間以外の生命にも配慮しようとする考え方をとり、環境倫理という新しい枠組みをつくりあげていったのがアルド・レオポルドである。そこで彼の土地倫理 (land ethic) という考えについて説明する（文献[5]）。

まず、自然には内在的価値がある、つまり何かの役に立つからというような理由とは関係なく、それ自身で何らかの価値を有しているものだとする。そして人間は「相互依存の諸部分からなる共同体の一員」であり、さらに「共同体という概念の枠を、土壌、水、植物、動物、つまりこれらを総称した「土地」にまで拡大した場合の倫理」を考え、これを土地倫理と呼んだ。その土地とは、「エネルギーの源泉」である。土地が健康であるとは「土地が自己再生をする能力を備えていること」である。自然保護については、「この能力を理解し保存しようとする私たち人間の努力のこと」と定義して

いる。そしてさらに「物事は、生物共同体の全体性、安定性、美観を保つものであれば妥当だし、そうでない場合は間違っているのだ、と考える」ことの必要性、つまり、土地利用などを単に経済性云々のみで考えることに対して警鐘を鳴らしたのである。ここで注意しておきたいのは、守られるのは種全体であるということだ。種に属する個々の生命体ではない（文献［6］）。

レオポルドと同じく全体論的な考え方をとっているキャリコットの生態系中心主義について見ておくことにしよう。彼は基本的には土地倫理の考え方を踏襲しており、生態系全体というところに視点を定める。このために人間は、種が絶滅しないように注意しさえすれば自分たちの食用に動植物を殺すということに悩む必要がなくなる。また、生態系を構成している個体の価値は、いかに系全体に貢献しているかにより決まってくるとする（文献［1］）。

さて、このレオポルドの土地倫理、キャリコットの生態系中心主義という考え方の問題点について述べてみたい。まず、生物共同体の全体性、安定性をまず考えるという点から、たしかに環境保護を考える際に庭の雑草を抜いたり台所のゴキブリを殺したりすることは悪いことだろうかと悩み、罪悪感を抱くといった必要はなくなる。共同体全体には何ら影響がないと考えられるからである。しかし本当にそうだろうか。世界中の人が同じことをしたらどうなるか。そもそも生物共同体の全体性や安定性、美観を保っているかどうかを判断するのは人間である。人間がもし自分たちに大きくかかわる問題に対して、妥当か否かの判断を冷静にできるのだろうか。たとえばあるウイルスの存在は全体にとってよいのか悪いのか、どうやって判断するのだろうか。「細菌もまたレオポルドの山の住民」であり、人間と動物が共存すべきなら、人間と細菌も共存する権利を持つのではないか（文献［2］）。

こういった全体論に対し、菜食主義者トム・レーガンは環境ファシズムだとして強力に批判している。

一般には、環境ファシズムという言葉はさまざまな意味合いで使われている。たとえば環境保護を優先し、そのために人権が犠牲になったり何らかの経済的な不平等が起きたりするような場合がその一つである。レーガンのい

う環境ファシズムはもう少し明確な意味を持つ。すなわち生態系や種全体にさしさわりがなければ、個が殺されたりあるいは迫害されたりしても仕方がないとする立場で、レオポルドのような全体論者はこれにあたるとして批判したのである。たしかに全体のために個が犠牲になっても仕方がないとする考えは問題がありそうではある。しかし私たちは外来種（たとえばブラックバス）により従来の生態系が乱された場合に、外来種を減らしてはいないだろうか。これはファシズムではないのだろうか。この問題もやはり、全体の調和をもたらしているかそうではないかを誰が判断しているのかというところにあるのではないか。

　人間が判断せざるをえないのかもしれない。しかしその際に、個々が相互に依存しながらシステム全体を形づくっているという生態学的立場を忘れてはならないだろう。個は単なる全体の部分（部品）ではないのである。

3　多様性の問題

　次に、生物多様性の問題をとりあげたい。現在、さまざまな原因により遺伝子・種・生態系の多様性が失われつつある（文献[1]）。この問題自体は1970年代半ばに出てきたものである。そして失われつつある多様性を保護していこうとしているわけであるが、なぜなのだろうか。はじめに「生物多様性条約」(1992) の目的を見てみよう。

> 「この条約は、生物の多様性の保全、その構成要素の持続可能な利用及び遺伝資源の利用から生ずる利益の公正かつ衡平な配分をこの条約の関係規定に従って実現することを目的とする」。

ここでいう生物には動植物および微生物も含められ、これらすべてを保護する。絶滅の危機に瀕しているとされるような特定の種のみを保護しようとするわけではない。

　種の保存は何のために行うのか。一般には人間に対して何らかの利益をもたらすからだと考えられる。「利益の公正かつ公平な配分」は明らかに人間に対してなされるものであろう。現時点ではわからないが、将来人間に対し

ての有用性というものがその種に発見されるかもしれないので、とりあえずすべての種を保存するのである（文献［2］、［7］）。

　しかし本当にすべての種の保存がよいことなのだろうか。そしてそれを人間がすべきなのだろうか考えておく必要があるだろう。これまで地球上では多くの種が生まれては消えていった。それが自然だった。それを人間がある意味、自然に逆らって保護していこうとしているのである。もちろん、人間という種のために消えていくはめになった（なる）種もあるだろう。そうなら人間はその責任をとって守るべきなのか。人間の存在とは関係なく、消えていこうとしている種もあるはずだが、それも守ろうとしているのはなぜか。それが正しいことなのか。さらに、すべての種が保存の対象とはいえ、逆に撲滅作戦の対象になっているもの（天然痘やHIVウイルスなど）があるという事実はどう考えればよいのか。「ウイルスが小さく、人間に有害だからという理由だけで、差別待遇する論理的根拠はない」（文献［2］）。天然痘もほかの病気と闘う際にいつか必要とされるかもしれないのである。

　先にあげた全体論としてこの問題を考えてみよう。まずその種が、人間にとっていま、あるいは将来役に立つかどうかという視点ではなく、生態系というシステム全体のどのようなところに位置しているのか、それによってほかの種がどのような影響を受けているのかといったことを考えなければならないだろう。では、考えた後はどうするのか。天然痘をどうするか。そもそも「システム」とはどういうシステムなのか。

　システムとは人間がつくりあげたものである。したがって、もしシステム全体を人間が考えたとしても、種相互の依存を考えたとしても、種の保存は人間のため、天然痘をどうするかは人間にとってどうすべきかという判断によってしまうのである。また全体とは通常、地球というシステム（宇宙船地球号）を想定している。では、宇宙という大きなシステムで考えたらどうなるだろうか。私たちは肉食を正当化する。それは殺す動物が感性や知能の点で私たちとは比較にならないくらい劣っているからで、では人間より優れた生物が宇宙からきたらどうなるのか、とウィルソンは問うている（文献

[7])。人間が人間という種の消滅を受け入れられるかどうか。キャリコットが考えているように、増えすぎた人間より個体数の減っている種を救うべきだと考えられるかどうか。他の種のために人類の滅亡を選択する、というのは普通は考えられないだろう。だがここに、たしかに人間のエゴイズムがあることを確認しておきたい。

4 人間中心主義

　自然破壊の原因として、しばしば人間中心主義があげられる。人間のために破壊されてきたのだが、破壊しているのは個々の人間というよりは、人間の消費生活を豊かにするためにつくられた企業や社会システムであるということもできる。この社会（というシステム）の中で、他者とのかかわりの中で私たちは生きているからである。しかし一般に他の生物は、全体を見て全体のために生きているのではない。人間も、たしかに社会の中で生きているが、社会全体を意識しているのではなく、ほんの身近な他者とのかかわりを意識して暮らしているにすぎないのではないだろうか。ジョン・メイナード=スミスは、生物は環境の中で自己の生存のために利己的に生き、環境に適応し、それゆえにこそ世界の秩序が保たれているのだと主張している。人間も同様である。だが人間は、さらにより豊かな物質的・精神的生活のためにほかの生物に比べるとかなり利己的に生きている。本来は、命にかかわるような争いは自分のために避ける。だが、人間はその命を守る強力な術を知ってしまったことにより、常に行き過ぎた争いをシステムにしかけている。元来は利己的であっても自然全体の調和は保たれる。しかし利己的すぎ、知恵と力を持った人間ゆえに自然は調和を保つことができなくなり、ゆえに加害者である人間が全体を考えなければならなくなっている。

　繰り返すが、人間は利己的である。ほかの生命よりはるかに利己的である。これをどこまで自覚するか。そのうえでどこまで我慢できるか。生存に必要な活動でなく、豊かさ・便利さを追求する活動が生態系を変え、人類にも影響を及ぼしているという事実を目の前にして、何をすべきなのか。自然は非

可逆的である。「原生自然をあらたに作り出すことは不可能」(文献[5])なのだ。限度を超えたら元に戻せない。だからこそ「守る」、「救う」といういわゆる保存が中心になってきている。

　道家思想においては、そもそも内在的価値というものはないとする。もちろん人間がほかに比べてとくに優れているのでもない。すべてが天の下では等しく、価値を持たない。価値は人間が後からつけたものである。あるのは存在意義のみであり、互いに寄り合って存在している。仏教の縁起も同様である。ほかがいないと存在しえない。とすると、他に依存する(利用する)のはある意味でしようがないことなのではないだろうか。問題は人間が他に依存しすぎていることだろう。

　もう一度、私たちは何のために何をなすべきかまとめておきたい。人間とは、考えることができる動物である。自然を大きくしかも恣意的に変えられる力を手に入れている。そしてかなり利己的な生き物でもある。これを前提としてしか、つまりこのような人間がどうすべきなのかということを考えなければならない。そして人間が何をなすべきかを考えなければならない(ほかの種は「何をなすべきか」ということは考えない)。その際にほかを手段としてのみ見ないならば、システムの中で生きていることを忘れないならば、人間中心主義(人間をまず考える)でもよいのではないだろうか。まず、自分(人間)の生存のためというものがあって、そのうえでほかの生物などにも配慮する。自分のためだからこそ積極的に行動できるのだ。利己的な存在であることを自覚しつつ、弱い人間中心主義をとる。弱い人間中心主義とはつまり、ほかを手段としてかつ同時に内在的価値を持つもの(もしくは存在意義を持つもの)として尊重し、保護していくことである。その際に基準となるであろう価値を与えるのは人間自身である。このことを忘れてはならない。そして弱い全体主義、すなわち全体をまず考えて個は全体の犠牲になっても仕方がないという全体主義ではなく、システムの中で支え合って生きている、ほかがいなかったら互いに生きていけないという自覚を持つといった意味で全体を考えるということが私たちの課題なのではないだろうか。

参考文献

［1］ 加藤尚武編『環境と倫理』有斐閣（有斐閣アルマ）、1998年
［2］ ナッシュ、松野弘訳『自然の権利』（*The Rights of Nature*, 1990）筑摩書店（ちくま学芸文庫）、1999年
［3］ 鬼頭秀一『自然保護を問いなおす』筑摩書店（ちくま新書）、1996年
［4］ 岡島成行『アメリカの環境保護運動』岩波新書、1990年
［5］ レオポルド、新島義昭訳『野生のうたが聞こえる』（*A Sand County Almanac*, 1949）講談社（講談社学術文庫）、1997年
［6］ 加茂直樹・谷本光男編『環境思想を学ぶ人のために』世界思想社、1994年
［7］ E. O. ウィルソン、岸由二訳『人間の本性について』（*On Human Nature*, 1978）筑摩書店（ちくま学芸文庫）、1997年

（大熊圭子）

4　環境思想とホーリズム

　哲学や倫理学の歴史を振り返ると、機械論的・原子論的立場と生気論的・全体論的な立場の対立が一つの基調をなしている。本節では、全体論的立場と環境思想の関係に焦点を当てて、さまざまな立場を紹介していこう。

　はじめに紹介するのは、歴史学者によって提起され、学界に論争を巻き起こした問題である。比較的早い段階で敏感にこの問題に反応したのは、宗教的な立場に立つ思想家であった。ここでは、いわゆる「プロセス哲学」や「有機体の哲学」とキリスト教教義の双方に依拠した「プロセス神学」を奉ずる者たちの反応を中心に紹介しよう。それに引き続いて、そうした既存の思想・宗教とは一線を画する立場からの試み、ディープ・エコロジーを紹介する。この思想は、現在のところ環境倫理において最も影響力を持っている。エコフェミニズムの立場からの批判もとりあげて、これらの思想の基盤を多角的に検討しよう。最後に、「京都議定書」の発効をめぐる問題をとりあげ、環境倫理の政治的な課題について考えてみよう。

1　生態学的危機の時代：リン・ホワイトの告発

　今日の環境問題という大きな生態学的危機は、いったいどのような経緯で生成してきたものなのであろうか。ヨーロッパ中世史家リン・ホワイトは「現代の生態学的危機の歴史的根源」(The Historical Root of Our Ecological Crisis：文献[1]第5章) という論文を1967年に発表し、学界に大きな論争を巻き起こした。

　ホワイトは、今日の生態学的危機を招いた原因を含むものとしてキリスト教教義を告発している。彼によれば、伝統的には、科学は貴族的・思弁的・知的な営みであり、技術は卑賤で、経験的・行動指向的であったが、両者は19世紀半ばに融合し、現代の科学技術としてめざましい発展を遂げる一方、今日の生態学的危機を招いた。このような動向はさらに当時の民主主義革命

によって引き起こされた。では、そのさらなる起源は何であろうか。

　ホワイトは次のことに注意している。第一に、近代科学技術は西洋に起源を持つ。第二に、科学技術に関する西洋の優位は17世紀の科学革命、18世紀の産業革命よりもはるかに古く、11世紀には確立されていた。西洋の科学は、11世紀後期、アラビア・ギリシャの科学的著作のラテン語への翻訳運動によって開始され、15世紀のいわゆる大航海時代には、アジア、アフリカなど、ほかの地域に対するヨーロッパの技術的卓越性はゆるぎないものとなっていたのである。

　したがって、ホワイトは、現在の生態学的危機の歴史的起源は西洋中世世界にある、と結論する。この時代、遅くとも10世紀には、ヨーロッパでは、人間が自然の一部であることをやめて、自然の搾取者になった。そして重要なことは、こうした態度が宗教的背景、信仰に支えられている、ということである。これは、ギリシャ・ローマ世界や東方世界にはなかった、ユダヤ・キリスト教的世界観に支えられている。永遠の進歩に対する信仰、目的論がその特色である。イスラム教や共産主義でさえもこれを共有しており、そうした意味においては、この世界観は西洋文明の精神的深層に位置すると考えられるのである。

　その内容をすこし詳しく見てみよう。ギリシャ・ローマの周期的な時間概念に対して、直線的な時間概念を持つユダヤ・キリスト教は、その創造物語において、自然は人間に奉仕すべく神によって創造された、とした。人間は超越的な神の形象を模しており、自然の一部ではないのである。このきわめて人間中心主義的な自然観は、人間が自然を支配することを正当化する。その結果、人間と自然の二元論が唱えられ、のみならず、人間による自然の搾取は、神の意志として肯定されたのである。そして、アジアに限らず、ギリシャ・ローマ世界においてさえ見られた、自然の中に生命を読み取る物活論ないしアニミズムは否定されたのである。

　これを典型的に示すのが次のような歴史的事実である。ギリシャ教会は観想的・主知主義的であったが、ローマ教会は行動的・主意主義的であった。

さらに、ギリシャ教会における自然神学は自然から神が人間に語りかける象徴を読み取ることを意味したが、西方では、13世紀初期には、自然神学は神の創造を具体的に発見し、神の心を理解しようとする努力となった。こうした文脈においては、近代科学は自然神学の延長であり、技術は、人間は自然を超越しており自然に対する支配権を持つ、というキリスト教教理の西洋的・主意主義的実現にほかならないであろう。

　そしてさらに、ホワイトはきわめて重要な事実を指摘する。現代という時代、これを、現代人たる私たちは、脱キリスト教的な時代と思いがちである。しかし実は、こうした自然への「侮蔑的な」態度は、依然として現代人の行動様式を制約しているのである。

　要するに、ホワイトによれば、ユダヤ・キリスト教的伝統は自然を暴力的に支配し、搾取することを正当化し、また、その一方でアニミズム的世界観を否定・破壊するので、環境への暴力を抑止できないのである。したがって彼は、キリスト教は霊魂的平等主義の立場を取り入れるべきである、と結論するのである。

2　プロセス神学：ホワイトヘッドの思想とその展開

　ホワイトによる告発に対して、キリスト教神学も沈黙を守っていたわけではなかった。さまざまな形でホワイトの批判を摂取し、キリスト教教義に新しい解釈を加えて環境倫理の問題への考察が深められていった（文献［3］）。

　中でも注目に値するのが、形而上学者アルフレッド・ノース・ホワイトヘッドの思想「プロセス哲学」に依拠する「プロセス神学」の研究者のラディカルな反応である。ホワイトヘッドが展開した抽象的で壮大なスケールのコスモロジーは哲学者・神学者チャールズ・ハーツホーンによって神学として整備され、さらに彼の弟子である神学者ジョン・R. カブ・ジュニアによって環境倫理に応用されるに至った。かくして従来のキリスト教教義の修正もいとわないラディカルな環境思想が誕生したのである。本節ではその内容を紹介しよう。

はじめにホワイトヘッドの思想について、ごく簡単に紹介しておこう。ホワイトヘッドは、はじめ数理論理学者として出発し、バートランド・ラッセルとともに『プリンキピア・マテマティカ』(1910-13) を著した。しかしその生来の哲学的志向のゆえに、学問的関心は数理論理学の範囲を超えて広がり、『自然知識原理論』(1919)、『自然の概念』(1920) や『相対性原理』(1922) などの、いわゆる「自然哲学期」に属する著作において独自の空間時間論を展開したばかりでなく、『科学と近代世界』(1925) の出版を契機にはじまるいわゆる「形而上学期」において、大著『過程と実在』(1929) によって包括的なコスモロジーないし形而上学の体系を提示し、その後『観念の冒険』(1933)、『思考の様態』(1938) などを世に問い、その解説に努めた。

　これらの広汎な知的活動領域のうち、環境をめぐる思想にとくに関連が深いのは後期の『過程と実在』において展開された形而上学である（文献[2]）。その周辺の諸著作においても鋭い文明批判が行われており、その中には今日、環境倫理の問題として認識されているものもある。しかし注意すべきは、その内容がそれ以前のいわゆる自然哲学期において展開された空間時間論、宇宙論を前提している、ということである。そうであるがゆえに、ホワイトヘッドのときとして大胆に感じられる主張には、科学的・理論的裏付けがあることが知られるのである。彼の思想が後の環境倫理の思想家たちの注目を集めることになった最大の要因はこのような理論的な完成度の高さにある。

　では彼の思想の内容を見てみよう。ホワイトヘッドの形而上学的体系の基本的構成要素は、現実的契機 (actual entity) と呼ばれるある種の出来事と、永遠客体 (eternal object) と呼ばれる超越的普遍者である。それ以外にも若干のカテゴリーがあるが、基本的には上述の2カテゴリーによって世界が構成される。この世界は巨大な空間時間的連続体であり、現実的契機はその原子である極微の出来事である。これらの出来事は、それぞれに多様な形相としての永遠客体を受け容れて生成消滅・推移している。つまり、形而上学的に見れば、この立場の特色は反実体主義である。

現実的契機はそれぞれが独立した出来事であるから、たとえそれが事物の運動のようないわゆる物理的事象であっても、その主体性を持っている。人間の意識のような複雑な出来事ももちろん主体性を持っているが、両者の間にはいわゆる心身問題において遭遇するような分裂はない。ホワイトヘッドの体系においては、意識的事象と物理的事象はともに包握（prehension）と呼ばれる経験の様式を備えている。その性質を持つ限りにおいて、両者は連続的なのである。それゆえ、彼の立場からすれば、事象はその相互関係において見られなければならない。このように、この世界をすべての事象が相互に関係し合って形成されたものとして表象する立場を、彼自身は「有機体の哲学」と称する。しかしそれは、普通私たちが無情のものと見なす事物にも、一連の出来事としての主体性、精神へと至る可能性の萌芽を認めるのであるから、汎精神論という呼び方もまたふさわしいものだろう。

　したがって、通常のいわゆる経験する主体について考察する場合でも、主体とその環境とは不断に相互作用をなしていることになる。しかも厳密には、主体なるものが存在する必要はない。必要なのは環境における作用そのものである。彼の思想の特色は、このような壮大なスケールを持つ全体論（holism）である点に求められるであろう。

　こうしたホワイトヘッドの思想は、その弟子ハーツホーンによって、実体ではなく出来事に依拠する形而上学、「プロセス哲学」として体系化され、継承された。それは分析的伝統が支配的となった20世紀後半のアメリカ哲学界では少数派の位置にとどまったが、ベルクソンの生の哲学、フッサール、ハイデガーらによる現象学や、パースやジェイムズらによるプラグマティズムといった、ヨーロッパ大陸の思想、ないしそれらに強い親近性を持つ思想を総合したユニークな思想圏をつくりだした。

　環境に配慮する哲学、エコフィロソフィを提唱するカブの思想はこうした思想的土壌の中で育まれた。彼の著作は多数にのぼるが、1972年の『遅すぎる？』（*Is it too late?*）において、彼は、有機体の哲学における環境の取り扱いに示唆を得て、従来のキリスト教教義の修正点を指摘している。彼によ

れば、従来のキリスト教神学は、ホワイトによって告発されたように、生態学的な危機に対応しえない。というのも、それは自然の権利を考慮に入れないからである。したがって、従来のキリスト教の教義の特徴である人間中心的な態度を改め、人間は生命全体がつくるピラミッドの頂点ではあるものの、その地位が他の生命に依存してもいる、ということを自覚する必要性がある。

こうしたカブの思想の特徴は、ナッシュによれば、それが依然としてキリスト教神学である、という点である。いわゆるスピリチュアル・エコロジーに分類される思想がアメリカ先住民らの原始宗教や仏教などの東洋の思想・宗教に影響されがちなのに対して、カブは明確にこれを拒んでいる。それは新しいキリスト教なのである。人間は依然として被造物の頂点に立ち、自然の上位に位置するが、それは下位の自然 (sub-human nature) が無価値であるということを意味しない。下位の自然はそれ自体として尊敬されるべき価値を有しているのである。カブは、かくしてキリスト教的な自然と人間の二元論と環境倫理の根本原則である生態系中心主義が両立しうると考えたのである。

また、マーチャントによれば、カブが考えるように、プロセス哲学と環境倫理とは整合的である。というのも、プロセス哲学には、「有機体とその環境が相互関係・相互作用する」という主張が含まれており、他方で、「存在するすべてのものがそれぞれ自律的なプロセスである」ということを強調することによって、「人間以外の存在者に対しても尊敬の念を抱く」ということがありうることを理論的に示している、と考えられるからである（文献［3］）。

したがって、カブの思想は、ホワイトヘッドのきわめて抽象的で包括的な形而上学、「有機体の哲学」から「すべてのものに価値がある」という倫理的原則を引き出し、環境倫理に応用したという点にその特色を見出すことができる。いうまでもなく、これは一種の生気論である。もちろんホワイトヘッド自身が、ジェイムズ、ベルクソンらからの影響を隠さない生気論者であるから、こうした帰結を期待するのは当然である。しかしながら、問題はそ

れがキリスト教神学とどこまで整合的か、ということであろう。ラディカルな環境倫理の原則と従来のキリスト教教義が折り合わないことを認めるならば、従来のキリスト教教義がプロセス哲学と整合的であるかどうかも検証を必要とする問題なのではなかろうか。現在もなおプロセス神学者たちはそうした作業を続けている。しかし、そもそも検証作業を要さない立場、すなわち、従来のキリスト教の教義からははじめから距離をおいた立場から環境倫理を構築する道もあるのではないだろうか。まさにそれを実行するのが、次に紹介するディープ・エコロジーである（文献[4]）。

3 ディープ・エコロジー：アルネ・ネスの運動

現代において環境倫理の体系的構築と展開を試みる代表的思想家と見なされているのが、ノルウェーの哲学者・倫理学者アルネ・ネスである。ドレングソン、井上らによる解説を参考にしながら、その思想を見ていくことにしよう（文献[6]を参照。同書は以下に紹介する諸論文の邦訳を含む）。

ネスは、1973年に発表した論文「シャロー・エコロジー運動と長期的視野を持つディープ・エコロジー運動」において、自らの哲学・倫理学的な立場を次のような7つの原則に要約し、「ディープ・エコロジー」と呼んだ。

①関係的な全体野のイメージ（the relational total-field image）を持つ。
②生命圏平等主義（biospherical egalitarianism）をとる。
③多様性（diversity）と共生（symbiosis）を原理とする。
④階級制度に反対する（anti-class posture）。
⑤環境汚染や資源枯渇と闘う。
⑥混乱（complication）ではない複雑さ（complexity）を尊重する。
⑦地方自治と分権化を支持する。

ネスによれば、従来の生態学・環境科学は、自然を手段と見なしている点においてすべて浅薄な生態学、シャロー・エコロジーである。あらゆる存在者、生命はその環境から不可分なものであり、そうしたものとしての環境を単なる手段として扱ったりすることはできないのである。

また、ネスの思想を特徴づけるもう一つの概念が「自己実現」(self-realization) である。1987年の論文「自己実現」において、彼は次のような含蓄のある概念としての自己実現を提唱している。それによれば、通常、自己実現ということが問題にされるのは、自由意志を持つものに限られる。したがって、実際のところ、日常的な文脈においては、そのような実現すべき自己を持つのは正常な状態の人間に限られ、したがってこうしたことが問題とされるのも人間に限られていた、といえるであろう。しかし、ネスによれば、自己実現ということをこのようにとらえることは著しく人間中心主義的であり、容認できない。環境や生態系を中心に考えるならば、人間以外のすべてのものも、およそそれぞれの自己を実現する権利を潜在的に持っている。およそどんなものでも、その環境と相互依存する存在である限りは、この事実を受け容れなければならない。どのような生命形態もその自己実現をめざさなければならず、その潜在性を展開させる権利を持っているのである。

　ネスの思想は1989年の著書『ディープ・エコロジーとは何か』(*Ecology, Community, and Lifestyle*) において体系化され、深められた（文献[5]）。彼はそこでディープ・エコロジーの原則を解説し、「エコソフィーT」という名称を与えている。また、自己実現に関しても多くのページを割き、自分の概念に近いものとして、スピノザが『エチカ』において説いた「自己自身の存在の仕方への固執の努力」(perserverare in suo esse)、ベルクソンの「創造的進化」(évolution créatrice) をあげている。それは、すべての生命に共通の「生存し、開花する普遍的権利」である。

　この自己実現という概念に関しては若干の注意が必要である。私たちは、これを単なる利己主義ととらえてはならない。ネスのいう自己実現とは、私たち自身の最大の利益となるような自然との連帯の形式を見出す、ということである。この場合の「私たち自身」は個々の自我や人間社会ではなく、「大いなる自己」(the great Self)、動物や植物をも含めた自然全体の主体としての自己なのである。

　このようなネスの思想の特徴は、運動としての側面を強く持ちながら、既

存の政治的・宗教的価値観にはあまり積極的にコミットしないところである。そうであるがゆえに、ネスの思想は国境を越えて多くの共感者を得ている。

4 エコフェミニズム：マーチャントの闘い

　しかしこうしたディープ・エコロジーの立場に批判の声がないわけではない。とくに重要なのは、エコフェミニズムのような、政治的主張の強い立場からの批判である（いわゆるソーシャル・エコロジーを含む）。エコフェミニストたちによれば、ディープ・エコロジーは政治的にあまりにナイーブである。彼らは近代的な人権思想や平等思想をそのまま維持しており、その背景にある政治的弱者や少数者、女性たちのような、抑圧された人々の立場のことを根本から考慮するという姿勢に欠けている。ディープ・エコロジストたちもエコ政治・エコ経済学などの形で、環境保護のための具体的な政策を提案している。しかし運動がそのように政治的な側面を持ちうるならば、政治的不平等の是正は先行すべき課題ではないのか。そうでないとすれば、ディープ・エコロジストの主張は、かつてみずからがシャロー・エコロジストを批判したのと同じ批判、つまり深刻な問題を小手先の修正で乗り切ろうとしている、という批判を被ることになるのではないか。

　こうした疑問にディープ・エコロジストも応答しており、今日では意見交換が進んでいるが、こうした状況を生み出すに至ったエコフェミニズムの思想をここで紹介しよう。

　先にも登場したキャロリン・マーチャントは、環境倫理学者であると同時にエコフェミニズムの提唱者としても知られている（文献[7]）。マーチャントによれば、かつての人々にとって、自然は一つの巨大な有機体であった。たとえば自然に投影されるのは、プラトンやアリストテレスの思想に見られるように、受動的な物質のイメージであったり、女性的な原理のイメージであったりした。いわゆる大地母神のイメージ、母なる大地のイメージはその典型の一つである。また、他方で自然は、巨大な混乱、無秩序の象徴でもあった。そうした自然の姿は、中世における魔女のイメージに集約されている。

こうしたイメージを帰せられた自然は、近代を迎えるとともに、科学技術の暴力的行使によって貶められ、辱められていくことになる。有機体的な自然観は機械論的な自然観に取って代わられ、かつての生命の源としての輝かしい地位を失った。近代科学技術の前提が原子論的・機械論的である以上、生気論的なイメージはマイナスでしかなかったのである。

　こうしたマーチャントの見解を貫く主張は次のようなものであると思われる。つまり、近年の生態学的危機を招いた生態・環境への暴力は女性に対する暴力と同根であり、両者の共犯関係は無邪気な近代主義者によっては見過ごされがちである、というものである。ここから、先に触れたディープ・エコロジー批判が帰結するのはむしろ自然であろう。

　彼女の思想には多くの特色があるが、中でもカプラのニューエイジ思想に共鳴するところには注目すべきである。彼女の有機体的世界観と東洋思想へのシンパシーは、彼女の立場に異質性を与えている。

5　近年の動向：「京都議定書」その他

　これまでは環境問題に関する思想を紹介してきたが、環境問題への現実的な取り組みはどのようにあるべきであろうか。「京都議定書」の問題を中心に、具体的な問題の一端を紹介してみよう。

　「京都議定書」とは、1997 年に京都で開催された第 3 回気候変動枠組条約締約国会議（通称 COP 3）おいて採択されたもので、2008 年から 2012 年までの間に、先進国締約国全体で二酸化炭素を含む温室効果ガスを一定程度削減することを定めている。

　しかし問題は 2001 年に生じた。同年アメリカで新たに政権についたブッシュ大統領は、自国経済への悪影響などを理由に、京都議定書の不支持を表明した。これは、このままでは、京都議定書は定められた発効要件を満たすことができない、ということを意味する。つまり京都議定書は、現在その目標達成が危ぶまれているのである。これが、いわゆる「京都議定書の発効をめぐる問題」である。

環境問題を考察するにあたっては、産業廃棄物の削減や再利用、代替エネルギーの開発や環境保全、破壊された環境の回復、といった技術的問題が話題になることが多い。しかしながら、それは問題の一面にすぎない。環境問題を考えるに際しては自然の有限性の認識が何よりも重要である。その認識をもとに、限られた資源を平等に分配し、有効に活用し、持続可能な開発 (sustainable development) を実現してゆかねばならない。したがって、環境問題には政治的・倫理的な問題という、もう一つの側面があることを忘れてはならない。それは人間が自己の振舞を自己自身の決断によって制御する問題なのである。

　最後にこれまでの議論を振り返ってみよう。ホワイトは、現代の科学技術文明の背後に自然に対する敵対的な態度を見出し、告発した。カブらプロセス神学者は、自然を一つの巨大な有機体としてとらえるプロセス哲学を利用して、環境倫理の原則を取り入れつつ、人間が環境の中に占めるべき位置を模索した。ネスは、生命の価値を環境との不可分性に見出し、人間は環境におかれているものとしていかに振舞うべきであるのか、その行動の指針を示そうとした。マーチャントらは、環境に対する暴力はさらに大きなイデオロギー装置の発現の一つであるととらえ、全体論的な枠組みを徹底させようとした。

　彼らに共通するのは、自然と人間を対立させる二元論の否定、生命や環境という概念によって含意される自律的なシステムの価値を尊重する態度、である。これらはまさしく、今日の環境問題に対する取り組みの中で提唱される理念の一部にほかならない。

参考文献
[1]　ホワイト、青木靖三訳『機械と神：生態学的危機の歴史的根源』(*Machina ex deo*, 1968) みすず書房、1999年
[2]　ホワイトヘッド、平林康之訳『過程と実在：コスモロジーへの試論 (1・2)』(*Process and Reality*, 1929) みすず書房、1981-83年
[3]　マーチャント、川本隆史・須藤自由児・水谷広訳『ラディカルエコロ

ジー：住みよい世界を求めて』産業図書、1994 年
- [4] 遠藤弘編『プロセス思想研究』行路社、1999 年
- [5] ネス、齋藤直輔・開龍美訳『ディープ・エコロジーとは何か：エコロジー・共同体・ライフスタイル』(*Ecology, Community, and Lifestyle*, 1989) 文化書房博文社、1997 年
- [6] ドレングソン、井上有一編、井上有一監訳『ディープ・エコロジー：生き方から考える環境の思想』昭和堂、2001 年
- [7] マーチャント、団まりな・垂水雄二・樋口裕子訳『自然の死：科学革命と女・エコロジー』(*The Death of Nature*, 1980) 工作舎、1985 年

（齋藤暢人）

第 4 章

メディア社会の倫理

　私たちは現在、テレビや新聞、雑誌、インターネットをはじめとする多種多様なメディアからの情報が日常生活と一体化し、まるで空気のように遍在する「メディア社会」を生きている。メディアは単なる情報にとどまることなく、政治・経済・社会・文化というあらゆる領域で産業や制度の構造にまで深くかかわり、私たちの日々の生き方や価値観の形成で大きな力を発揮している。

　このようなメディア社会において、私たちが人間としての尊厳を失うことなく主体的に生きていくために求められる倫理とは、いかなるものであろうか。それを考えるためには、社会の情報化でメディアが果たしつつある役割や機能を改めて検証し、いま問うべき問題の数々を意識化しつつ、人間とメディアのより望ましい関係のあり方を追究していくことが必要である。

　本章では、まず、マス・コミュニケーション研究における規範理論の歴史を振り返り、そうした研究の蓄積が今日のメディア社会で要請されているメディア・リテラシーの取り組みへとつながっていることを概観する（１節）。そのうえで、この理論的な展開を踏まえ、２節以下では、広告倫理、コンピュータ・エシックス、メディア倫理をとりあげ、それぞれの領域で、いま何が、どのように問題となっているかを整理し、さらに、それらの問題にどのように取り組んでいけるか、いくべきかを考えていく。

1 社会の情報化をめぐって

　社会の情報化はメディア・テクノロジーの発達とともに加速し、複雑化の一途をたどっている。ラジオ、映画、テレビ、インターネットと、新しいメディアが開発されるたびに、社会の情報化に拍車がかかり、政治・経済・社会・文化、というあらゆる領域で、メディアの機能と社会を生きる人々の関係をめぐって議論がさまざまに起こり、多くの問題が提起されてきた。
　社会の情報化とメディアの機能にかかわるそうした問題は、多様な領域で実践的な研究と理論研究の対象となってきた。本節では、それらの研究の中から、メディア倫理にかかわるものとして、社会におけるメディア制度やメディア活動のあり方を問題にする研究、また、メディアと市民の望ましい関係を追究するメディア・コミュニケーション研究に焦点をしぼり、時代の推移とともにどのような問題が提起され、どのような取り組みが行われてきたかを概観する。

■ マス・コミュニケーションにおける社会的責任

（1）　プレスに関する4理論

　社会における価値規範とメディアのかかわりを追究する研究は、一般に、「規範理論」と呼ばれる。この研究領域では、メディアは社会においてどのようなはたらきをするべきか、メディアは社会でどのような役割を果たすことを期待されているか、メディアのそうした役割は社会を規定している基本的な信条や価値規範とどのようにかかわっているか、といった問題を追究する。
　この領域で最初に行われた研究として広く知られているのは、アメリカの研究者シーバート、ピーターソン、シュラムによって1956年に発表された『プレスに関する4理論』（*Four Theories of The Press*）（文献[1]）である。この研究は、プレス（注：新聞をはじめメディア全体をさす）の制度を理解するた

めには、それが機能している社会の政治体制に注目し、この両者の関係を分析する必要があるとして、それを権威主義理論、自由主義理論、ソビエト共産主義理論、社会的責任論、という4類型にして論じたものである。それらを簡単に説明すると、次のようになる。

- 権威主義理論：専制君主や独裁政権の下で見られるもので、検閲は当然であり、プレスの活動は権力者の政策を支持しそれに奉仕する限りにおいてのみ許される。
- 自由主義理論：18世紀から19世紀の欧米社会を支えた啓蒙主義を背景とする。人間は誰でも真理を理解する能力を持ち、真実に近づく権利を持つ存在とされ、プレスは人々の利益のために活動し、すべての人々がプレスにアクセスする権利を持つ。したがって、検閲はもとより権力による一切の規制は排除される。
- ソビエト共産主義理論：いまは崩壊して存在しないソ連で見られたもので、メディアは社会主義国家の建設と防衛のために積極的に寄与することを求められ、この目的のためにメディアの私有は許されず、検閲も正当化される。
- 社会的責任論：自由主義理論がプレスの自由を保障する規範理論として適合しなくなってきたことから生まれたもの。プレスの自由と責任のバランスをめぐって現代の社会に見られる基本的な問題状況を反映している。この理論については、以下で少し詳しくとりあげる。

以上の4類型は、崩壊したソ連という国家の政治体制に基づいた理論を含め、世界を見渡すなら、現在でも、さまざまな国家のメディア制度を分析するうえで基本的に有効である。なかでも「社会的責任論」は、メディアの影響力の増大と社会の情報化の関係を考えるうえで、多くの示唆に富んでいる。すなわち、今日の社会におけるメディア制度のあり方を価値規範や倫理の側面から考察する際の準拠点となるものといえるだろう。

（2）ハッチンス委員会報告

「社会的責任論」は世界で最も早く情報化社会が現出し、すでにさまざま

な弊害に直面しつつあった1950年代のアメリカで提起されたものであるが、この理論の生成で多くの示唆を与えたのは、ほぼ10年前の1947年に提出された研究報告である。それは、ロバート・M・ハッチンスを委員長として私的に設けられた「プレスの自由に関する委員会」（ハッチンス委員会）による報告『自由で責任あるプレス』（*A Free and Responsible Press*）（文献[2]）である。

当時のアメリカでは、二つの世界大戦をはさんで、メディア、中でも新聞が産業的に飛躍的に発展し、新聞王ハーストに代表されるように、大規模化した少数のメディア企業による市場独占競争が熾烈をきわめていた。その内容も「イエロージャーナリズム」と揶揄されたように、質的に低下の一途をたどっていた。

ハッチンス委員会は、そうしたメディア状況を言論・表現の自由にかかわるアメリカ合衆国憲法修正第1条の危機ととらえ、自由主義のパラダイムに修正を加えるべきかどうかについてほぼ3年をかけて分析し、包括的な研究を行った。

そうした作業の末に発表された報告書では、修正第1条でいうプレスの自由には、これまで強調されてきた政府などの外的要因からの干渉を受けないという否定的な自由だけではなく、積極的な自由、すなわち、自由な社会の発展と維持に貢献するべき自由も含まれると述べている。そのうえで、メディアの自由はデモクラシーへの奉仕という積極的な目的を遂行するためにあることを確認し、プレスに対して、その社会的責任として、次のような役割を果たすように求めている。

①日々の出来事について、真実で、わかりやすい説明を、意味を持つ文脈で提供する。単なる事実ではなく、全体的な見通しが重要である。
②多様な見解と批判を交換するためのフォーラムの場となる。
③社会を構成する多様な人々の存在を偏向することなく、すなわち、マイノリティ集団を排除せず、また、ステレオタイプでなく提示する。
④社会の目標と価値を追求し明確にする手立てを提供する。
⑤社会のすべての構成メンバーが情報に十分にアクセスできる方法を提供

する。すなわち、市民の知る権利に応える。
（3）　社会的責任論と倫理

　ハッチンス委員会報告が発表されると、メディア側はプレスの自由を制限する企てであるとしていっせいに反発した。しかし、そうした拒絶反応に遭遇したとはいえ、ハッチンス委員会によって提起された貴重な理念は、その後、上述したように、ほぼ10年を経て、当時、イリノイ大学の同僚であった三人の研究者によって「社会的責任論」として理論化され、広範な支持を得ることになる。

　社会的責任論については、三人の著者の一人であるシュラムが、翌年に出版した著書『マス・コミュニケーションと社会的責任』（*Responsibility in Mass Communication*）（文献［3］）の中で、わかりやすく説明している。それを要約すると、重要なのは、次の諸点である。

　すなわち、プレスの自由を純粋に個人的な権利とする時代は終わりをつげたこと、自由は責任を伴うものであり、責任は個人にとどまらず社会に対して問われること、プレスが自らを厳しく規律することができず、市民の側で必要としているコミュニケーション・サービスを提供できないなら、政府の参画が必要になること、政府は自由を推進するうえで積極的な役割を担うことが期待されており、必要なときには、メディア・パフォーマンスのための責任を市民、メディア、とともに共有すること、などである。

　さらにシュラムは、同書の中で、マス・コミュニケーションにおける責任を担うのはメディア、市民（public）、政府、であり、この三者による責任の微妙なバランスが求められる、と述べている。すなわち、シュラムによる社会的責任論は、単にメディアの責任を問うだけで終わるものではない。この著書の構成（文献［3］）が語っているように、一般にメディアの問題として議論されることが多い自由、知る権利、真実と公正、あるいはポピュラーアートの問題は、シュラムによれば、マスメディアが発達した情報社会の倫理にかかわる問題である。したがって、そうした倫理問題に取り組み、社会的責任を果たすことを求められているのは、メディアが最も大きな責任を担っ

ているとはいえ、政府であり、オーディアンス（市民）でもある。

1950年代末のアメリカでは、娯楽産業としてのメディアが飛躍的な発展期に入りつつあった。シュラムはそのようなメディア状況を冷静に分析し、市民に対してクリティカルなオーディアンスになることの重要性を説いている。それは21世紀の今日におけるメディア・リテラシー活動の展開へとつながる先見性に富んだ提言であったといえよう。

2　情報コミュニケーションの世界秩序

（1）　ユネスコ・マクブライド委員会報告

1970年代の日本では企業や官庁への大型コンピュータの導入が相次ぎ、中央集中制御のシステム社会に「バラ色の未来」を託す情報化社会論が盛んに語られていた。それは、NHK総合テレビの全番組カラー化完了（1971年）、大型テレビニュース番組の登場（1975年）、などに代表されるように、テレビ全盛期でもあった。

しかし、世界を見渡すなら、この時期に日本と同じように高度に発達したコミュニケーション・メディアの日常化を享受できたのは、そのよしあしは別にしても、アメリカ、イギリスなどの少数の国にすぎなかった。電子テクノロジーの開発、そうしたテクノロジーを駆使したメディアの所有と運営には、膨大な資金と人的資源が必要である。したがって、それができるのはごく一部の経済大国における少数の大企業に限られていた。

かくして、1970年代中頃の世界では、メディアを持つ者（media rich/information rich）とメディアを持たない者（media poor/information poor）の格差が拡大し、情報コミュニケーションの南北問題として議論されるようになっていく。メディアは政治・経済・社会・文化というあらゆる領域にかかわりながら、各々の領域で不平等、不公正、差別、を生み出していたからである。

そうした状況の下で、国連機関のユネスコは危機感を強め、1978年、イギリスのショーン・マクブライドを委員長とする「コミュニケーション問題国際研究委員会」（マクブライド委員会）を設置し、この問題の包括的な研究に

着手する。同委員会の目標は、世界の平和、正義、人間の尊厳、自由、富と権力の平等な分配、を可能にする国際的な、また各国内での、情報コミュニケーション秩序のあり方を研究し、提言をまとめることにあった。研究は2年にわたって続けられ、1980年には数多くの勧告と「世界情報コミュニケーション新秩序」(New World Information and Communication Order：NWICO)の提案からなる報告書『多くの声、一つの世界』(Many Voices, One World)(文献[4])が提出された。

マクブライド委員会報告がNWICOの実現へ向けて示した勧告は82項目にのぼる。それらは次のように5領域に分類して示されている。すなわち、①独立と自立の強化 (1-21)、②社会的影響という観点からなすべきこと (22-38)、③メディア専門家の高潔と規範 (39-51)、④コミュニケーションの民主化 (52-62)、⑤国際協力の推進 (62-82)、である。これらの勧告のほぼすべてがメディア倫理に関連しているといえるが、中でも直接的にかかわりのあるものとして重要なのは、ジャーナリストの倫理基準の確立、情報コミュニケーション政策における人権の尊重、平等、多様性と選択の確保、市民の参加、の提案である。これらは、本章の2節以下で見るように、今日でもなお、日本を含む多くの国で依然として課題であり続けている。

（2）コミュニケートする権利

マクブライド委員会報告はこのように20数年後の今日においても多くの示唆に富む貴重な提言であったが、それが提出されたときには、ほとんど何の効果も発揮できなかった。むしろ1980年代には、米レーガン、英サッチャーの二大政権が登場し、その強力な指導力の下で情報通信産業分野における規制緩和政策が世界の潮流となり、「メディアを持つ者」の利益を最優先する市場のグローバル化が急激に進行したのである。

むろん、そのような時代であっても、マクブライド委員会によるNWICOの提案と勧告の数々を重く受けとめた人たちはいた。なかでも、世界各地にあってメディアと開発コミュニケーション問題に取り組んできていたNGOの市民や研究者は、同報告書の随所で提示されていた「コミュニ

ケートする権利」の概念に注目していた。

　同報告書では、人権侵害の問題を扱う章を設け、この問題に取り組むことをメディアに求めているが、その中で人類の人権獲得へむけた歴史を振り返っている。そこでは、市民的・政治的権利を「第一世代の人権」、経済的・社会的権利を「第二世代の人権」と呼んだうえで、1980年代を目前にしてまだ明確にはなっていないが、連帯に根ざし、人間的概念を反映する「第三世代の人権」があるとして、その一つに「コミュニケートする権利」をあげている。さらに、この権利概念の生みの親といわれるフランスのジャン・ダルシーによる論文 (1969) に検討を加えたうえで、「コミュニケートする権利は自由と民主主義にむかう人類の間断なき進歩の延長」であり「自由の基本的概念に新しい局面をもちこむ」ものである、と記述している。

　「コミュニケートする権利」をめぐる議論と研究は、その後、1980年代末、とくに多種多様なメディアからの情報が社会に遍在する「メディア社会」が現出する90年代になると、より多くの市民、NGO、研究者を巻き込んで世界各地で活発化していく。そうした動きの中で、この新しい権利に包摂される概念についても種々検討が加えられ、論文として、あるいは憲章や宣言の形で、発表されてきた。1996年にオランダ、カナダ、アメリカ、マレーシア、ペルーなどで活動するNGOの市民と研究者によって起草された「ひとびとのコミュニケーション憲章」(People's Communication Charter)（文献[5]）もその一つである。前文と18条で構成されるこの憲章は、各条項で尊敬、自由、アクセス、独立、リテラシー、ジャーナリストの保護、反論および救済の権利、文化的アイデンティティ、政策立案への参加、子どもの権利、サイバースペース、プライバシー、危害、正義、消費、説明責任、実行をあげて、コミュニケーションの権利と責任を定義している。

　（3）　国連・世界情報社会サミット（WSIS）

　1980年代、1990年代をとおして情報コミュニケーションの南北問題として論じられてきた数々の問題は、デジタル革命の急激な進展に伴い、21世紀を目前にする頃から「デジタル・デバイド」と総称されるようになってい

く。

　デジタル革命は技術のみならず経済・政治・社会・文化のあらゆる領域でさまざまな格差を生み出しており、そうした格差の解消が国際社会における緊急の課題となってきた。このような認識から、国連はその「ミレニアム宣言」(2000年9月)で情報コミュニケーション技術 (Information Communication Technologies : ICT) の恩恵をすべての人に保障することを決議し、ICTと開発の問題に重点をおいてデジタル・デバイドの克服をめざす「世界情報社会サミット」(World Summit on Information Society : WSIS) を2003年 (ジュネーブ) と2005年 (チュニス) で開催することを決定した。この2回にわたるWSISの運営では、従来と異なり、各国政府や国際機関の代表者に加えて、準備の段階から公共放送や民間企業、研究者、市民社会を代表するNGOと、幅広い各層の直接的な参加を求めている。国連はそうした新しい運営方式をとることで、最終的に、21世紀の情報社会の礎となる「原則の宣言」と各セクターへ向けた「行動計画」を採択し、それらを実効あるものにすることをめざしている。

　国連が幅広い各層の直接的な参加を求めるのは、21世紀初頭で人類が直面しているデジタル・デバイドの問題がきわめて深刻であること、また、その克服のためには国際機関、各国政府、産業界、市民、というあらゆるセクターの英知と行動の結集が不可欠になっていることを語っているともいえる。実際、デジタル・デバイドは国家間で、また各々の国内では社会階層間で、益々拡大しつつあり、それを放置するなら、さらなる悪化を招くのは明白である。初期の段階では市民のメディアになると期待されたインターネットでさえ、いまや急激に商業化しつつある。

　市民セクターでは、このような問題意識を共有する人たちが国連のWSIS計画に応え、準備会議や地域会議の段階から積極的に参加する動きを見せている。この動きは、世界各地でメディアと開発コミュニケーションの問題、あるいはオルターナティブ・メディア活動に取り組んでいるNGOの市民や研究者を中心とするネットワーク活動へと展開し、次第に力強いものになり

つつある。

3 メディア社会を生きる市民とメディア・リテラシー

（1） グローバル化と商業化が進展する中で

デジタル・デバイドの悪化に歯止めをかけようと積極的に行動するNGOの市民たちの存在を知るにつけても、こうした動きの背景に、より広範な人々、中でも学校や地域の教育活動に携わる人々によって、1980年代中頃から起こってくるメディア・リテラシー（media literacy）の取り組みがあることを、思い起こす必要がある。

そこで、まず、メディア・リテラシーとは何か、ということであるが、筆者はそれを次のように定義している（文献[5]）。

> 「メディア・リテラシーとは、市民がメディアを社会的な文脈でクリティカル（批判的）に分析し評価し、メディアにアクセスし、多様な形態でコミュニケーションをつくり出す力をさす。また、そのような力の獲得をめざす取り組みもメディア・リテラシーという」

メディア・リテラシーの実践と研究に世界に先駆けて着手したのは、イギリス、カナダ、オーストラリアである。これらの国では、アメリカや日本などの他の「メディア先進国」と異なり、メディアを単なる技術や産業としてではなく文化としてとらえる伝統があり、プレスの自由との関係でも社会的責任論が他国に比べてはるかに明確に位置づけられている。社会の形成で基本となっているそうした信条や価値規範を背景に、メディア・リテラシーへの取り組みがはじまるのである。

この領域で長く主導的な役割を果たしてきたイギリスの研究者レン・マスターマンは、1985年に著した著書（*Teaching the Media*：文献[6]）の中で、メディア・リテラシー教育の必要性について次のような7つの理由をあげて説明している。すなわち、①多種多様なメディアの日常化・環境化、②メディアの意識産業としての影響力増大、③宣伝情報の増加から生じている情報格差、④メディアの権力化によるデモクラシーの危機、⑤映像コミュニケーシ

ョンの重要性、⑥メディア時代を生きる世代の教育、⑦メディアの私企業化とグローバル化による情報の商業化、である。これらの理由は、デジタル革命によって商業化に拍車をかける多種多様なメディアが、1980年代から1990年代へと、その市場をアジア、ラテンアメリカ、アフリカの国々へと拡大していくにつれて、世界のすべての国で説得力を持つものとなっていく。かくして、メディア・リテラシーの研究と実践が、遅れて参入した日本やアメリカを含み、グローバルに展開していくことになる。

（2）理論と実践における基本的枠組み

メディア・リテラシーの目標は、上述の定義から、メディア社会を主体的に生きて行くために必要なコミュニケーション能力の獲得にあるといえる。それは、文字を使って読み・書き・理解し・表現する能力（literacy：一般に「識字」と訳される）の育成が学校教育で終了することがないのと同じように、生涯をとおして追求すべきものである。そのためにも、理論に基づく基本的な枠組みに沿って、系統的に学んでいく必要がある。

ここでは、メディア・リテラシーの学びにおいて理論的な基盤となる基本概念（Key Concepts）、メディア研究モデル、学びのスタイルをとりあげるが、限られた紙幅から、その詳細は文献[7]に譲り、ごく簡単な説明を試みる。

基本概念はカナダの公教育で使われている8つの概念（文献[8][9]）、イギリスにおける4つの概念など、国によって微妙な違いが見られるが、扱う内容としては、日本のメディア状況に即して筆者が用いている8つの基本概念と本質的には変わらない。図4-1では、それらの概念をメディア研究モデルとともに示している。

メディア・リテラシーでは、これらの基本概念についてメディア分析を行いながら学び、みずからの経験として理解することをめざす。通常、最初に取り組むのは基本概念の1と2、すなわち、メディアは現実をそのまま映し出しているのではなく、記号化し構成した「現実」を提示している、という「リプレゼンテーション」（Representation）の概念である。この学びの過程で、メディアはどのようなメディア言語を使って（基本概念7）、どのように「現

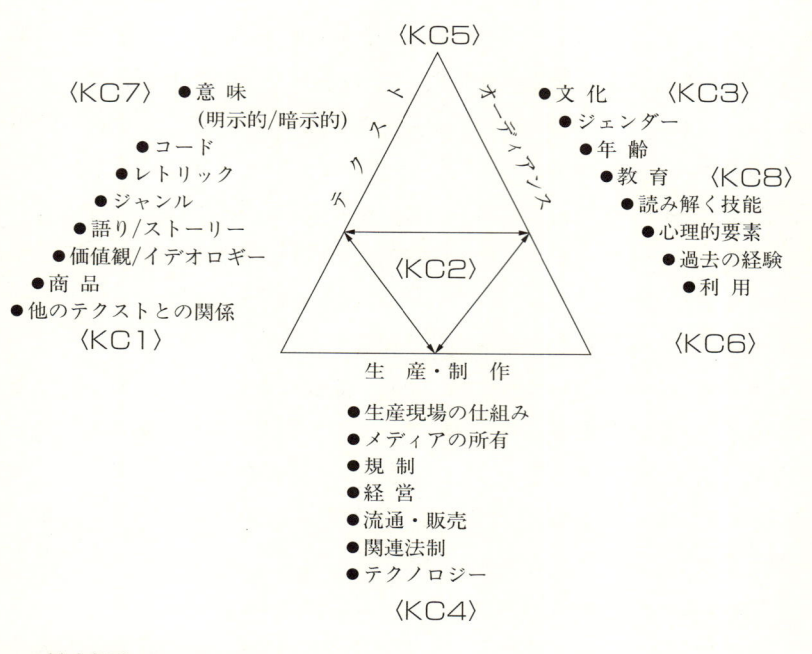

```
            ⟨KC5⟩
⟨KC7⟩  ●意 味              ●文 化   ⟨KC3⟩
       (明示的/暗示的)       ●ジェンダー
     ●コード                  ●年 齢
   ●レトリック                ●教 育   ⟨KC8⟩
  ●ジャンル                    ●読み解く技能
 ●語り/ストーリー               ●心理的要素
●価値観/イデオロギー   ⟨KC2⟩   ●過去の経験
  ●商 品                       ●利 用
●他のテクストとの関係
 ⟨KC1⟩                           ⟨KC6⟩
              生 産・制 作
           ●生産現場の仕組み
           ●メディアの所有
           ●規 制
           ●経 営
           ●流通・販売
           ●関連法制
           ●テクノロジー
                ⟨KC4⟩
```

■基本概念 (Key Concepts)
⟨KC1⟩ メディアはすべて構成されている。
⟨KC2⟩ メディアは「現実」を構成する。
⟨KC3⟩ オーディアンスがメディアを解釈し、意味をつくりだす。
⟨KC4⟩ メディアは商業的意味をもつ。
⟨KC5⟩ メディアはものの考え方(イデオロギー)や価値観を伝えている。
⟨KC6⟩ メディアは社会的・政治的意味をもつ。
⟨KC7⟩ メディアは独自の様式、芸術性、技法、きまり/約束事をもつ。
⟨KC8⟩ クリティカルにメディアを読むことは、創造性を高め、多様な形態で
      コミュニケーションを創りだすことへとつながる。

図4-1　メディアの研究モデル：8つの概念
(鈴木みどり『Study Guide　メディア・リテラシー：ジェンダー編』リベル
タ出版、2003年、24ページ)

実」を構成するか、なぜ、そのように構成されているのか(基本概念3、4、6)、構成された「現実」からどのような価値観やイデオロギーを読み解くことができるか(基本概念5)、とほかの概念についても同時に学んでいくこ

とになる。

　メディア分析では、メディア研究モデル（図4-1）を使い、メディアにかかわるさまざまな要素の相互関係を批判的に分析する。それが、メディアの社会的分脈を読み解く、ということであり、このような分析から得られる「読み」は、むろん、人によってさまざまに異なっている。したがって、強調するまでもないが、メディア・リテラシーにおけるメディア分析は単なるテクスト分析ではないし、正答を求めるものでもない。

　さらに、異なる「読み」を相互に交換し、対話をとおして互いの「読み」に学ぶことで、理解はいっそう深まっていく。そのような深い学びを可能にするためにも、メディア・リテラシーの学びの場は能動的な参加、ワークショップ形式によるグループ学習、対話による探求、という3つの要素を基本として構成され、運営される必要がある。これはメディア・リテラシーに不可欠な学びのスタイルといえる。

4　メディア・リテラシーとメディア倫理

　メディア・リテラシーを学びはじめると、テレビや新聞、雑誌などの主流メディアからは得られない情報が多々あることに気づくようになる。多様な情報があふれているように見えて、主流メディアの情報には視聴率に代表される市場の論理によって選別され、公正を期すより娯楽志向で構成され、広告や宣伝との境界すらあいまいなものが多い。

　さらに学びが深まれば、ジェンダー、年齢、人種・民族、階級・階層、障害、ライフスタイルなどの観点からメディアを分析し、社会を生きる多様な人々の多元的な価値がどのように否定されて同質化され、ステレオタイプに提示されて、あるいは貶められて、周縁化されているかを、メディアの産業構造や社会的規律制度、国家のメディア政策、市民参加のあり方、などで見られる不透明で公正を欠いた非民主的な問題の数々と関連させて、追究することができるようになる。

　メディア・リテラシーでは、このような分析によって学びを深め、新しい

発見を経験し、創造性を育みながら、基本概念8でいうように、メディアにアクセスし、社会的に発言し、新たなコミュニケーションを創りだしていくことをめざす。それが、メディア・リテラシーによるエンパワーメントということである。したがってメディア・リテラシーは、メディア社会を生きているすべての人間にとって、中でも、その存在すら見えなくされているマイノリティ市民にとって、不可欠である。その意味で、メディア・リテラシーはメディア社会を生きるすべての人間の基本的な権利（人権）であり、コミュニケートする権利を構成する諸権利の中核をなすものといえるだろう。

　振り返ってみると、メディア倫理をめぐる議論は過去60年間に進展した社会の情報化とともにほぼ10年の周期で繰り返され、その都度、民主主義に奉仕するべき積極的な役割をメディアの社会的責任として確認してきた。さらに「民主主義社会におけるマス・コミュニケーションの責任を担うのはメディア、市民、政府であり、この三者による責任の微妙なバランスが求められる」と説いたシュラムによる社会的責任論、連帯に根ざし、人間的概念を反映する第三世代の人権として提起されたコミュニケートする権利とそれをめぐる動き、そして21世紀に入って準備されているWSISと、議論は時代とともに深まってきている。

　このような議論の積み重ねを背景に登場したメディア・リテラシーの取り組みは、21世紀の今日、世界各地で大きく展開しつつある。メディアの「受け手」から「読み手」へと、メディア・リテラシーによってパラダイムの転換を経験した人々は、市民としてメディア社会における民主主義の確立へ向けて担うべき責任を自覚している。そのような市民は、各々の基本的な権利としてメディアのあり方を批判的に分析し、評価し、自分たちの文化環境をより多様で、多元的なものにするために積極的に発言し、行動することができるのである。

参考文献

[1]　F. S. Siebert, T. Peterson and W. Schramm, *Four Theories of The*

Press, University of Illinois Press, 1956.
［2］　R. M. Hutchins, *A Free and Responsible Press*, University of Chicago Press, 1947.
［3］　W. Schramm, *Responsibility in Mass Communication*, Harper & Row Publishers, 1957.（崎山正毅訳『マス・コミュニケーションと社会的責任』日本放送出版協会、1959 年）
［4］　Unesco, *Many Voices, One World*, K. Page, 1980.（ユネスコ、永井道夫監訳『多くの声、一つの世界』日本放送出版協会、1980 年）
［5］　鈴木みどり編『メディア・リテラシーの現在と未来』世界思想社、2001 年
［6］　L. マスターマン、宮崎寿子訳「メディアを教える（抄訳）」（*Teaching the Media*, 1985）鈴木みどり編著『メディア・リテラシーの現在と未来』世界思想社、1 部 2 章
［7］　鈴木みどり編『Study Guide メディア・リテラシー：ジェンダー編』リベルタ出版、2003 年
［8］　カナダにおけるメディア・リテラシーの取り組みについては次の文献を参照してほしい。カナダオンタリオ州教育省編、FCT 訳『メディア・リテラシー：マスメディアを読み解く』リベルタ出版、1992 年
［9］　鈴木みどり編『メディア・リテラシーを学ぶ人のために』世界思想社、1997 年

　　　　　　　　　　　　　　　　　　　　　　　　　　（鈴木みどり）

2 広告倫理

日常生活において、私たちは広告の洪水の中に生きている。広告（広告表現）は私たちの生活を豊かにしているものであると同時に、不快や後悔への落とし穴でもある。誰でも偽りの広告の罠に一度ならずもはまったことはあるだろう。広告とはいったいどのようなものなのか、これを倫理の側面（これを広告倫理と呼ぶ）から見ていこう。まず■では、広告とはどのようなものであり、どのような機能を持っており、どのような仕組みでつくられているのかを見てみよう。次に■では、なぜ広告倫理について考える必要があるのか、また、広告を倫理的にも法的にも正しいものとするためにどのような規制（法規制や自主規制）がなされているのかを考える（この規制という語は一般的に使われているが、倫理の面では「社会的な存在として自らを律する」として規律：法的な規律、自主的な規律の意味を含めて考えてほしい）。また、世界では広告倫理はどのような方向をとっているのかを見よう。■では、今後広告倫理はどのような方向に展開し、また展開すべきかを考えていこう。

■ 広告とは

（1）広告の定義と機能：広告とはどのようなもので、どのようなはたらきがあるのか

広告のはたらきの一面をかいま見るために、広告の定義をとりあげてみよう。広告の定義にはさまざまなものがあるが、その一つをあげよう。

> 「(清水公一による定義) 広告とは企業や非営利組織または個人としての広告主が、自己の利益および社会的利益の増大を目的とし、管理可能な非人的媒体を使って、選択された生活者に、商品、サービス、またはアイデアを、広告主を明確にして告知し説得するコミュニケーション活動である」(文献[1])。

さまざまな定義を検討すると、広告には次のような基本的な特徴があるこ

とがわかる。①広告主が明示されている。その広告主は、企業だけでなく、非営利組織（公的機関、NGO、NPO）や個人の場合もある。②商品（製品）だけでなく、アイデア、サービス、見解、ブランド、組織や運動（方針）などの情報を告知・説明・伝達し、説得するコミュニケーション活動である。③有料で行われる（広告費など）。④管理可能な非人的媒体（人を介在させないで、テレビ、新聞・雑誌、看板、インターネットなどの多種多様なメディア）を使う。⑤自己の利益だけでなく、公的利益も含めて、その利益の増大を図るという広告の目的を達成するために、市場やターゲット（生活者・消費者）を選定する。⑥絵（画像）や音（音声・音楽）や文字によって、よりインパクトの強いメッセージを効率的・効果的に提示する。⑦生活者（消費者）を満足させるだけでなく、社会的・経済的な利益・福祉への貢献をも図る傾向にある。最近では広告は、マーケティング色の強いもの（単なるコマーシャル・メッセージやセールス・コミュニケーション）から、公的な利益・福祉の面を含んだものへと変わってきている。これは、現代が広告にこのような役割を求めているからだといえるだろう。この現れとして、意見広告（企業や市民団体による特定の見解を主張する広告）、メセナ（芸術文化支援活動：企業の長期的・間接的な利益を前提に行われる）、フィランソロピー（社会貢献活動：企業や市民団体によるボランティア活動や寄付集め推進など）、冠イベント（企業や公的機関が主催するイベント）などの新しい広告表現が使われるようになってきている（文献[2]）。

次に、広告の機能を見ていこう。この機能を見ることによって、広告がどのような役割を担っているかがわかる。その主な機能をあげておこう。①マーケティング機能：企業の場合は売上高・顧客数を伸ばす、市場を獲得する、流通を刺激するなど。②コミュニケーション機能：生活者（消費者）に最新の情報を伝え、説明し、説得するなど。最近では、NGO、NPOや市民運動グループが自分たちの主張を知ってもらうために広告を使う場合も増えてきている（たとえば意見広告）。また、企業間や企業と生活者との間で良好なコミュニケーションを促進するために、情報公開の手段として広告が使われている（とくにアメリカの場合）。③生活者との関係を強化する機能：広告主と生活

者との関係を密にし、さらに持続的・長期的にするなど。④社会的な付加価値機能：社会的・経済的・文化的・教育的な機能（文献[3]）。

　①とくに上の社会的な付加価値機能は、今後の広告の発展にとって主要となりうるものでもあるし、また広告倫理の面から見ても重要なものである。広告が私たちに与えるのは、広告表現とその内容（情報と意図・目的）だけではない。私たち生活者が気づかなければならないのは、広告は、その広告を支えている背景、隠された背景（社会的・経済的・文化的・教育的な背景）をセットで与えているということである。その背景とは、言葉をかえれば、「消費の観念」、「社会通念・規範・習慣」、「共通の価値規範・価値観」、「社会的・文化的なコンテキスト（文脈）」、「ライフスタイル（生活様式）」、「イデオロギー（大きな意味で根底から社会を動かし制約する思想や信念の体系）」、「教育者」、「生活の質を高めるもの」である（文献[2]）。こうした広告の背景が、私たちに、自分の欲望（選択と購入と消費）が時宜や流行にあったものであり、その社会や文化の進歩に沿ったものであるという安心感を与えるのである。教育という点でいえば、広告は最新の情報を与えるという利点もあるが、同時に、広告は私たちをいつでも広告主や企業の意図を受け入れることができるようにもするのである。

　②広告は、その表現を通じて、日常生活の世界とは異なる、ある独自な世界・もう一つの世界・別のリアリティ（現実）を構成するということである。広告が生活者に示すものは、あるいは広告が生活者をいざなうのは、この理想化された架空の現実なのである。広告は、このような現実に生活者が同調することが当然のことであるかのように迫ってくるのである。

　以上の2面から、広告は世論や社会をリードし、生活者を広告の意図・目的を果たすように誘導するものであることがわかろう。広告はその（広告主や企業などの）戦略を通じて、生活者のものの見方をステレオタイプなものにし、自分たちに都合のよいように生活者の生活を変えていくのである。この

ように、広告には、生活の質を高める面も大いにあるが、それと同時に私たちの意識を操作するような反倫理的な側面が隠されていることにも注意しなければならないのである。

　（２）　広告業界の仕組み：広告はどのようにつくられているか

　広告の制作は、広告倫理（その制作の責任者は誰なのか）ともかかわっているので、その仕組みを見ておこう。①広告主：クライアント、広告の出し手（上述の定義と特徴を参照のこと）。②広告会社：エージェンシー・広告代理店。広告主に依頼されて、広告を企画・制作・実施し、媒体を購入する会社。マーケティング調査、メディア調査、広告コンセプトの決定なども行う。③媒体社：マスメディアなどで、広告を掲載、放送する新聞社・出版社・民放などが主要メディアとなっている。④広告プロダクション：広告そのものをつくる、クリエイティブな作業を行う専門家集団（文献[４]）。

　ここで、広告主を企業に限定していえば、広告は企業の利益追求の出発点である。広告次第で企業の成否は決まるといってもよいであろう。いまや企業にとって広告費は必要不可欠のコストにさえなっている（総広告費は５兆５億〜６兆円）。広告は、企業が商品と消費者（生活者）とを出合わせ、企業のイメージアップや商品の知名度をアップし（ブランド・イメージ構築）、購買へと消費者の心理を操作するため（コミュニケートするため）の道具なのである（文献[２]）。それゆえ広告主は、より効果的な、より革新的な、そしてより洗練された広告を求めていくのであり、広告の制作において上の②〜④に大きな影響力・強制力を持っているのである（この力が倫理的な面で悪い方向に作用する場合がある）。

　次に、①広告主と、③媒体社との関係に話を移すと、両者の基本的な関係は持ちつ持たれつの関係にあるといえる。メディア（マスメディア、マスコミ）は、広告収入によって支えられている（たとえば民放の場合はそのほとんどが、新聞の場合は４割強が広告収入）。メディアはいかに広告収入を増やすか躍起になり、視聴率至上主義、部数至上主義、利益追求第一主義に染まっていくことになる（高視聴率が世論の支持率となって政治的な圧力を跳ね返しメディアを守る場合

もある)。さらに、①の広告主と②広告会社との経済的な依存関係が強いため、メディアは、その意向に従わざるをえない状況が生まれている。①や②がメディアの記事や番組内容、さらには（中立であるべき）報道や経営・運営方針に介入するような事態が生じ、メディアの批判的な機能、公器としての機能が弱体化することになる。メディア（とくに経営者）の眼は、私たち生活者ではなく、広告主へ向くことになる。

しかしその反面、私たちがメディアから最新の情報を、無料であるいは低価格で得ることができるのは、メディアが広告収入によって賄われているからである。いわば、この広告収入がメディアの表現の自由や民主主義、公共性を支えてもいるのである。

2　広告における倫理

（1）　広告倫理の必要性：なぜ広告に倫理が求められるのか

私たち生活者が広告に触れるとき、その広告は真実を伝え、広告に関係する人々が一定の倫理観を持って広告を制作していると見なしている。だがときとしてその私たちの思いが裏切られることがある。これは次のことが広告業界で忘れられているからである。メディア（マスメディアやマスコミ）は公共のもの、市民のものであり、メディアに掲載され、それを支えている広告もまた公共のもの、市民のものである、ということである。今後に期待されるべきものだが、メディアだけでなく、広告にも市民主権があり、それを何らかの形で制度化することが必要であり、これが広告を「生活者のための広告」とすることなのである。

広告には、法的に、あるいは倫理的に不適切な広告がある。日常生活で目にする広告の一部をあげると、虚偽や不当表示の嘘つき広告、表示義務違反の広告、誇大広告、性的なものや暴力的なものをとりあげている広告、名誉やプライバシーを侵害し、誹謗中傷を前面に出した広告、健康食品やダイエットによく使われる虚偽の証言をもとにした広告、生活者を不快・不安にする広告、歪んだ価値観や、女性差別などのような差別を助長するようなステ

レオタイプの広告、社会のモラル・公序良俗に反するような広告、景品などを使って購買意欲を過度にあおる広告などがあげられよう。

このような広告を規制（規律）するためにさまざまな方法がとられている。

（２）　広告の規制（規律）：広告にはどんな規制がされているのか

広告を規制するには、①法的な規制と、②自主規制の二つがある。

①法規制から見ていくと、広告六法といわれるものが中心になっている。それは、消費者保護基本法、民法、不正競争防止法、不当景品類及び不当表示防止法（景品表示法）、著作権法、商標法である。それを補完する形で、公正取引委員会の規制、公正競争規約、行政府の広告規制（たとえば薬事法、医薬品等適正広告基準）などがある。さまざまな法の網をかけて広告を規制しているといえよう（文献［３］）。

②自主規制を見ると、日本の場合は、自主規制が発達しており、広告倫理は自主規制の形で具体化されているといえる。自主規制は、生活者を守ると同時に、広告業界の社会的責任を明らかにし、信頼を確保するために行われている。広告主、広告会社、媒体社は協力して（法人をつくって）、あるいは個別に広告の倫理綱領や掲載基準を設定している。広告会社には、「日本広告業協会広告倫理綱領」（1976年制作のもので古い）、新聞に関しては「新聞広告倫理綱領・新聞広告掲載基準」（日本新聞協会）、放送に関しては「日本民間放送連盟放送基準」（広告責任、広告の取り扱い、広告の表現）、インターネットに関しては「広告倫理綱領・広告掲載基準ガイドライン」（インターネット広告推進協議会）がある。広告を掲載する主体となり、最初に生活者の目に触れ、批判される媒体社が、広告主や広告会社よりはしっかりした基準を設定しているようである。しかしその基準も表現も、イギリスやカナダなどの基準と比較すると曖昧でどのようにでもとれるもので終わっている。媒体社だけでなく、広告主も、広告会社も、私たち生活者の利益を念頭においた、よりしっかりした基準をつくってほしい。

また、広告の規制に関しては広告の表現の自由と衝突する面がある。広告

にも「表現の自由」(憲法21条)があり、保護されるべきものであろうか、それとも、広告も営利を求める経済活動の一環なのだからより多く規制されるべきものなのであろうか。アメリカの場合では、生活者が必要とする情報を制限するような広告規制は憲法違反とされている。広告は、生活者の知る権利・生活者の利益(公益)を重視する傾向が強まっているといえる。この点では、日本でも広告は、より自由な広告へ、より規制緩和された広告へと移行するだろう。それは、生活者の利益を守るという前提で行われてほしいものである。

(3) 世界と日本の広告倫理

世界に目を向けると二つの問題がとりあげられており、さまざまな人々の努力でそれが解消される方向に向かっていることがわかる。①広告表現でのマイノリティ市民(エスニック・マイノリティ、先住民族、高齢者、障害者など)の扱いとその改善、②女性の扱いとその改善である。メディアは、たとえばマイノリティ市民をあまり登場させず、登場させてもステレオタイプに描くだけである。さらに、(先の広告の機能で述べたように)広告表現は、差別(とくに人種差別)の構造を強化し、そのイデオロギーを広げ定着していくはたらきをする場合がある。広告が否定的なイメージの主要な供給源となってしまうのである。しかし、1960年代の公民権運動の高揚に伴い、アフリカ系市民による広告の差別的な表現の改善を求める運動も次第に活発化し、企業においてもマイノリティ市民の経済的な影響力の大きさを知るようになり、広告表現の改善への努力が行われている。また、②については、女性は、男性優位の伝統的価値観(ジェンダー・バイアス)により、多数派でありながら、市場的にも、多様な生き方も、評価されない状況にある。広告に限らずメディアが描くステレオタイプな女性像が、その地位の向上と平等の実現を妨げる大きな要因となっているのである。これは日本の場合にも大いにいえることである(文献[4])。

3 今後の広告倫理のあり方

（1） 従来の広告のあり方の欠陥とその改善

広告は従来は企業利益のための広告が中心であったが、これからは生活者（消費者）のための広告へと移っていかなければならないだろう。

① 広告では、いままで生活者の知る権利・生活者の利益（公益）は重視されてこなかった。今後はこの点から、広告の規制は緩和され、解禁されるべきだろう。その傾向はすでに現れており、たとえば、比較広告が認められるようになってきている。

② 広告は人々に最新の情報を提供する場である。広告は、企業と企業、企業と生活者、公的機関と生活者との間のコミュニケーションを円滑にするために大いに役立つものである。こうした意味で広告は、企業の側からの一方的なものでなく、広告を受け取る側（生活者の立場）を念頭においてつくられる必要があろう。

③ 電波（テレビ・ラジオ・CATV・インターネットTV）は公共のものであり、生活者のものである点がいまだ日本では曖昧である。それは、メディアにかかわる者の意識が低いからであり、また私たち生活者の意識も低いからでもある。電波も、広告も、公共のものであり、生活者のものであるという自覚が制度化される必要があろう。広告も含めた電波の市民権がもっと注目され、生活者よりのものにならなければならないだろう。

④ 生活者は今後、個性的な商品を望むようになるだろう。生活者は、いままでのように他者との差異化を図るための商品ではなく、生活の質を重視した、つまり自分の生活・人生を豊かにする商品を求めることになる。消費そのものに個性があらわれることになろう。これを実現するために、生活者は、自分に適した商品を手に入れるためにより確かな目を持ち、多元的なルートを使って、さまざまな商品情報を容易に手に入れることを望むだろう。このような傾向を満たすために広告にも、正確で最新の情報が要求されることになる。

⑤ 現在、環境問題をとりあげた広告はきわめて少ない。これは、生活者の

側では環境問題への関心は高まっているが、メディアの側が無関心であることを反映しているからであろう。地球全体の自然破壊（温暖化・環境汚染・資源の枯渇など）が現実のものとなっている以上、いままでのような大量消費をうながすような広告は減っていくにちがいない。広告はよりいっそう環境問題とリンクするようになるだろう。自然や他者との共生が私たちの消費生活を変え、自然環境に配慮した広告が増えていくことになろう（文献[2]）。

（2） 新しい形の広告の出現とそれに対する倫理観の形成

メディアの世界は、マルチメディア化（デジタル・メディア＋インタラクティブ・メディア）と多チャンネル化（デジタル放送、CATVなど）へと向かっている。また、新しいメディアとして、インターネットや携帯電話が高速・高機能化している。メディア全体が伝達型から参加型へと、一方向性から双方向性（対面性）へ、単機能から多機能へと変化している。それとともに、情報は、デジタル化のためにさらに高品質になり、多チャンネル化によって、情報は有料化し、多元的になり、マスメディア型コミュニケーションからナロー・メディア型コミュニケーションへと変わることによってターゲットが個別的なもの（個人指定情報・個人向けの情報）となってきている。

この傾向によって広告の市場は、従来の閉鎖的な市場ではなくて、さまざまな企業を取り込んだオープンな市場となるだろう。メディアを支える広告費の配分競争が熾烈なものとなろう。また、メディアが「多」と「個」に向けて遍在することによって、メディアの「公共性」の「公」が失われる可能性も否定できない。広告市場が開放され、今までは広告市場とは無関係であったさまざま企業が新たに参入することによって、新たな法規制と自主規制やルール（モラル・倫理）形成も必要になるだろう。

（3） 広告倫理の積極的な展開

以上述べてきたことから、私たち生活者にとって広告が倫理的に妥当なものであるためには、少なくとも以下の三つの試みが積極的に行われるべきだといえる。

Ⅰ　倫理的に妥当な広告を作成するための研修プログラム：広告主を含めた広告業界は、倫理的な広告表現を作成するための研修プログラムをつくる必要がある。これに関してはオーストラリア全国広告主協会（AANA）の「広告における文化的多様性に関する原則」（1995 年）が参考になる。その要点をあげると、この原則には「広告主企業のみならず広告代理店、制作会社、モデル業界にも向けられており、そこでは次の諸点を含む 12 原則が示されている。① AANA は今日のオーストラリア社会の多様性と複雑さを十分に反映する広告を奨励する。② AANA は広告主の教育に力を入れ、その広告とマーケティングに関する研修プログラムでは、正確な表現、変容する価値観、文化的多様性などの問題をとりあげる。文化的多様性の問題では、広告におけるステレオタイプと自民族中心主義の問題を認識し、それを回避することと、創造的な制作において多様性を認め、それを奨励する戦術の二つの要素が重要である。③ AANA はエスニック・コミュニティが同質ではないことを認識し、その理解を広告主に求める。広告キャンペーンでは年齢・言語・文化・人口力学・職業・教育などでそれぞれ異なるエスニック市場の特性を反映する。④広告主は多文化マーケティングの意味を十分に理解する必要がある。それは広告主にとってより多様で受容力のある市場の獲得だけでなく、この国の言語的・文化的多様性を活用し、多大の恩恵を受けることを意味している」（文献[2]）。倫理的に妥当な広告、生活者のための広告をつくるために、日本の実情にあわせながら、このようなプログラムを、広告業界全体でつくる必要があるだろう。

　Ⅱ　広告の倫理性に気づくための広告リテラシー：教育の現場では、メディア・リテラシーの一環として広告リテラシーの育成も図る必要があろう（文献[5]、また 1 節 3 を参照）。たとえば、インターネットの子ども向けのサイトでは、占いやゲームをしたり、コミュニティ（掲示板）があったり、人気キャラクターの映像を見たり、キャラクター・グッズを売っていたりと、子どもを惹きつけるさまざまなコンテンツ・サービスが豊富に盛られている。インターネット広告は「(カナダでは) インタラクティブ性を利用して、アン

ケートなどで子供の好みを把握したり、それをもとに新たな商品開発やターゲットを絞った効率的なマーケティング戦略を行っていることだ。子どもは将来の消費を担うと考えて、ブランド忠誠心は若いうちから育てるという戦略が一般的なため、ビジネスの世界ではマーケティングの重要なターゲットと認識されている。それだけに、子どもたちがマーケット戦略に取り込まれて『自分たちが売られている』とは気づきにくく、自分たちがインターネット文化でどう位置付けられているのかがわかりにくい」(文献[6])。インターネット広告に限らず、広告が子どもたちをどのような視点でとらえているかを教えることは、広告の光と影の部分を知るためには必要だろう(4節 ❷ (1)を参照)。

Ⅲ 市民レベルでの広告批判の積極化とその(公的)支援：市民(生活者)が中心になって広告表現をより適切なものにしようという運動が世界的に起こっている。

①オーストラリアではメディア、市民グループ(メディア・ウオッチ、メディア・スウィッチ)、政府が一体となって1989年に「メディアの女性像に関する特別委員会」(NWP)を設置している。このNWPは、女性を否定的に、ステレオタイプに扱っている広告の女性像が、女性の地位向上と平等化を妨げているとして、その女性像を肯定的なもの、女性の尊厳を尊重したものにしようという運動を行っている。また、NWPは「女性の描き方アドバイザリーノート」を作成し、女性を描いて肯定的で効果的な広告を制作するにはどのようにすればよいかの指針も与えている(文献[2])。

②カナダ(本拠地バンクーバー)では、アドバスターズ・メディア・ファンディション(Adbusters Media Foundation：http://www.adbusters.org/home/)という市民グループ——アーチスト、活動家、作家、学生、教育者、企業家などによるネットワーク——が、広告やメディアを市民のものにしようとグローバルで、クリエイティブな活動をしている。彼らは、メディア民主主義や精神的環境の保護、またこれからの情報化時代

に相応しい人権（大企業などの一方的な情報に対抗する権利、自分たちから情報や文化を発信する権利）を主張し、メディア集中（少数の企業がメディアを独占すること）や情報の過度の商業化を批判している。行動の面では、賛同する人々や寄付の支援を受けながら、『アドバスターズ』(Adbusters)という雑誌の発行、「無買デー」(Buy Nothing Day)や「テレビをつけない週間」(TV Turnoff Week)などのキャンペーンの展開、「メディア・カルタ」(Media Carta)というマニフェストの公表、反広告を訴えるPSA (Public Service Announcement)の制作と公表などを行っている。このように世界では、広告を「生活者のための広告」とするために、市民レベルの活動が行われている。日本においてもこのような活発な活動が望まれるし、また公的・私的な支援が望まれる。

③日本では、「メディア・リテラシーの世界」(Media Literacy Project in Japan：http://www.mlpj.org/〔立命館大学メディア・リテラシー研究会：鈴木みどり〕)とFCT市民のメディア・フォーラム(http://www.mlpj.org/fct/)が中心になって、メディア・リテラシーの観点から、メディアや広告に取り組む活動が展開している。この活動は、『Study Guide メディア・リテラシー』（入門編・ジェンダー編）をテキストした各地域の市民講座や大学・高校・中学の授業を通じてさまざまな層へと広がっている（文献［7］）。

上に述べたような三つの試み――広告業界・教育現場・市民レベルからの広告倫理確立への試み――こそが、広告を、21世紀の情報化時代・来るべき新しいメディア時代に相応しい広告にするのである。

参考文献
［1］　大石準一『広告論概説』世界思想社、1994年
［2］　桂敬一代表／服部孝章・須藤春夫・伊藤洋子編『広告は市民とマスコミの敵か味方か：広告』21世紀のマスコミ03、大月書店、2003年
［3］　梶山皓『広告入門』日本経済新聞社（日経文庫）、2002年
［4］　山本武利編『現代広告学を学ぶ人のために』世界思想社、2001年

［5］　鈴木みどり編『メディア・リテラシーの現在と未来』世界思想社、2001年
［6］　菅谷明子『メディア・リテラシー：世界の現場から』岩波書店、2001年
［7］　鈴木みどり編『Study Guide　メディア・リテラシー：入門編』リベルタ出版、2000年、鈴木みどり編『Study Guide　メディア・リテラシー：ジェンダー編』リベルタ出版、2003年

（小山英一）

3 コンピュータ・エシックス

コンピュータの高度化とインターネットの普及は情報のあり方を一変した。それはまた同時に、私たちの情報の取り扱い方の態度変更を迫るものであった。デジタル・データの取り扱いよさは反面、大量の個人情報の漏洩のようにデジタル・データの怖さを私たちに明らかにした。このような高度コンピュータ・デジタル情報化時代にあって私たちはどのような倫理を持てばよいのだろうか。まず、**1**では、コンピュータとインターネットの普及によってなぜ新しい倫理（コンピュータ・エシックス）が必要になったかを概観する。以降は、コンピュータ・エシックスにかかわる問題を個別に扱う。**2**インターネットでのエチケットの問題、**3**インターネットによる電子民主主義の可能性、**4**国際的な問題でもあるデジタル・デバイド（情報格差）の問題、**5**著作権保護の問題、**6**プライバシーと個人情報の保護の問題。21世紀を生きる人間にとって、コンピュータの発達とインターネットの普及によってどのような問題が生じてきているかを把握することは倫理的な面でも重要であろう。

1 コンピュータ・エシックスとは

（1） コンピュータとインターネットの普及とコンピュータ・エシックス

『インターネット白書2009』によれば、日本のインターネット人口は8226万2000人（2007年）、その普及率は約64.0％で、インターネット利用者のいる世帯（世帯浸透率）は83.3％である（文献[1]）。インターネット（イントラネットを含む）の状況は、ナローバンド（128 kbpsまでの狭帯域通信）からブロードバンド（512 kbps以上の広帯域通信）へ、銅線から光ファイバーへ、有線から無線へ、さらにユービキタス・コンピューティング（ubiquitous computing：至る所にネットワーク化されたコンピュータが隠されていて、それとは知らずに自由に使っている状態）へと移ってきている。

第4章　メディア社会の倫理　173

いまや状況は、情報に関してはコンピュータとインターネットなしには考えられないものとなっている。情報を検索する。ニュースを見、写真・画像・映像を眺め、音楽を聴く。オンライン・ショッピングをし、オークションに参加する。オンライン・トレードをする。電子メールをやりとりし、音声チャットやビデオ・チャットをし、オンライン・ゲームに参加する。ライブ・カメラで電子会議を開く。自分のWebサイト（ホームページ）をつくり、電子掲示板・ブログで意見交換をする。いまではこのようなことが簡単にできるようになった。携帯電話も同じ状況をとりつつある。
　こうした状況の中で新たな倫理的な問題が生じてきている。これに対処していこうとするのが、インフォメーション・エシックス（情報倫理・情報倫理学）、インターネット・エシックスである。ここでは、インターネットとコンピュータの両者にかかわる倫理・倫理学を「コンピュータ・エシックス」と呼ぶことにする。
　（2）　インターネットの功罪とコンピュータ・エシックスの必要性
　このコンピュータ・エシックスは特別な倫理学ではない。インターネットでも、みなが日常の倫理・エチケットを守ることで十分である。しかし、インターネットには以下に述べるような日常にはない特性があるので、それを理解したうえで取り扱わなければならない。インターネットならではの落とし穴がある。自分の知識不足から不道徳なことをしてしまうかもしれない。注意していないと、自分が反道徳的な行為の土台になったり、反道徳的な行為のターゲットになったりしかねない。
　日々、コンピュータは高性能になり、ますます情報を大量に、高速に、高密度で扱うようになっている。情報を加工することが容易という点もその特徴であろう。私たちはいつでもコンピュータを世界的な規模のネットワークにつなぐことができる。接続すれば途端に情報はボーダーレスでグローバルなものになり、リアルタイムに伝わっていく。そこはまた自由の世界である。あえて名のる必要はないし（擬似的匿名性）、ハンドルネームを使ってもよい。また、私たちの身体的特徴（性別・年齢・容姿など）は無意味となる。同時に

社会的関係（職業、地位、職歴など）も隠すことができる。この世界では参加の平等が保証されている。この仮想社会（電脳空間）では地縁・血縁・職縁でなく、情報縁という新しい結びつきが生まれるのである。

しかし、こうしたことはインターネットの利点でもあるが欠点でもある。誰でもアクセスできるゆえ、犯罪はますます手口が巧妙で複雑になり、低年齢化し、国際化している。セキュリティを堅牢なものにしておかないと（セキュリティ意識と知識がないと）、クラッカー・ハッカーの攻撃の的になり、ウイルスの侵入を許し、ソフトウェアの破壊、情報の消失と捏造や流出の憂き目にあい、さらにはWebサイトへの侵入と書き換え、メール爆弾、電子掲示板などでの誹謗中傷と嫌がらせ、メールの覗き見にさらされることになる。

また、ネットに流れる情報は、無責任な発信者もいるので、信頼性が薄いことも承知しておこう。チャイルド・ポルノなどの有害なコンテンツも国境を越えて流れている。インターネットは、電子商取引、インターネット・バンク、電子政府を生み出し、日々緊密で日常不可欠のネットをつくりあげている。そこにサイバー・テロ、サイバー戦争が起こるとすればどうなるのだろうか。

このような危険を回避し、コンピュータやインターネットを有意義に利用するために、私たちは、①情報リテラシー（ハードとソフトの両面からコンピュータとインターネットを扱うためのリテラシー）と、②コンピュータ・エシックス（情報モラルの理解）、の二つを身につけることが必要なのである。以下に、②のコンピュータ・エシックスにかかわるテーマをいくつかあげることにしよう。

❷ ネチケット：ネットワーク（インターネット）でのエチケット

（1） ネチケットとは

インターネット上でのルールを示す言葉として「ネチケット」(netiquette) がある。これは、ネットワーク・エチケット (network etiquette) を省略したものであり、コミュニケーションを円滑に行うために、ネットを使

う人々（ネチズン：netizens, network citizens）が守るべき倫理的な基準、礼儀作法である。

ネチケットの基本は「他人に迷惑をかけない」である。この点では日常生活でのエチケットとなんら変わらないが、ネットには、独特な特徴があるため（**1**を参照）、それでは不十分なところがある。ネット上でコミュニケーションをするためには最低限のことは知っておかなければならない（文献［2］）。

（2）ネチケットの具体例

これからあげるネチケットは一部だが、この程度のことを守らないと自分が被害を受けるだけでなく、友人や他人にも迷惑をかけることになる。

① セキュリティにかかわるもの：ユーザIDとパスワードをしっかりと管理しよう。他人がパスワードを入力しているときは見ない。インターネット上ではデータを暗号化していない限り、見ようと思えば誰でも見ることができるものと思うこと。アクセス中は、IDとパスワード、銀行口座の暗証番号、クレジットカードの番号はもちろん、住所・氏名・電話番号・生年月日などの個人情報はできるだけ入力しないようにしよう。Webサイトや電子掲示板で入力の補助をしてくれるクッキーは、個人情報の収集の手段にされることがあるので注意する。インターネットに接続するコンピュータには必ずウイルス対策を施す。さらに対ウイルス用のソフトとその定義は常に更新しておくとよい。偽ウイルス情報に惑わされないように。OSやブラウザ（Webページ閲覧ソフト）にはセキュリティホールが見つかるのでアップデートを行って最新のものにしておくことも大切である。

② 法律にかかわるもの：データを盗んで売ったり、改ざんしたりしない。国内外にかかわらずネズミ講に加わらない。自分のWebサイトの運営でとくに注意することは、著作権を侵害しないことである（**5**を参照）。商標や商品名、シンボルマークは誤解されるような使い方をしない。本人に無断で写真を載せない（肖像権の侵害にもあたる）。他人の個人情報や

私的な情報を無断で載せない。他人の社会的な評価をおとしめるようなものを載せない。わいせつな文書や画像を発信したり、それへのリンクを張ったりしない。

③電子メールに関するもの：メールは文字が中心なので、相手に誤解を生じさせたり、不快にさせたり、とくに言葉の行き違いが生じたりしないように配慮する。簡潔に内容がわかる件名をつける。宛先でCC、BCCの使い方を間違えないようにする。添付ファイルを間違えて送らないように。HTML形式でなくテキスト形式のメールで送る。チェーン・メールはすぐに削除して送らない。メールは暗号化しない限り、他人に見られる可能性があるので、大切な情報は載せない。他人になりすましてメールを送ったり、他人のメールを覗き見したり、改ざんして転送したりしない。間違ったうわさ話を広げないようにする。メールを受け取ったらすぐに簡単な返信を送る。受信した電子メールは無断で公開してはいけない（著作権の侵害、プライバシーの侵害、名誉毀損になる）。知らない人からのメールは開かず、その添付ファイルは絶対に開かないように。SPAMメールは削除して無視し、決して返信しない。

④電子掲示板・ブログ、メーリング・リスト、チャットに関するもの：反論は、誹謗中傷にならないようにする。犯罪に巻き込まれる場合もあるので、個人情報は載せない。他人の個人情報、私生活上の事実や秘密、写真や似顔を、無断で公開しない。わいせつな画像や文章を公開したり、それへのリンクを貼ったりしてはいけない。

以上にとりあげたネチケットからでもわかるように、インターネットでは「他人に迷惑をかけない」や「日常生活で許されないことはインターネット上でも許されない」が基本であり、インターネット・コミュニケーションを決して安易に考えてはいけないことがわかるだろう。次に、ネチケットを守れば、インターネットで何ができるかを考えてみよう。

3 電子民主主義：コンピュータとインターネット（ネットワーク）を使った民主主義

（1） 電子民主主義の成立と役割

インターネットによって、私たちは未知の多くの人々とコミュニケーションができるようになった。それとともに電子メディアに基づく新しいタイプの民主主義を模索できるようにもなった。この電子メディアに基づく民主主義が電子民主主義（デジタル・デモクラシー）と呼ばれるものである。私たちは従来の民主主義を、コンピュータとインターネットを使うことによって、停滞ぎみで閉塞的な政治・行政を活性化し、人々に開放することができるようになったのである。

では、なぜ民主主義にコンピュータとインターネットを持ち込むのか。それは、時間と距離という制約を取り除くことができる（いつでも、どこからでもアクセスできる）、性別・地位・職業などとは無関係に発言ができる（誰でもアクセスできる、参加の平等の強化）、双方向的で多対多的なコミュニケーションが可能となる（多くの人々が互いにアクセスし合える）、低コストでできる（たとえば電子投票）からである。

民主主義を電子化すれば、電子掲示板・ブログ、電子会議、Webサイト、電子メール、メーリング・リストなどを使って、人々が政治・行政に関する意見を自由に交換できるようになり、政府や行政に意見を述べたり、参加したり、政府や行政から適切な情報を手に入れやすくできる（行政のサービスの電子化、公共サービスの質の向上、電子政府や電子自治体の成立）。電子化によって民主主義が人々にとって直接的、開放的になり、より多くの人々の声が政治や行政に反映できるようになるのである。

（2） 電子民主主義を成立させるための条件

この電子民主主義を実現するためには次の条件が満たされていなければならない。①人々がいつでもインターネットにアクセスできる（アクセス権の平等）、②表現の自由とプライバシーが守られている（個人情報保護と適切なネットワーク管理）、③人々が自分の意見や意志を決定するために必要な情報が公

開されている、④人々が情報を得て利用する方法（情報リテラシー）を身につけている、⑤電子民主主義に参加するためのネチケットを心得ている、などであろう。

　この電子民主主義を定着させるには、①ミクロレベルの電子民主主義を充実させたうえで、マクロレベルのそれを展開することが必要であろう。ミクロとは、比較的狭い範囲の、日常世界に根ざした小規模の民主主義であり（小さな共同体のレベル）、マクロとは、広域の大規模な、インターネットをフル活用したもの（経済・政治・行政のシステム）である。②ハーバーマスのいう公共圏や討議倫理（第5章4節を参照）に基づいたうえでの「コミュニタリアン的＋多元的」民主主義の実現も必要だろう。それは、単なる多数決主義の民主主義（住民投票型）ではなく、コミュニティの公益への奉仕と公益の実現を優先しつつ（コミュニタリアン的）、個別的な利害関心を代表する集団間の言論の自由競争をも大切にする（多元的）、適切な討議倫理を基礎にした民主主義であろう（文献[3]、[4]）。

4　デジタル・デバイド（情報格差）

　インターネットを有効に利用するには人々がいつでもインターネットにアクセスできることが大切であるが、それを阻害する要因もインターネットにはある。それがデジタル・デバイド（digital divide）である。これは情報メディア（電子メディア）によって引き起こされる情報格差をいう。このデジタル・デバイドの問題は、インターネットに限らず、情報コミュニケーションにおいても国際的な視点から取り組まなければならない大きな問題となっている（1節 2 の(3)を参照）。情報格差から生じる情報強者と情報弱者の二極化が、社会的格差や生活格差（貧富・待遇・雇用機会・情報交換・コミュニケーションの差）に拍車をかけている。具体的には、コンピュータなどの情報メディアに関心を持っているか、情報メディアを持っており、適切に操作できるか、インターネット上の情報を効率的に入手することができるか、アクセスしやすい環境を持っているか、がより良質で高度な情報を獲得できるかどう

かを決めるのであり、さらにこれが収入や生活に影響を及ぼすことになる。たとえば、インターネットを使えば、通常より多くの特典（価格や手数料の割引、ポイントの付加）が得られることからそれがうかがえよう。情報強者がますます富者となり、情報弱者がますます貧者となるのである。

　また、情報強者となりえるのは、若者、高学歴者、高所得者、先進国の人々であり、情報弱者となるのは、高齢者、低所得者、発展途上国の人々である。情報メディアがどんなに低価格で、操作しやすいものになったとしても、少子化・高齢化社会を迎え、産業構造がIT（情報技術、情報通信技術）重視へ推移するならば、この両者の差はさらに拡大し、互いに閉じた世界となっていくことになる。今後は、情報インフラを整備しつつ、その差を縮めるために、いかに情報弱者を支援していくか（情報リテラシー教育の充実と経済的・技術的援助）が大切になるであろう。

5　著作権の保護

（1）　著作権とは：インターネットにおける著作権の侵害

　インターネット時代になって、私たちは日常生活では無縁であった著作権について気を配る必要が出てきた。私たちは気づかずに他人の著作権を侵害しているかもしれない。他人が私たちの著作権を侵し、それにまったく気づいていないかもしれない。私たちはデジタル化されたインターネット上の情報を、カット＆ペースト、コピー＆ペーストで、どこにでも移動・複写することができる。これは、インターネットでは情報が誰にでも容易にアクセスでき、利用できるものとなったということである。ここに著作権の問題が生じてきたのである。

　「著作権法」が著作権とはどのようなものかを定めている。著作権とは、知的所有権（知的財産権）の一つで、著作物をつくった人（著作者）を守る権利である。これは、私たちがつくったものを無断で他人に使われないための権利である。逆にいえば、他人の創作物（作品）を無断で利用してはいけないということでもある。同時にこの法律は、人類共通の文化財でもある著作

物を文化の発展のために自由に利用できるようにすることもめざしている。また、これには罰則規定も設けられている。人が私たちの著作権を侵害した場合、差止請求や損害賠償請求をしたり、相手を訴えることによって「3年以下の懲役又は300万円以下の罰金」などの罪に問うたりできる。

（2）著作権を侵害しないためには

では、インターネットやコンピュータにおいて私たちはどのような点に注意すればよいのだろうか。たとえば、自分のWebサイトをつくる場合を想定してみよう。無断で、他人の文章（電子メール、書籍の記述、雑誌・新聞の記事、データベース、プログラム、歌詞）、写真（雑誌などから取り込んだもの、とくにアイドルや芸能人のもの）、画像・映像（キャラクターの絵、テレビ、ビデオ、DVDから取り込んだもの）、音楽（CDから取り込んだもの、インターネット上にあるもの）をコピーまたは改変して掲載してはいけない。他人のWebサイトのデータを無断で掲載してはいけない。他人のWebサイトを、あたかも自分のWebサイトの内容であるかのように、リンクしてはいけない（とくにフレームを使って）。また、コンピュータに関しては、プログラムやデータベースを、私的な利用のために複製をつくってもよいが、それを他人に貸与したり、譲渡したり、販売してはいけない（文献[5]）。

このように私たちは、インターネットとコンピュータの発達によって、いかに安易に他人の権利を侵害してしまうか、あるいは自分の権利が侵害されるかがわかってもらえると思う。これからは、自分がかかわる情報がどのように他人の権利とかかわっているかを十分留意することが必要だろう。

6 プライバシーの保護と個人情報保護

（1）プライバシーと個人情報の危うさ

著作権と同じように、私たちは自他ともにプライバシーと個人情報に気を配る必要が出てきた。いまでは、インターネットに接続されているコンピュータのエンター・キーを誰かが押せば、瞬時に私たちのプライバシーや個人情報が国境を越えて広がるのである。あまりにも容易に自分のプライバシー

第4章　メディア社会の倫理　181

や個人情報が露出する時代がやってきたのである。

　私たちが次々とWebサイトを渡り歩き、興味のある言葉をサーチ・エンジンを使って検索し、オンライン・ショッピングをしたとき、その情報が記録されていたらどうだろう。その情報から、他人が私たちの個人的な趣味や習慣をあぶり出すことができるのである（オンライン・プロファイリング）。いまや私たちは自分のプライバシーや個人情報のあり方に敏感にならざるをえないのである。

（2）　プライバシーの権利とは、個人情報とは

　プライバシーの権利は、「一人にしておいてもらう権利」が出発点であったが、より積極的な権利である「自己情報コントロール権」となった。これは、自分に関する情報を、他人や組織が、いつ、どのように、どんな内容を、どの程度、他の個人や組織に伝えるかを、自ら決定できる（コントロールできる）権利である。

　また、個人情報は、基本情報とセンシティブ情報とに分けることができる。①基本個人情報とは、氏名、生年月日、住所、電話番号などの個人識別情報であり、②センシティブ個人情報とは、個人の私的な事柄に関する情報である。たとえば、思想、信条、学歴、職歴、病歴、犯罪歴、所得、資産、預貯金額、趣味、性生活などがある。この②がプライバシーに相当するといえよう。

（3）　個人情報はどのように守られているか、また個人情報を守るにはどのようにしたらよいか

　このインターネット上の個人情報を守るための基準を定めているのが、1980年採択のOECD8原則（経済協力開発機構：プライバシー保護と個人データの国際流通についてのガイドラインに関する理事会勧告）である。①収集制限の原則、②データ内容の原則、③目的明確化の原則、④利用制限の原則、⑤安全保護の原則、⑥公開の原則、⑦個人参加の原則、⑧責任の原則、の8つが掲げられている。

　国内でも、インターネットにおける不正行為や犯罪行為の増大に対処する

ために、新しい法律が制定されている。①不正アクセス禁止法 (2000年)、②プロバイダー責任法 (2002年、注意：これには自分のWebサイトで電子掲示板を運営している者も含まれる)、③個人情報保護法 (2003年) がある。今後も、コンピュータとインターネットの普及によって法改正と新規の法律がつくられていくだろう。

　2002年に稼働しはじめた住民基本台帳ネットワークシステムのあり方でもわかるように、企業も、公的機関も、個人情報をおりあらば、収集・蓄積・利用しようとしている。それぞれの独自のデータ・バンクも、インターネットによって、巨大なデータ・バンクへと共有されることになる。それは個人情報が商品であると同時に、商品を生み出すからである。巨大データ・バンクの出現によって、個人情報は二次利用され、ほかのデータとのマッチングが行われ、日々データ・クレンジング (名寄せ) が行われることになる。また、インターネットには国境はないので、個人情報は国際的に流通することになる。この点で住基ネットの住民票コードは、使用は違法とされていても、このような使い方の踏み台となるだろう (名寄せではなく、住民票コード寄せとなる)。

　したがって、デジタル化された個人情報やプライバシーを守るには、①個人情報は、本人の承諾を得て、目的を明確にしたうえで、正しい方法で集められること、②自分の個人情報の内容を閲覧することができること、③誤った自分の情報を訂正できること、④他人には知られたくない情報を削除できること、⑤自分の情報を目的以外で使用することをやめさせ、その伝播も止めることができること、が最低でも必要であろう (文献[6])。

　コンピュータとインターネットはますます普及して日常的なものになっていくことは確かである。私たちは、従来の倫理学とともに、またそれを土台にしつつ、こうした状況に対応したコンピュータ・エシックスを練り上げ、普及させ実践していくことが必要だろう。

参考文献

［１］ 財団法人インターネット協会監修『インターネット白書 2009』インプレス R & D、2009 年
［２］ 財団法人インターネット協会「インターネットを利用する方のためのルール＆マナー集」(http://www.iajapan.org/rule/rule4general/)
［３］ 吉田純『インターネット空間の社会学：情報ネットワーク社会と公共圏』世界思想社、2000 年
［４］ 吉田純「情報ネットワーク社会における規範形成」越智貢・土屋俊・水谷雅彦編『情報倫理学：電子ネットワーク社会のエチカ』ナカニシヤ出版、2000 年
［５］ 半田正夫『インターネット時代の著作権：実例がわかる Q & A 付』丸善（丸善ライブラリー）、2001 年
［６］ 梅本吉彦編著『情報教育シリーズ：情報社会と情報倫理』丸善、2002 年

（小山英一）

4 メディア倫理

　メディアをめぐる問題はさまざまあるが、ここでは「子どもとメディア」、「ジェンダーとメディア」、「報道と人権」という三つの主要なテーマをとりあげ、それらのテーマに沿ってメディア倫理を考えていく。その際、まず**1**では、それぞれの領域で何が問題になっているかを、歴史的な経緯を踏まえつつ整理する。ついで**2**では、各領域で見られる変革の動きをグローバルな視野でとらえ、メディア、なかでもテレビと新聞が、社会の状況変化に対応して自主的に制定してきた新しい倫理基準やガイドラインを具体的にとりあげ、分析と考察を加えていく。さらに**3**では、そうした世界の潮流の中で、今日の日本におけるメディアの倫理がどのような状況にあるのかを分析し、21世紀のメディア社会における課題を展望する。

1 何が問題か：メディア倫理をめぐる問題の所在

（1）　子どもとメディア：保護から権利へ

　「子どもとメディア」をめぐる議論の方向が大きく変化するのは、1989年に国連で「子どもの権利条約」が採択され、多くの国の批准を得て発効した1990年以降である。それは、一言でいえば、「保護から権利へ」の子ども観の転換であった。同条約は1条で「子どもとは18歳以下のすべての人間をいう」と定義し、子どもに保障されるべき人間としての基本的な権利（人権）の数々を41条にわたって示している。それらの権利の中でも、とくにメディアとのかかわりで重要になるのは、「表現の自由」（13条）および「マスメディアへのアクセス」（17条）（文献[1]）である。

　「子どもは表現の自由についての権利をもつ」ではじまる13条では、この権利には、口頭、手書き、印刷、を含むあらゆる形態のメディアが含まれる、また、そうしたメディアによってあらゆる種類の情報および理念を求め、受容し、伝える自由が含まれる、と述べている。

17条「マスメディアへのアクセス」では、この条約を批准したすべての国（締約国）に対して「子どもが国の内外の多様な情報源からの情報および資料、とくに子どもの社会面、精神面、および道徳面での福祉と心身の健康の促進を目的とした情報および資料にアクセスすることができることを確保する」ことを求め、この目的のために締約国がなすべきことを5項目にわたって記している。それらの中で、マスメディアにとってとくに重要なのは、次の2項目である。

①マスメディアが、子どもにとって社会的および文化的に有益でありかつ29条（筆者注：教育を受ける権利）の精神に沿う情報および資料を普及するよう奨励する。

②マスメディアが、少数者集団に属する子どもの、また先住民族である子どもの、言語上の必要性にとくに配慮するように、奨励する。

子どもの権利条約の批准で、権利の主体としての子どもとメディアをめぐる議論が改めて世界各国で活発化し、メディア、中でも映像メディアのテレビとかかわって、倫理基準の改定や新たな指針を制定する動きが起こってくる。さらに、このようなメディアの動きを後押しする地球規模の取り組みが種々見られるようになる。中でも重要なのは、1995年にメルボルンで開催された「メディアと子ども」世界サミットである。この世界サミットは、ユニセフなどの国際機関、各国の放送行政機関、放送事業者、研究者、市民／NGO、多国籍化する制作会社、といった多様な領域からの参加者を得て、以後、3年ごとに開催されるようになり、この領域で大きな役割を果たすことになる。

（2）ジェンダーとメディア：平等の実現へ向けて

情報化社会におけるメディア倫理とかかわって二つ目にとりあげるのは、ジェンダーをめぐる問題である。この問題については、子どもをめぐるメディア問題と同様に、長い歳月にわたって議論が続いてきた。とくに、国連がジェンダーの平等の実現を目標に掲げて国際女性年の1975年に開催した第1回世界女性会議（メキシコシティ）以降は、1980年の第2回（コペンハーゲ

ン)、1985年の第3回(ナイロビ)、そして1995年の第4回(北京)と、20年に及ぶ一連の会議で、メディアが常に議論の的となってきた。そして北京会議では、最終日に採択された行動綱領(北京行動綱領)の中で、21世紀へ向けて重点的に取り組むべき12領域として、貧困、教育、健康、女性に対する暴力、人権、環境……とともに「女性とメディア(J項)」(文献[2])が示されたのである。

情報テクノロジーの進歩で、メディアが女性の地位向上に対して貢献しうる可能性は、あらゆる地域、あらゆる領域で、これまでになく大きなものになった。しかしメディアは依然としてジェンダーへのセンシティビティを欠き、否定的で女性を傷つけるイメージを提示し続けている。また、ジェンダー・ステレオタイプも根強く存在する。「女性とメディア」をとりあげるJ項は、状況をこのように分析したうえで、女性がメディアとの関係で単なる消費者ではなく平等に参加する者となるための変革が必要であるとして、次のような二つの行動目標を示している。

行動目標1:メディアと新しいコミュニケーション・テクノロジーにおいて、またそれらの活用を通して、表現と意思決定への女性の参加とアクセスを拡大する。

行動目標2:メディアの女性表現を調和のとれたステレオタイプではないものにする(メディア内容におけるジェンダーの平等と公正の推進)。

J項では、さらに、これらの行動目標へ向けて、国際機関、各国政府、メディア、そして市民・NGOがそれぞれ何をなすべきかを、きわめて具体的に記述している。たとえば、各国政府に対しては、そのメディア政策にジェンダーの視点を組み込むことを求め、メディアに対しては、みずからを規律するための行動基準や制作指針を女性の参加で作成すること、また、それらを実効あるものにするために、メディアの所有者、管理職、制作者へ研修セミナーを実施することを求めている。一方、市民・NGOには、メディアの内容や行動をモニターすること、また、そのネットワーク活動を強化することで、メディア産業界や制作者、行政機関、教育機関などと協議の座につく

力をつけること、さらに専門性を高めていくことを求めている。
  （3）「報道と人権」をめぐって
　世の中の出来事を人々に伝える報道機能は、新聞やテレビが社会で果たしている機能の中でも最も基本的かつ重要なものといえる。しかし、他方では、メディアによる不正確な報道や誤報によって、あるいはメディア側にある偏見や差別意識によって、特定の個人やその周囲の人々の、あるいは特定の集団の、人間としての基本的な権利が侵害され、大きな問題になることがある。いや、問題になるならまだしも、強大なメディアを相手になす術もなく、人権を侵されたままの状態にいる個人や集団が少なからず存在する。
　むろん、メディアの側でもその倫理綱領で「人権の尊重」をうたい、人権侵害はあってはならないこととして、さまざまな努力を積み重ねてきている。しかし、それでも、「報道と人権」をめぐる議論は絶えることなく続いている。社会の急速な変化に伴い、「人権」の概念そのものを性別、年齢、人種・文化的背景、階層、ライフスタイル、障害など、あらゆる観点から常に問い直すことが求められているからである。
　そうした状況の下で、最もわかりやすい問題として、ここでは犯罪報道による人権侵害、一般に「報道被害」といわれる問題を中心に考えていく。
　テレビや新聞が日々報道するニュースには、殺人事件、窃盗事件、詐欺事件、政治家や官僚の汚職事件と、大小さまざまな犯罪を伝えるものが多い。毎日のように見聞きしているそうした犯罪報道に、人々は普段、どんな接し方をしているだろうか。驚いたり、恐ろしいと思ったり、怒りを覚えたりすることはあるが、それ以上に報道内容について深く考えてみる人はさほど多くないだろう。事件はいつも起こっているし、世の中の動きを事実として伝えるのがメディアの仕事なのだから、と多くの人は思っている。
　しかし、メディア・リテラシーを少しでも学んだ者なら知っているように、メディアが伝えるニュースは、事件の発生が事実だとしても、事実のすべてを伝えているわけではない。短い時間や狭い紙面を使って伝えるには内容に限りがあるし、速報性を競う中で情報源が限られ警察情報への依存が起こる。

そうした諸々の限界の中で報道されるニュースであるにもかかわらず、日本では、逮捕された人をその時点で犯人であるかのように扱い、最近は「容疑者」という語をつけるようになったとはいえ、実名で報道するのが一般的である。さらに、犯罪が残虐で特異な性格を持ち、社会的に大きな関心を呼びそうだと判断すれば、メディアは容疑者や被害者、その家族や友人、知人、あるいは事件が起こった地域の人々を巻き込んで、センセーショナルで集中豪雨のような取材合戦をはじめる。

メディア報道のこうした状況が抜本的に改善されない限り、松本サリン事件報道（1994年6月発生）に代表されるように、突然、被害者となった普通の市民をメディアが犯人視して、警察情報を頼りに誤報を続けるといった人権侵害はなくならない。

2 グローバルに展開する変革の取り組み

(1) 子どもの権利をどう保障するか

1990年前後から、多くの国でメディア、なかでも放送メディアは、メディア倫理への積極的な対応を求められるようになっていく。放送メディアの場合は、他のメディアと異なり、国家の電波政策に直接かかわることから、電波の管轄を政府から独立させ、第三者機関である放送行政委員会に委ねている国が多い。カナダを例にとれば、そのような放送行政委員会であるCRTC（カナダ・ラジオ・テレビ・テレコミュニケーション委員会）が、1980年代末頃から市民およびその組織（NGO/NPO）の要望を反映する積極的な政策をとるようになり、放送事業者はそれに対応して自主的な取り組みを強化する必要に迫られていく。

その結果、カナダ民放連（CAB）は自主的に1987年に策定した基準を見直し、1993年に改定版として「テレビ番組における暴力に関する自主基準」(Voluntary Code Regulating Violence in Television)（文献[2]）を制定している（1994年発効）。この新しい基準は、CABの一般的な倫理基準を補足するものとして作成され、子ども番組の放送時間や内容における暴力表現について詳

細な基準を設けている。

　1990年代には、子ども視聴者とかかわって、同様の基準がオーストラリア、EU諸国、など多くの国で作成されている。イギリスでは、すべての商業放送事業者を管轄する機関であるITC（独立テレビ委員会）が、その「広告基準規則」(ITC Code of Advertising Standards & Practice) (1992年) に「子どもと広告」の章を設け、15歳以下の子どもを対象とする広告のあり方を事細かに規律している（文献[2]）。オーストラリアでも、1992年放送法の下で「子どものテレビ基準」（文献[3]）を制定し、それを独立行政委員会であるABA（オーストラリア放送裁定委員会）の下で改定している（1996年）。この基準は時間帯別に3段階にわけて子ども番組の放送を義務づけ、子ども番組の内容についても詳細に規律するものである。

　上述した「メディアと子ども」世界サミットは、このようなグローバルな動きを反映するものであり、メルボルンで開催された第1回では、参加者全員の賛同を得て「子どものテレビ憲章」が採択されている。さらに、ロンドンでの第2回最終日には、招待されて世界各国から参加していた子どもたちによってつくられた「子どもの電子メディア憲章」が披露されている（文献[1]）。いずれの憲章も、子どもの権利条約に基づいてメディアに対する子どもの権利を確認し、それを保障するために番組制作がどうあるべきか、どのような内容が子どもを傷つけているか、どのような内容が求められているかを、きわめて具体的に説明している。

　21世紀を迎え、「子どもとメディア」をめぐる動きはより多面的な様相を呈しはじめている。インターネットの急速な普及は、子どもの世界にも「デジタル・デバイド」の問題を引き起こしているし、他方では、子どもをめぐるインターネットの倫理問題が急浮上している。また、メディア制作にたずさわる専門家やジャーナリストの間でも「子どもの権利条約」を真剣に受けとめる動きが見られ、たとえば国際ジャーナリスト連盟（IFJ）は子どもを取材対象とする際の倫理基準として「メディアと子どもの権利」ガイドラインを策定している（2002年）。

（2） ジェンダーの視点を組み込む

「ジェンダーとメディア」の領域では、上述したように「北京行動綱領」が二つの行動目標を示し、各セクターでなすべきことをきわめて具体的に述べている。こうした目標が設定された背景には、世界に先駆けてカナダやスウェーデンなどの欧米諸国で行われてきた変革の取り組みとその成果を踏まえ、より多くの国や地域で同様の変革を可能にしていこうとする強い意思を読み取ることができる。

実際、スウェーデンでは1975年末に公共放送SRで改革がはじまり、「SR平等委員会」が設置されている。しかも、この委員会が掲げた69項目の提案の多くが4年後には達成されたことが報告されている（文献[4]）。

カナダにおける変革の取り組みがはじまるのは、公共放送のCBCの場合は雇用平等法成立（1969年）直後であり、商業放送の場合はCRTCによる「放送メディアのなかの固定的な性役割像に関する特別委員会」が設置された1979年である（文献[4]）。以来、同国では、粘り強く変革の取り組みが続けられ、CBCによる「性役割表現ガイドライン」（1979年）、NAB（カナダ民法連）による「ラジオおよびテレビ番組制作における性役割表現規則」（1990年）が制定されている。なお、これらの基準は、現在、より包括的な倫理基準であるCBC「ジャーナリストの基準と実践」、あるいはNAB倫理綱領（1992年改定）のいずれでも、基本的な要素として位置づけられている。たとえば、NABによる18条からなる倫理綱領（全訳は、文献[5]）では、その3条で「性役割ステレオタイプ」を、また18条で雇用の平等をとりあげ、おおむね、次のように記している。

・放送事業者はステレオタイプなイメージは否定的な効果を持つことを認め、その責任において性的搾取を排除し、知性および感情における両性の平等を反映し、性役割ステレオタイプに関連する問題へのセンシティビティを示すことに最善をつくす。より詳細な点については、放送事業者は「テレビ及びラジオの番組制作における性役割表現規則」を参照する（3条—性役割ステレオタイプ）。

・放送事業者は雇用の平等については雇用平等法の「雇用平等規則」(1986年)、CRTCの「ジェンダー表現に関する1992年政策」および「雇用平等政策の履行」(1992年) を参照しなければならない (18条―就労者b)。

(3) 市民による申し立ての審議制度

「報道と人権」の領域でも、メディアの倫理綱領や基準を見直し、それらを実効あるものにするための仕組みをつくる制度的な変革がさまざまに続けられてきた。なかでも重要なのは、報道によって人権被害を受けた人が誰でも簡単な手続きで救済を求めることができるようにする制度が多くの国で確立されてきたことである。

まず、メディアの中でも長い歴史を持つ新聞についてみると、北欧諸国をはじめ、イギリス、ドイツなど多くの国では、メディアがみずからの手で報道評議会を設立し、それを人権救済のための制度として機能させている。報道評議会を世界に先駆けて設立したのはスウェーデンで、1916年に遡る。この国では、1960年代に市民の代理人を意味する「プレス・オンブズマン」がメディアの自主的な制度として導入されており、匿名報道も徹底している。同国の報道評議会は現在、メディアの経営者、記者組合、市民、の各代表で構成されており、このような報道評議会とプレス・オンブズマンの連携によって、法律によらず、報道被害者の訴えをメディアによる自主的な倫理綱領に沿って調査し、裁定し、メディア側に非があると認めたときには、裁定文を新聞に掲載するなどの救済措置をとっている (文献[6])。

市民による申し立てとその審議のプロセスを制度として確立することは、放送メディアの場合、とくに重要である。放送の運営にあたる放送事業者は、新聞と異なり、一定の条件を満たして放送免許を取得しなければならない。したがって、放送免許の許認可をはじめとする電波の管轄を政府そのものである総務省の手で行っている日本の場合は、政治権力からの干渉や放送と政治の癒着が常に問題になってきた。しかし、多くの国では、そうした弊害を防ぐために、電波の管轄を政府から独立した放送行政委員会の手で行うよう

にしている。さらに1990年代には放送環境のグローバルな変化に対応して、イギリス（1990年および1996年）、カナダ（1991年）、アメリカ（1996年）、オーストラリア（1992年）と、多くの国で放送法が改正され、その一環でオーディアンスからの申し立てを審議する機関が制度として整備されている。

たとえば、イギリスでは放送基準委員会（BSC）が「公正とプライバシーの規則と基準規則」（1997年、1998年改定）を制定し、それに沿ってオーディアンスからの申し立てのすべてを審議する。カナダの場合を見ると、公共放送のCBCには市民を代表するオンブズマンの制度があり、CAB（民放連）は自主的に「カナダ放送基準評議会」（CBSC）を設けている。いずれの場合も、各々が自主的に制定している倫理規準や各種のガイドラインに沿って審議する仕組みになっている。

3　日本における現状と課題

（1）見えはじめた変化の兆し

グローバルに展開する変革の動きから長く取り残されてきた感のある日本のメディアであるが、1995年以降になると、放送界を中心に、積極的な対応を余儀なくされていく。その時代背景としては、郵政省（現・総務省）によって「多チャンネル時代における視聴者と放送に関する懇談会」（1995年）、「青少年と放送に関する調査研究会」（1998年）、「放送分野における青少年とメディア・リテラシーに関する調査研究会」（1999年、2000年報告書提出）、といった一連の委員会が設置され、放送事業者、研究者、教育関係者、NPOなどの市民という多様な領域を巻き込んだ議論がはじまったこと、この議論の過程で市民側の発言が活発化し、商業化の一途をたどるメディアを批判して変革を求める提言や要請が各種の市民組織によって提出されたこと、などの動きを指摘しておく必要があるだろう（文献[7]）。

実際、民放連は1999年、郵政省の報告書を受けて、その放送基準を一部改訂し、①青少年に対する放送時間帯への配慮、②サブリミナル的手法の禁止、③アニメなどの映像手法に関して視聴者の身体への影響に配慮、という

3条文を新設している。さらに、2000年には、民放連とNHKが共同で「放送と青少年に関する委員会」を自主的に設置し、「視聴者からの意見を審議して、その結果を放送事業者に伝え、対応結果を一般に公表する」ことにした。しかし、審議するといっても、どのような基準でどのように審議するのかという肝心の部分は公表されていないし、委員の選任も内部で一方的に行われている。

「報道と人権」の領域でも、1997年になると、いくつかの動きが起こってくる。まず、新聞労連が匿名報道の原則、新聞評議会の設置などを提言する「新聞人の良心宣言」を発表している。同じ年に民法連は、頻発する報道被害への強い批判を受けて、新たな自主基準として「報道指針」を制定した。この「報道指針」は、視聴者をはじめて「市民」と呼び、報道の自由、報道姿勢、人権の尊重、報道表現、透明性・公開性、の5項目でメディアの責務を改めて確認している。しかし、匿名報道や報道評議会の設置には触れていない。

1997年には民放連とNHKの両者による自主的な機関として「放送と人権等権利に関する委員会機構」(BRC/BRO)も設立されている。メディアによる人権被害をメディア界ではじめてみずから救済しようとするものである。しかし、この機関も審議を行ううえで不可欠な基準やガイドラインを明確に示していないし、委員の選任、審理のプロセス、などへの市民参加もなく、市民主体の救済機関とはいいがたい。

2001年に入ると、同種の機関が朝日新聞「報道と人権委員会」をはじめ、新聞各社に新設されるようになっていく。さらに、BRC/BROは2003年に「放送と青少年に関する委員会」(2000年設置)と統合して「放送倫理・番組向上機構」(BPO)として再出発を果たしている。

(2) 取り組むべき多くの課題

21世紀の今日、取り組むべき課題は多いが、中でも、日本のメディアにジェンダーの観点がいまだに欠落していることへの取り組みは緊急を要する課題である。たとえば放送メディアの倫理基準としては、NHKの「国内放

送番組基準」、民放連の「放送基準」があるが、いずれの基準も具体性を欠いた一般的な記述に終始しており、ジェンダーに言及する記述は皆無である。後者では1章で人権をあげ、その中で、(4)人身売買および売春・買春は肯定的に取り扱わない、(5)人種・性別・職業・境遇・信条などによって取り扱いを差別しない、と記述するにとどまっているし、前者（NHK）の場合は、より一般的な記述に終始している。他方、新聞はどうかといえば、日本新聞協会の「新聞倫理綱領」（2000年に改定）でも、「記事、広告とも表現には品格を保つ」と述べるにとどまっている。

　むしろ、日本のメディアの場合は、1999年に施行された「男女共同参画社会基本法」および「改正男女雇用機会均等法」という社会における一般的な法整備を受けて、メディア企業でも雇用政策にジェンダーの視点を組み込む動きがわずかに見られるようになっている。しかし、そうした政策の変化をメディアが明文化するまでには至っていない。

　メディアの倫理とかかわってとりあげるべき問題は、他にもさまざまある。多民族化が進行する多くの国や地域では、オーディアンスの中の人種や民族、文化、宗教、ライフスタイルなどを異にするさまざまな人々の存在に注意を喚起し、「多様性」を倫理基準の基本に据えることをメディアに求めている。障害者もそうした多様性の一環でとらえられているし、ジェンダーや年齢を異にする人々についても同様である。

　多様な生き方をしている人々を安易なステレオタイプな表現で笑いの対象にすることを戒めるだけでなく、カナダやイギリスのメディア基準に見られるように、それぞれのマイノリティ市民の人権がどのようなときに侵されているか、どのように表現することが望ましいかを詳細に説明する基準が必要である。一例として、イギリスの独立テレビ委員会（ITC）の番組基準を示しておきたい。この基準では、次のような説明に続いて、エスニック・マイノリティ、障害者、高齢者、同性愛者、宗教上や言語上の少数者のようないっそう見えにくくされ、弱い立場にいるマイノリティ市民をあげ、それぞれについて詳細に説明する文章が続いている。

「視聴者は、放送事業者に対して、個人及び集団の成員としての個人のいずれについても、人間の尊厳を守る責任をその事業に可能な限り反映するよう要求する権利を有する。個人は不必要に利用されてはならず、不必要な苦痛を与えられることがあってはならない。また視聴者は、他者の苦痛を覗き見していると感じさせられることがあってはならない。
　特に、立場の弱いマイノリティ市民については、表現上の歪みや扱い方の軽視による影響に留意し、配慮が必要である」。
（３）　メディアに対する市民の権利をどう確立するか
　こうしてみると、今日のメディア社会におけるメディア倫理の確立にとっては、メディアに対する市民の権利を確認し、この両者の信頼関係を構築することが最重要な課題であるといっても過言ではないだろう。そのためには、メディアに対するオーディアンスの申し立てとその審議のプロセスを市民主体の社会的な制度として機能させていくことが何よりもまず必要である。そうした制度が機能するようになれば、国家権力から独立した放送行政委員会、メディア、市民、という三極構造の構築をめざすことも可能になり、それら三者のバランスをとる中で、本来、個々の市民の基本的な権利（人権）である表現の自由をメディアもまた主張することができるのである。メディアの表現の自由は、強調するまでもないことだが、オーディアンスである市民から委託されたものであり、それは市民との間に信頼関係が存在することを前提とする二次的なものにすぎない。
　ところが日本では、21世紀の今日でも、電波の管轄が政府そのものである総務省の手で行われており、政府から独立した放送行政委員会そのものが存在しない。そうした状況の下で、テレビは1953年の放送開始以来、一貫して、産業として日本経済の牽引車となり、今日の消費文化を生み出し、私たちを社会の構成員である一人ひとりの市民としてではなく、単なる消費者として位置づけてきた。
　状況はこのように日本社会における民主主義の未成熟と深くかかわっている。したがって、変革の道筋は平坦ではないが、幸いなことに、グローバル

な動きから孤立しがちであったメディア界にも変化の兆しが見えはじめている。さらに心強いのは、いま、市民やその組織（NPO/NGO）へと目を転じるなら、日本でも、能動的で創造性に富んだ行動がさまざまに見られるようになっている。主流メディアに期待することをやめ、自分たちの手でビデオ作品やインターネットラジオといったオルターナティブ・メディアをつくる活動をはじめている市民たちがいるし、メディアのモニター活動やそのグローバルなネットワーキングも盛んである。さらに、より多くの人たちがメディア・リテラシーの重要性を認識し、その活動に参加しはじめている。

　メディア・リテラシーの取り組みがより盛んになれば、長く続いてきたメディアとオーディアンスの不平等な関係に異議を唱え、グローバルな視野で、その変革の取り組みに参加する人たちも増えていくだろう。今日のメディア社会におけるメディア倫理の確立にとっては、そのような地球市民として主体的かつ能動的に社会に参画する人たちの存在が不可欠である。

参考文献
［1］鈴木みどり編『Study Guide メディア・リテラシー：入門編』リベルタ出版、2000年
［2］鈴木みどり編『Study Guide メディア・リテラシー：ジェンダー編』リベルタ出版、2003年
［3］鈴木みどり「オーストラリアにおける『子どものテレビ政策』」『立命館産業社会論集』第31巻1号、1995年
［4］鈴木みどり『テレビ・誰のためのメディアか』學藝書林、1992年
［5］「カナダ民間放送連盟（CAB）倫理基準」（FCT訳）、『fctGAZETTE』No. 82、2004年3月
［6］山口正紀「人権と報道概論」人権と報道連絡会ホームページ（http://www.jca.apc.org/~jimporen/）2003年7月
［7］鈴木みどり編『メディア・リテラシーの現在と未来』世界思想社、2001年

（鈴木みどり）

第 5 章

グローバル化時代の倫理

　経済に端を発するグローバリゼーションの波が今日、政治、文化、科学技術などのあらゆる分野に及んでいることは、もはや否定すべくもない。本章では、グローバル化時代に直面した21世紀において避けることのできない倫理的課題について、英語圏、フランス語圏、ドイツ語圏を中心に、さまざまな角度から概観する。
　はじめに、多文化主義とリベラリズムをめぐる原則的な問題について、続いてグローバル・スタンダードとしての民主主義と人権思想の可能性について論じる。次に、多文化社会と多文化主義の問題を代表する事例として、フェミニズム、ジェンダー、マイノリティをとりあげる。さらに、1980年代のフランスにおいて、実存主義や構造主義に代わっていっせいを風靡した感のあるポストモダンの倫理的側面を解明する。近代を象徴する概念（主体、理性、権力など）に対する根源的な批判を通して、グローバル化時代の特徴を浮かび上がらせることをめざす。最後に、さまざまな分野における異文化間コミュニケーションの重要性を踏まえつつ、それに伴ういくつかの原則的な課題について、自文化中心主義と、文化の枠を超越した普遍主義という両側面から考察していく。

1　多文化社会とリベラリズムの課題

1　グローバリゼーションとは？

　21世紀を迎えた現在、さまざまなマスメディアをとおして、グローバリゼーション（globalization）という言葉を耳にする機会が急速に増えつつある。それに伴い、本格的な国際化時代の到来も間近に迫っているといえよう。しかしながら、グローバリゼーションの影響力の拡大の速さと比例して、その意味はますます拡散し多様化しているように思われる。それどころか、グローバリゼーションという言葉のみが独り歩きをしている観すら否めない。そこではじめに、そのおおよその射程を確定したい。

　グローバリゼーションという言葉から直ちに連想されることとして、第一に、アメリカを中心とした自由主義経済の世界的支配、経済におけるグローバル・スタンダード（世界基準）の確立があげられる。しかしながらそれは、もちろん経済にのみ限定されるべきではなく、少なくとも次の四つの観点から論じられるべきであろう。第一に、金融市場を中心とした経済活動全般にわたる問題。第二に、通信の世界的なネットワークやクローン技術などの技術革新の問題。第三に、規制緩和や世界市場の導入といったさまざまな自由化政策や、選挙制度の導入といった民主化政策の採否をめぐる政治的決断。第四に、生活様式や教育制度、ファッションやスポーツ、芸術などに象徴される社会的・文化的・倫理的領域への影響。それゆえここで簡単に、グローバリゼーションとは、何らかの共通の基準ないしはルールや制度を全世界へと当てはめ、押し広げようとする趨勢、またそれに伴うさまざまな領域への世界規模での影響、と定義して差し支えないだろう。ただし、上述した四つの観点のほかにもさまざまな区分が可能であり、たとえば、以下のように分類することもできるだろう。①環境問題や犯罪、さらにテロや戦争のグローバル化とその対策（とくに環境問題については、第3章を参照）。②経済、医療、科学技術、哲学、自然科学、精神科学、教育制度、芸術、スポーツなどの国

際化。③飢餓や貧困、伝染病などのさまざまな困窮の国際的広がりとその対策（文献[1]）。

いずれにしても、こうしたほとんどすべての分野に及ぶグローバリゼーションは、一方で21世紀の人類に、数々の生物的・経済的・政治的・文化的危機を招くと同時に、他方で、従来想像しえなかったような新たな創造と全地球的な次元への飛躍の可能性を提示しているように思われる。ここでは、グローバリゼーションに伴うさまざまな問題の中からいくつかの主要テーマをとりあげて、政治的・文化的・倫理的観点から考察していく。

2　多文化主義と承認をめぐる問題

グローバリゼーションの影響としてしばしば指摘されてきたのが、アメリカ（ファストフードやハリウッド映画など）に代表されるただ一つの文化によって、世界中の多様な伝統文化が破壊され、均一化されてしまうのではないか、という危惧である。こうした懸念は、少なくとも日本をはじめアジアにおいてはすでに現実のこととなりつつある。アジアほど深刻ではないものの、このことはヨーロッパにおいてもまた、例外ではない。

こうした緊急の課題に、政治的のみならず倫理的・哲学的に取り組んだ代表的な著作の一つに、C. テイラー（1931- ）の『マルチカルチュラリズム』(1994) があげられる（文献[2]）。この著作は、直接的には、カナダにおいて多数派を占める英語系文化による政治的・経済的・文化的な支配から、ケベック州におけるフランス語系文化の伝統を守ることに伴う、いくつかの原則的な問題点について論じたものである。しかし、そこでとりあげられているテーマは、決してカナダという一地域に限定されるべきものではなく、本質的には、上述した21世紀的な文化的ヘゲモニー（一元的支配）の問題としてとらえられなければならない。換言するとそれは、グローバリゼーションに付随する二つの側面から、多文化主義（multiculturalism）の本質的な問題として考察されるべきであろう。すなわち、一方で、一元的な文化支配を迫る圧倒的な多数派に対して、いかにして少数派は固有の伝統文化を保持・発展

させうるのか、そしてその際原理的にどのような困難が予想されうるのかといった問題であり、同時に他方で、すでに出現しつつある多文化社会において、民主主義と平等の理念を損なうことなく、いかにして多種多様な文化を承認することができるのかという問題にほかならない。

多様な文化の存続をめぐる問題の所在を明らかにするため、テイラーは、第一にそれを、固有の文化に対する政治的な承認の問題として提起する。さらにそれは、一人ひとりの真正な自己のアイデンティティの形成と維持をめぐる問題として、倫理的・哲学的な次元において論じられる。ミード (1863-1931) 以来の自己形成論の伝統に立つテイラーによると、アイデンティティは、社会から切り離された孤独な自己のうちで独白的に形成されるのではない。それは、その都度他者との具体的な開かれた対話をとおして形成されるのであって、それゆえアイデンティティの形成には、そのときどきの他者による承認が不可欠となる。このように、アイデンティティがみずからの帰属する文化的伝統による承認なしには形成されえない以上、そうした伝統自体が社会全体のうちで正当に承認されない場合には、自己は不当に歪められたアイデンティティを強要され、自己疎外に陥らざるをえない。具体的には、アメリカ合衆国におけるアフリカ系アメリカ人の、アジア系アメリカ人の、アラブ系アメリカ人の、先住アメリカ人の、さらに理論的には、同性愛者たちの文化的伝統に対する社会的な承認の例をあげることができる。

テイラーやウォルツァー (1935-) は、こうした承認をめぐる問題を、さらに二つの自由主義の対立へと先鋭化する。すなわち、社会のすべての構成員に対して平等に与えられるべき個人の基本的権利 (「手続き的な」自由主義) と、多文化社会における特定の民族、文化、宗教の発展を積極的に推進する政策に代表される集団の権利 (「実質的な」自由主義) へと (文献[2])。さらに、両者の対立は次のように際立たせられる。仮に国家が前者の個人の権利を尊重し厳格に遵守するならば、そうした社会においては、(政教分離に代表されるように) 国家は個人の自由や市民の公共性を超えた集団的目標に対して完全に中立でなければならない。しかし反対に、国家が後者の集団の権利を積極

的に承認する場合には、国家は、ある程度個人の基本的権利の平等性を犠牲にしてでもそうした集団の権利と目標とを守るべく、完全な中立性を放棄しなければならないのだ、と。そして少なくとも、カナダのフランス語圏に属するケベック州においては、英語とフランス語を自由に選択できるという個人の基本的権利を制限することによって、フランス語系文化を将来にわたって安定的に維持発展させるという、後者の集団的権利と目標とがある程度支持されうるのだ、とテイラーは主張する。

こうした、いわば文化的な差異に基づく集団の権利（少数派の文化的伝統の保護）を強調するテイラーに対して、最も明確に異を唱えているのがハーバーマス（1929- ）である。ハーバーマスによれば、国家や社会による少数文化の承認の問題をテイラーやウォルツァーのように二つの自由主義の対立としてとらえるのはあまりに単純すぎる。両者は実際には明確に対立するのではなく、むしろ前者の（手続き的な）自由のうちに後者の（実質的な）自由が包摂されるのである。それゆえ、前者の自由は決してテイラーたちが考えるように完全に文化的・倫理的価値に対して中立的なのではなく、むしろ現実には、そうしたさまざまな集団的価値の相互承認に基づいて決定されるのであって、単純に集団的権利と対立するわけではない（文献[2]）。少数文化の承認と存続の問題を国家の内部に限定する限り、ハーバーマスの批判は基本的に的を射ている。しかしながら、それをグローバルな次元における異文化間の相互理解と相互承認の問題としてとらえるならば、テイラーの提案も十分耳を傾けるに値するように思われる。それは次のような主張にほかならない。

グローバル化時代において、ある特定の文化的伝統に基づく価値基準が絶対化されることは許されない。しかし、このことが次のことを意味するわけではない。すなわち、あらかじめすべての文化が等しく承認され、人類全体にとって価値あるものと見なされるということを。もしそうであるならば、異文化間のコミュニケーションに先立って、すでに何らかの客観的な（普遍的な）基準が存在しており、私たちはすでにそれを手に入れていることになるからである。したがって重要なことは、異文化間相互のダイナミックなコ

ミュニケーションの過程をとおして、異なる二つの（場合によっては複数の）文化が互いに歩み寄り、いわばある種の「地平の融合」(fusion of horizons, Horizontverschmelzung) を達成することによって、みずからの文化的地平を拡張することである。そして両者は、そうした地平の融合によってはじめて、互いに（かつてまったく異質であった）新たな価値を正当に評価し、相互に承認し合う可能性を手に入れるのである。

3 リベラリズム対リバタリアニズム

グローバル化時代の台頭に伴い、今日、多文化や多元的な価値を積極的に承認する民主主義社会の意義はますます重要なものとなっている。ここでは、現代の民主主義がどのような原則的問題をはらんでいるのかをより明確にするために、まず、自由主義 (liberalism) と自由至上主義 (libertarianism) の争点について考察していく。

リベラリズムの代表的人物として、第一にロールズ（第1章3節 4 参照）の名があげられる。『正義論』(1971) において、ロールズは、ホッブズ、ロック、ルソーに連なる社会契約説の復権を図り、「公正としての正義」という観点から、民主主義国家のあるべきあり方について根本的な考察を加えた（文献[3]）。ロールズは、社会契約説における「自然状態」を「原初状態」といいかえ、「自然権」や「自然法」に代わって、すべての人に等しく与えられるべき基本的権利や公正の原理を理性的に導き出す画期的な方法を提案した。

仮に、個人がそれぞれ自分の社会的境遇や才能や財産を知っているとするならば、誰もが自分に有利な権利や原理を主張することは避けられない。たとえば、低所得者ならば累進課税を、高所得者ならば当然その反対を望むだろう。また、才能の豊かな人ならば競争社会を、反対に才能の乏しい人ならばその逆を望むことが予想される。そこで、自分の利益のみを追求する特殊な意志にではなく社会全体の公的な意志に従うためには、全員が自分の境遇や才能についてまったく無知である、という架空の状況を想定しなければな

らない（無知のヴェール）。そのときはじめて、理論上誰も自分の立場を優先させることのない、自由な意思に基づく全員の合意が得られるのであり、誰にとっても最低限納得のいく原理が導出されうるのである。というのもそこでは、自分がどのような境遇にいるのかがまったくわからない以上、原理的に誰しも自分が最悪の境遇にあるという可能性を排除できないからである。

　こうした架空の自然状態ともいうべき「原初状態」から、ロールズは以下の二つ（もしくは三つ）の原理を導き出す。第一が、基本的権利と自由（選挙権・被選挙権などの政治的自由、言論の自由、思想および良心の自由など）の平等な分配の保障であり、第二が、社会的・経済的不平等の是正（格差原理）である。第二の原理には、さらに二つの条件がつけられている。①職務や地位に応じてさまざまな不平等が生ぜざるをえないとしても、そうした職務や地位につくことのできる機会がすべての人に平等に与えられていなければならないということ、②不平等は原則的に、最も不遇な人々の利益の最大化に資するものでなければならないということ、以上である。さらに、ロールズの正義論が社会全体の平等と福祉にかなりの比重をおいているにしても、その基本理念が自由にあることは疑いない。というのも、そこで、第一原理が第二原理に優先するものと考えられているからである。

　自由と平等とのバランスを重視するロールズに対して、リバタリアニズム（自由至上主義）を代表するノージック（1938-2002）は、一方で社会契約説の伝統に回帰しつつ、他方で自由の根源的意義を強調する。ノージックは『アナーキー・国家・ユートピア』（1974）の中で、ロールズに反対して権原理論（entitlement theory）を唱え、リバタリアニズムの原理的な正当性を主張している（文献［4］）。個人は、みずからの自由や財産に関して、何者によっても侵されることのない固有の権利を有しており、その正当性は、以下の三つの権原（entitlement）に由来する。①暴力や窃盗や詐欺といった不正な手段によらずに財を取得した者は、その財に対して資格（権原）を有する。②財に対する権原を持つ者から、正当な移転手続きに従って財を取得された者は、その財に対して資格（権原）を持つ。③財に対する正当な資格（権原）は、も

っぱら上記の二つの手続きによって取得された場合に限られる。

このように、正当に取得された私有財産の絶対不可侵性を掲げるノージックにとって、たとえそれが功利主義の最大多数の原則やロールズの格差原理に適っているとしても、国家には個人の財産を侵害する権利などまったく存在しない。それゆえ、こうした原理に基づいて合意されうる国家とは、最小限の警察任務を司る〈夜警国家〉に限られることになる。ノージックの考案する理想国家とはこうである。仮に〈自然状態〉がホッブズ的であれ、あるいはロック的であれ、いずれにしても人々はそうした状態にとどまることはできない。みずからの自由と財産権（自然権）を守るために、次の二つの条件の下で、何らかの国家を必要とせざるをえないのである。それは、誰もが合理的な自己利益を求めて行動することであり、誰も他人の正当な権利を侵害しないこと、万一侵害した場合には補償することである。以上のような基本原理に従って形成される国家は、加入者の権利の相互保護を目的とした複数の「保護協会」の設立にはじまり、最終的に、国家内部での実力行使の独占と全住民の権利保護とを目的とする組織へと拡張される。

ロールズの主張する公正の原理の中心が自由にあるとしても、そこで想定されている社会は、ノージックのような剥き出しの競争社会ではなく、基本的に弱者を救済する格差原理によって貫かれた福祉社会であった。ゆえに両者の争点は、国家の基本理念を貧富の格差を是正するような平等社会におくのか、あるいは個人の自由を最大限に尊重する競争社会におくのか、という点にある。ロールズの格差原理が結果としての分配の正義に基づくのに対して、ノージックの権原理論は、財の取得の歴史的な正当性に基づく。両者の相違は、以下のように先鋭化される。一方で、さまざまな格差を生む才能や社会的境遇といったものは、本来、個々の人間自身に属するものではない。それは、単なる偶然の産物にすぎないのであり、その権利がその人自身に帰せられるべき理由はない。したがってそれは、社会全体の公正の原理に従って再分配されなければならない。他方で、権原の正当性が取得に際しての手続きの正否にある以上、たとえ貧富の差がどれほど大きいとしても、正当に

取得された個人の財産権は守られなければならない。というのも、仮に格差原理に従って個人の財産が再分配されるならば、個人の権利が単なる手段として利用されたことになり、人格の個別性を侵害することになるからである。

　私有財産の再分配を人格の個別性に対する干渉と見なすノージックに、ロールズはこう反論する。格差原理は、原則的に個人の自然的資産（才能や財産など）の配分に適用されるのであって、自然的資産の所有そのものにまで及ぶわけではない。それゆえ、自然的資産の再配分は人格の個別性に対する侵害にはあたらない。それどころかノージック流のリバタリアニズムこそ、現実の社会的不平等の是正に役立たないだけでなく、むしろそれを助長させるにすぎないがゆえに、公正としての正義に反するのである。

4　リベラリズム、リバタリアニズム対コミュニタリアニズム

　リベラリズムとリバタリアニズム（自由至上主義）の双方に対して独自の批判を展開したのが、マッキンタイア（1929- ）やサンデル（1953- ）などに代表される共同体論（communitarianism）である。コミュニタリアニズム（共同体論）の旗手の一人マッキンタイアは、『美徳なき時代』（1981：文献[5]）で、近代の啓蒙主義や社会契約説の正当化の失敗理由をニーチェと共有しつつ（第1章3節 4 参照）、リベラリズムやリバタリアニズムをそうした正当化の延長線上にあるものと見なす。マッキンタイアの批判は次の二点に要約できよう。

　第一に、ロールズの正義論（リベラリズム）もノージックの権原理論（リバタリアニズム）もそれぞれ論理的整合性をそなえているものの、しかし両者は両立不可能であり、しかも甲乙付け難いため共約不可能（incommensurable）である、ということにならざるをえない。「ロールズが第一に重視するのは、実際は必要に応じた平等の原則となるものである」。「ノージックが第一に重視するのは、権原に応じての平等の原則である。ロールズにとっては、現在大きな必要〔困窮〕にある人々がそうした困窮に陥るようになった経緯は重要ではない。正義は現在の配分パターンの問題に実現されるのであって、そ

の問題に過去は無関係である。ノージックにとっては、過去に合法的に獲得されたものに関する証拠だけが重要である。だから現在の配分パターンはそれ自体では正義には無関係であるべきだ」（文献[5]）。つまり両者ともに、それぞれ自分たちの権利理念（平等な配分もしくは権限）を正当化する、自分にとって都合のよい「ふさわしさ」(desert) を前提にしているにもかかわらず、その前提自体を問うことができないというわけである。

　第二に、ロールズやノージックにとっての第一の理念とは、社会ではなく個人であり、しかも個人の利害が共同体の成立に先立って、独立に想定されている。しかし個人の利害を決定する「ふさわしさ」の観念は、実際には、個人を育んできた現実の共同体という文脈の中でのみ獲得される。個人にとって何が善であるかは、共同体から独立した抽象的な原理から導出されうるものではない。むしろ、〈善き生とは何か〉についての共同体内部の共通理解が、はじめて個人の利害関心に社会的合意を与えることができるのであり、みずからの属する共同体の共通善の観念なしには、何が正当な権利（正義）であるかを決定することもできないのである。

　共同体との密接な結びつきを失った原子論的個人に対して、サンデルはさらに追い討ちをかける。ロールズやノージックが前提とする、現実の共同体から切り離された自由な個人は、歴史的な伝統との連続性を欠いた抽象的な「負荷なき自我」(unencumbered self) にすぎない。無知のヴェールをかけられた原初状態において、ロールズの説く正義の原理（とくに格差原理）を選択する根拠は一体どこにあるのだろうか。そうした原初状態において、想定された正義の原理に誰もが進んで合意する動機を見出すことなど、不可能ではないか、と。

　原初状態において格差原理を選ぶ必然性が共同体との歴史的な連関なしには生じえないという主張には一理あるものの、しかし、マッキンタイアやサンデルの批判はロールズの真意を摑み損ねているように思われる。そもそも、個人の帰属する共同体の共通善が互いに対立し合っているがゆえに、共同体内部の共通善を超えた普遍的な原理（公正としての正義）が要求された、とい

う事実が忘れられてはならない。換言すると、共同体論者たちが主張するような歴史的・社会的規範が疑問に晒されている現代において、さまざまの規範同士の利害関係に折り合いをつけるために、そうした規範を超える、より普遍的な視点が要請されたのであり、それが正義論にほかならないのである。さらに、歴史的・社会的規範（善き生についての歴史的理念）がサンデルのように政治的に創造されることになるならば、個人の領域が政治的干渉によって侵害され、多様な価値や世界観が締め出される危険さえ否定できない。その結果、最終的にリベラルな原理そのものの崩壊をも招きかねないのである。

5　正義論と人権思想の普遍性をめぐって

　正義論の前提となる「原初状態」は歴史的伝統や社会的境遇から切り離された抽象的理念にすぎないという共同体論者たちの批判と並行して、ロールズは『正義論』刊行後、すべての社会に当てはまる普遍的原理を導出しようとする当初の考えに修正を加える。つまり正義論は、無前提の理想状態から普遍的正義を導出しようとするものではなく、むしろ西欧の立憲民主政体を前提とし、そこで共通のルールを構築するための合意をめざしたものである、という主張を展開する。そうした方向性が明確に示されたのが、1980年に行われたジョン・デューイ記念講演である。

　ここでのロールズのねらいは、「道徳理論におけるカント的構成主義」の復権であり、正義論が特定の認識論や形而上学から独立した社会的な課題であることを主張することにある。それは、アメリカ的な自由民主主義の伝統から抽出可能な「良く秩序づけられた社会」と自由で平等な「道徳的人格」とを相互に結びつける、何らかの正義の概念構成を見つけることであった。そのために不可欠なのが、カント的な人格の自律性と理性の公共的使用であり、それを可能にするのが、無知のヴェールによる才能や財産などの個人的境遇（私的動機）の完全な排除と、協力や協働のために必要な根本条項の決定に際しての公開性と公正性にほかならない。

　さらにロールズは、普遍的原理という正義論の性格をより後退させ、公正

としての正義を構築するにあたって、複数の立憲民主政体の規範原理の間の「重なりあう合意」(overlapping consensus) を強調する。この頃の代表作の一つに、『政治的リベラリズム』(1993) がある (文献[6])。ここでのロールズは、カントらの「包括的リベラリズム」からみずからの立場を明確に区別して、それを「政治的リベラリズム」と命名する。包括的リベラリズムにおいて何らかの宗教・哲学・道徳上の信条が包括的に掲げられているのに対して、政治的リベラリズムでは、そうした特定の包括的な信条が要請されることはない。政治的リベラリズムにおける正義の特徴として、次の三点があげられている。①正義とは、立憲民主政体の基本的構造のために生み出された道徳的構想である。②ある政治的構想を受け入れることによって、何らかの特定の宗教・哲学・道徳上の信条が要請されることはない。③正義の構想は、特定の包括的 (宗教・哲学・道徳上の) 信条にではなく、民主主義社会の公共の政治文化に内在する複数の直観的理念に基づいて定式化される。ここで、多元的な世界観を承認する寛容の原理が掲げられている。したがって政治的リベラリズムは、特定の包括的世界観に与するものではなく、むしろ互いに異なる (場合によっては両立不可能な) 多元的世界観を積極的に承認する民主主義社会に対応するものである。このことはまた、ジェンダーやマイノリティやエスニシティといった、多文化社会と多文化主義をめぐる現代のさまざまな問題に、正義論が十分に取り組みうることを示している、といえよう。

一方で異質な文化 (とくに少数の文化) の価値を最大限に承認しつつ、他方で多種多様な文化 (多文化社会) に共通する最小の枠組みを確定しなければならないというグローバル化時代の要請に応えるべく、1993年にオックスフォードで行われた人権に関するアムネスティー・レクチャーズにおいて、ロールズは、基本的に民主主義社会にのみ当てはまる従来の正義論に代わって、さまざまな国際社会に妥当すべき「諸民衆の法」(the law of peoples) と人権理念とを唱導する。つまり、正義論が民主主義社会のミニマム・スタンダードを表していたのに対して、諸民衆の法は、西洋のみならずおよそすべての秩序ある社会のグローバル・スタンダードを表明するものといえよう。諸民

衆の法に属する正義のミニマム・スタンダードとして、以下の三つが数えられている。「まず、その社会が平和を好み、膨張主義的でない社会であること。そして、その法体系が、社会を構成する人民から見て正当と判断しうる一定の必要条件を満たしていること。しかもこの結果として、その社会が基本的人権を尊重すること」、以上である。さらに、こうした諸民衆の法において、人権は次の三つの役割を担わされることになる。①「人権は体制の正当性とその法秩序の妥当性との必要条件である」。②「人権はそれが適切に存在するならば、他の人民による正当化された強制介入、すなわち経済制裁や、深刻な事態では軍事力による介入を排除する十分条件となる」。つまり、人権が守られている国に対しては、内政不干渉の原理が尊重されなければならない。③「人権は人民の間での多元主義に制限を設ける」(文献[7])。可能な限り多種多様な価値が認められるべきであるが、唯一人権侵害だけは承認されえない、というわけである。

　ロールズ正義論の西欧的な傾向を批判的に修正しつつ、ロールズにもまして民主主義と人権思想の持つ普遍性を擁護し続けているのが、1998年にノーベル経済学賞を受賞したセン(1933-)である。

　センは、ロールズ正義論における「基本財」の平等な配分という考えのうちに、西欧的な物神崇拝が潜んでいることを指摘し、財や所得(モノ)の均一的な分配が真の平等からかけ離れていると主張する。正義論の二つの原理(とくに格差原理)において求められている平等は、一人ひとりの個性に見合った多様なニーズに応えうるものではなく、単なる数字上の辻褄合わせにすぎない。それは、たとえば健常者と障害者の能力的な差異や生活するうえで欠かすことのできないニーズの違いに配慮することがない。したがって、真の平等を実現するためには、数字に表れる表面的な格差是正だけではなく、個人の身体的能力や社会的境遇などの「潜在能力」(capability)の相違を考慮に入れた、きめの細かい是正がなされなければならないのである。さらに、このことと関連してセンがとりあげているのが、ジェンダーである。「異なる社会において男性と女性が享受している自由には構造的な格差が存在し、

これらの格差は資源に還元できないことが多い。男女間で異なる賃金や報酬は、多くの社会でジェンダー間の不平等を構成する重要な要素であるが、例えば、世帯の中における分業のあり方、医療や教育を受けられる程度、享受できる自由など、それ以外の多くの領域においても便益の差別は見られる」(文献[8])。

　また、発展途上国を中心に繰り返し強調されてきた民主主義や人権思想への執拗な攻撃に対抗して、センは人権擁護と民主主義支持の立場を貫く。

　第一の批判は、民主主義よりもむしろ非民主的な制度のほうが経済発展のためには望ましいという、シンガポールのリー・クアン・ユー元首相に代表される見解である。これに対してセンは、権威主義的政治体制や市民的権利の抑圧が実際に経済発展にとってプラスになったことなど一度もない、と切り返す。

　第二の批判は、民主主義や人権思想はヨーロッパ固有の考え方であり、そもそもアジアには多元的な価値や自由を尊重する寛容の伝統はない。したがって、それをグローバル・スタンダードとしてアジアに当てはめることはできないというものである。こうした手垢のついた批判に対しても、センは真っ向から反論する。たしかにアジアには民主的な寛容の伝統が広く行き渡ってはいないものの、たとえばインドには紀元前にまで遡る、アショカ王による信仰の自由と多文化に対する寛容の精神が現存しており、決して民主主義や人権思想はヨーロッパのみに限定されるべきものではない、と。むしろセンは、グローバル化時代における民主主義の長所を列挙し、一貫してその普遍的価値を主張する。民主主義の長所として、次の三点があげられている。①「人間生活における自由と人々の政治参加にとって、民主主義が持つ本質的重要性」。②「政府にその国家義務と説明責任を認識させるための政治的インセンティヴを高める民主主義の手段的重要性」。③「価値観の形成、または欲求、権利、および義務などの基本的概念について理解を生み出す民主主義の構成的役割」(文献[9])。さらにセンによると、以上のような特徴を持つ民主主義は、たとえ全員の合意がなくとも、誰もがその普遍的価値を認

めるにふさわしい理由が存在する限り、是認されうるものでなければならない。

参考文献
［1］ O. Höffe (Hrsg.), *Lexikon der Ethik*, 6. neubearbeitete Auflage, C. H. Beck, 2002.
［2］ テイラーほか、佐々木毅ほか訳『マルチカルチュラリズム』(*Multiculturalism*, 1994) 岩波書店、1996 年
［3］ ロールズ、矢島鈞次監訳『正義論』(*A Theory of Justice*, 1971) 紀伊國屋書店、1979 年
［4］ ノージック、嶋津格訳『アナーキー・国家・ユートピア（上・下）』(*Anarchy, State and Utopia*, 1974) 木鐸社、1985-89 年
［5］ マッキンタイア、篠崎榮訳『美徳なき時代』(*After Virtue*, 1981) みすず書房、1993 年
［6］ J. Rawls, *Political Liberalism*, Columbia University Press, 1993.
［7］ ロールズほか、中嶋吉弘・松田まゆみ訳『人権について』(*On Human Rights*, 1993) みすず書房、1998 年
［8］ セン、池本幸生ほか訳『不平等の再検討』(*Inequality Reexamined*, 1992) 岩波書店、1999 年
［9］ セン、大石りら訳『貧困の克服』(*Beyond The Crisis*, 1999) 集英社（集英社新書）、2002 年
［10］ C. クカサス＝P. ペティット、山田八千子・嶋津格訳『ロールズ「正義論」とその批判者たち』(*Rawls, A Theory of Justice and its Critics*, 1990) 勁草書房、1996 年
［11］ 川本隆史『現代倫理学の冒険』創文社、1995 年
［12］ 川本隆史『ロールズ：正義の原理』現代思想の冒険者たち 23、講談社、1997 年

（平野明彦）

2　ジェンダーとマイノリティ

　21世紀の多様化社会においては、さまざまな人種や文化、考え方を持つ人々が別個にそれぞれの集団の中で暮らすのではなく、互いにかかわりを持ちながら生活していかなければならない。そのような社会の中で、私たちはどのように周囲の人と接していけばよいのだろうか。この節ではジェンダーやマイノリティについてとりあげ、多様化社会で生きることの問題点やその解決策を探っていきたい。はじめに、ジェンダーという概念とかかわりの深いフェミニズムについて見ておく。

1　主なフェミニズムの主張

　女性の社会的な地位の向上をめざし、さまざまな運動を行う。さらに、なぜ女性が抑圧された地位にいるのかを追究し批判していく。これが19世紀半ばに起こったフェミニズム運動である。フェミニズムと一口にいっても、何をどのように問題としてとりあげるかによりさまざまな流派に分かれる。ここでは、数多くある流派の中でジェンダーやマイノリティといった問題につながる「自然」と「女性」について主に論じているフェミニズム（リベラル・フェミニズム、ラジカル・フェミニズム、ポストモダン・フェミニズム、エコフェミニズム）の立場をとりあげ、その基本的な考え方を押さえておきたい。

　はじめにリベラル・フェミニズムについて簡単に述べる。これは資本主義その他、近代の諸制度を認めたうえで男性中心の社会を批判、女性によるリベラリズムを実現していこうとする立場であり、19世紀後半に現れた（文献[1]）。この立場の代表的な人物としてフリーダンがあげられる。彼女は専業主婦が抑圧された状況にあることを指摘、基本的には女性の経済的独立が自立の第一歩であるとしている。しかし、自然と人間とのよりよい関係のためには法や科学を変えていけばよいとするリベラル・フェミニズムは、男女における表面的な平等をめざしたものであるにすぎず、根本的な男女のあり

方や価値観などの変革を追求したものではない改良主義だという批判がある（文献［2］）。

ラジカル・フェミニズムは、第2期のウーマン・リブ運動時（1960年代後半）に現れ、男性中心の社会を徹底的に批判、女性と自然をともに解放していこうとする理論を展開した。すなわち、男女という区別が存在しそれが階層性の区別につながっていることを指摘、しかも階層の上位に位置するのは男性であり、女性を支配してきたのである。こういった社会システム、あるいはこれを生み出したものが家父長制と呼ばれる。この家父長制による女性支配の構造と人間（男性）による自然支配とを同一視し、女性の解放と自然の解放を同じ問題としてとらえているのである。後で述べるジェンダーという概念は、以上のような説明の中でラジカル・フェミニズムが用いている。

ポストモダン・フェミニズムの代表者としてはクリステヴァ、イリガライらがあげられよう。彼女らは、西欧の思考・思想が女性を抑圧してきた根本的な原因であると考える（文献［3］）。西欧の思考・思想の中心は主観・客観、男性・女性といった二元論である。そこで、従来当たり前のように考えられ用いられてきたそれらの概念を解体していく。ただし対立する二つの差異を無くしていこうとするのではなく、差異を強調するのでもない。見方を変えることによってさまざまな形で差異が存在することを示していく（文献［1］）。つまり多様化をめざしていくのである。

最後にエコフェミニズム（エコロジカル・フェミニズム）について見てみよう。これは人間と自然との関係について関心を持っていたリベラル・フェミニズムやラジカル・フェミニズムの流れを汲むもので、人間と自然の階層性を問題とする立場である。とくに女性と自然とのつながりに注目し、近代社会における合理主義が女性抑圧および自然破壊の原因であると考える（文献［3］）。これまで環境問題についてはいろいろな議論がされてきているが、それは主に男性の視点、すなわち合理的な機械論的自然観に基づく議論であった。エコフェミニズムは従来の、自然を支配するという姿勢を批判するが、男性による自然観を用いての批判ではない。そういった自然観こそが、環境

破壊の原因であると考えるからである。つまり、それは一般的に考えられているように人間中心主義が原因だとするのではない（文献［4］および第3章2節・3節を参照のこと）。

またエコフェミニズムは実践的なエコロジー運動を展開、自然との共生をめざしていく。人間の命は地球に依存しており、私たちすべては実は互いに関連しているからである。たとえば豊かな生活のために河川を汚したりすれば、すべてつながっている生態系の中でやがては自分に何らかの影響が及んでくるのだ。そのほか、感情や感覚といった理性ではとらえにくいものを重視するのもエコフェミニズムの特徴である（エコフェミニズムについては第3章4節 4 も参照のこと）。

ヨーロッパにおけるエコフェミニズムの運動は、あくまでも男性中心の世界観とそれにより支配される女性と自然とを開放していく、あるいは男性／女性といった二元論の解体をめざすことが中心となっている。これに対し日本におけるエコフェミニズムは、エコロジーにかかわる運動に主導的に携わったのが女性（主婦）であったことから、エコロジーとフェミニズムとが結びついたものであり（文献［5］）、ヨーロッパにおけるそれと同じような活動を行っているというわけではない。

さて、以上述べてきたように、自然と文化（または女性と男性）という二項対立を超えてこの対立そのものの解体をめざしていこうとする立場があった（文献［5］）。前述のように二項対立を設定し、自然・感情・主観＝女性、文化・理性・客観＝男性とする見方は、男性の視点によるものであった。つまり、このことに普遍性はない。人間（男性）によりつくられた分類・対立なのである（文献［6］）。したがってまったく別の分類・対立を考えることが可能となるはずである。男女という分類自体も、生物学的な観点によるものだけではなく人間社会によりつくられた分類だとする考えもある。それが次に述べるジェンダーの考え方である。

2　つくられる性の枠組みとしてのジェンダー

　1960年代の第2期フェミニズム運動の中で、男女の性差が生物学的な違いによるもの (sex) と、その人の暮らしている文化や宗教といった社会の中でつくられていくものとに分けられることがフェミニストらにより指摘された。後者がジェンダー (gender) と呼ばれる性差であり、「……らしさ」という尺度で測られる。たとえばおとなしくしているのが女らしいとか、正義のために戦うのは男らしい、などである。男女の差異はたしかに存在し、それは生物学的な差異に基づくものであるからその関係を変えていくのは難しいとするそれまでの考え方に対し、そうではなく男女それぞれのあり方というものは社会の中でつくられたものであり、そうである以上、固定されたものではなく変えていくことが可能だと考える。

　このジェンダーとしての男女の枠組みはつくられたものであるが、その二つに分断された領域は単に並列されているわけではなく、男性の領域が女性領域の上に位置してきたのだ。そこで、その女性の地位向上をめざして前述のようなさまざまな運動が行われてきた。さらにいまではジェンダーフリーという考え方も出てきている。枠組みも階層もつくられたものであるのだから、つまりつくりかえられるし、なくせる可能性もあるわけだ。必ずしも固定化される必要はないはずである。差異とは、何かと何かの差異であり、二つ（以上）のものを想定している。想定される複数のものが男性と女性という枠組みでなくてはならない理由はない。そこでジェンダー、つまり男らしさや女らしさという枠にとらわれずに自由に、一人の人間として、自分やほかの「個」を尊重して生きていこうとするのがジェンダーフリーである。

3　マイノリティと平等

　男女の二分化について、フェミニズムではその不均衡について主に問題にしてきた。しかし二分化は男女間においてのみではなくほかにもいろいろある。そしてそこには、これまでの男女間においてそうであったように差別化が見られる。つまり差別される側の領域と差別する側のそれである。前者が

マイノリティであり、後者がマジョリティと呼ばれる。現在マイノリティとマジョリティの問題として、さまざまなものがある。たとえば日本では、女性、障害者、部落問題、在日韓国朝鮮人問題、アイヌ問題などがあげられよう。

マイノリティとはもともと少数者集団ということだが、決して少数ではないのに「マイノリティ」とされている場合も多々ある。つまりこれは、単に少数・多数ということからくるのではなく、力関係が存在しそこに差別がある場合、通常差別される側がマイノリティと呼ばれているのである。必ずしも多数派がマジョリティになるとは限らない。マジョリティとマイノリティ。これは縦糸と横糸のように片方だけでは存在しない、抽象的概念の一つであろう。○○人、男・女……。さまざまな色や素材の糸を二つに大別する。しかもどちらかが中心的な存在となり不均衡が生まれる。布の場合なら縦糸と横糸に力関係はないのだが。

マイノリティに対する差別をなくそうというスローガンのもとに、さまざまな取り組みがなされている。たとえば、健常者というマジョリティに対する身体障害者・精神遅滞者などのマイノリティについて考えてみよう。ノーマライゼイションということがいわれて久しい。これは障害者などを一般社会とは切り離し特別扱いするのではなく、ノーマル（正常）な生活ができるようにさまざまな取り組みを行うものである。ノーマルな生活ができる社会に迎え入れようとする、そのために社会システムを改良していく、このこと自体はもちろん悪いことではない。しかしそこにはマジョリティ中心の考えが入っていないだろうか。マジョリティの生活がよいとマジョリティの人が思っているから、そこに集めようとしている。マジョリティの生活の場にマイノリティを招き入れただけであり、マジョリティとマイノリティの間にある精神的な垣根は、それだけでは取り払われるわけではないのではないか。障害者・高齢者などのマイノリティはその身体的な機能によるものである。その機能を社会システムで補うというのがノーマライゼイションであり、マジョリティ・マイノリティの解消がノーマライゼイションで直ちに実現され

るわけではない。さらに人種や性によるマイノリティは機能の差によるものではない。したがってノーマライゼイションをもちろん適用できない。そこでアファーマティヴ・アクション（affirmative action）が適用される。

　アファーマティヴ・アクションは、1965年にアメリカではじまった一つの政策である。公務員の採用、公立大学の入学など、マイノリティ（人種、性の）に一定枠を確保することを義務づけたものだ。マイノリティに対する従来の差別を是正するためにできたものだが、そこには問題点がある。一つは白人側（マジョリティ側）から出た批判で、これは逆差別ではないかというものである。マイノリティ側の人種であるから、あるいは女性であるだけで採用される、逆にいえばその採用された分、白人が採用されないからだ。しかしその前にマイノリティに対しての差別があったわけだから、この批判は必ずしも妥当ではないだろう。もう一つ問題がある。それは、アファーマティヴ・アクションにより採用されたり入学できたりしても、当人にとってはそのことが自分の実力によるものか、単に是正措置により入れてもらえたのかという判断ができかねる点である。マイノリティだから優遇しようとするのは、女性だから料理が得意だというレッテルを貼られる（実は得意ではないのに）のと同様、当人にとっては本来の評価をしてもらえないという点で迷惑なこともある。

　日本の場合は、アファーマティヴ・アクションは男女の雇用機会の均等を主に目的としているようだ。男女の雇用が均等になればこの措置はなくなるだろう。しかし、そこにたどり着くにはさまざまなジェンダー問題が解決されなければならない。そして、アファーマティヴ・アクション自体は、マジョリティ・マイノリティという階層を持った枠組みを解消することを目的にしてはいないということにも注意したい。

　最後にマイノリティ問題について考える際の注意点をあげておこう。それは、人種や性といったさまざまなマイノリティが個別に存在するのではなく複雑に絡まりあっており、複数の問題領域にかかわっている個人が存在するという点である。複数のマイノリティ領域に属している当人にとっては別々

の問題として扱うことはできないはずである。しかし女性問題や人種の問題などを同時にとりあげ議論することは難しく、一般にどれか一つの問題だけが中心的に取り扱われ、他の問題はその陰に隠れてしまいがちなのである。ジェンダーの問題は、「人種、階級、民族、性、地域にまつわる言説によって構築されているアイデンティティの様態と、複雑に絡み合っている……、「ジェンダー」だけを分離することは不可能」(文献[7])なのだ。しかし当事者はそれに気づきにくい。1980年代にブラック・フェミニストらにより、リベラル・フェミニズムがすべての女性ではなく白人中産階級の女性を対象にしていたことが指摘されたが、この場合、問題がジェンダーに集中し、人種の問題が裏に隠れてしまっていたのである。そして自分がマジョリティの領域に属している場合、意識することなく知らず知らずのうちに別のマイノリティ領域を排除、あるいは抑圧しているのである。

なぜマイノリティの問題は起こるのか。私たちは通常一つの民族・一つの社会に属している。するとその中での常識が普遍的なものであるような気がしてしまう。自分たちの民族・社会がほかよりも優れているのだと思い込んだり、それを基準にほかの社会を評価したりしてしまいがちである。これがエスノセントリズム (ethnocentrism：自民族中心主義) である。さらにそこに民主主義の理念が絡んでくる。つまり平等というスローガンだ。このスローガンの下に人々が平均化されてきた。「平均」という枠組みをつくるのは多数集団であり、力の強い集団である。そして平均からずれるものに対して差別や排除が行われる。平均の集団にいる者もそこから外れて存在する者も、ともに個人の自由・個性といったものを徐々に失っていく (文献[8])。「平等」というのは無条件によいことだと思いがちだが、必ずしもそうとはいえないのである。集団の中ではみなと同じでないと生きづらいため、自分らしさというものを捨てるか隠すようになるし、集団の外に出れば、集団から異分子として抑圧されたり排除されたりしていく。「みんな（と一緒）」という意識がマイノリティをつくりだす。そのとき人は、自己を徐々に失っていることに気づいていない。

4　多様化社会における私たちのあり方

　フェミニズムは基本的に女性という視点で議論してきた。しかしこれからは「女の共通性を強調してアイデンティティを単純化するのではなく、わたしたちのもつ差異に注目」(文献[4])していく生き方、そういった社会に変わっていくだろう。このようなフェミニズムで行っている男女の差異の解体を、マイノリティの問題についても適用していかなければならないだろう。

　ところでものに名前をつけるのは生活上、必要であるし便利でもあるからだ。この名づけにより枠組み（仕切り）ができる。差異が生まれる。それが性別であったり、人種概念であったりする。もちろん枠組みにより分断された領域に中心や階層性があってはならない。それが差別へとつながるからである。差別がない場合でも問題はある。私たちがみずからつくったその枠の中に囚われてしまうことさえある。こうありたいと思っても、その枠組みの中で期待され、あるいは強いられる生き方とは違うこともある。人と一緒というのは、ある意味で楽な生き方、この社会で生き抜くための一つの技であるのかもしれない。しかし本当に生きていくことを望むなら、女性であること、あるいは男性であること、日本人であること、こういった枠組みにとらわれず自己を見つめなおし変革していく必要があるのではないか。

　抽象的な知、すなわち西欧のマジョリティによりつくられてきた知で判断するのではなく、自分の感情・感覚も駆使して何が正しいか、何をなすべきかを自分で判断していかなければならない。そのときには、マイノリティ・マジョリティは関係ない。たとえば環境問題も、前述したように人間を含む生態系がすべてかかわりを持っているのだから、当然マイノリティの人々の視点・考え方も含めていかなければ解決できないからだ(文献[4])。すべての個とつながった「私」が、すべての問題に対し責任を持って考えていかなければならない。

参考文献

[1]　大越愛子『フェミニズム入門』筑摩書店（ちくま新書）、1996年

［2］　江原由美子『ジェンダーの社会学』新曜社、1989 年
［3］　里見軍之編『現代思想のトポロジー』法律文化社、1991 年
［4］　I. ダイアモンドほか編、奥田暁子・近藤和子訳『世界を織りなおす：エコフェミニズムの開花』（*Reweaving the World : The Emergence of Ecofeminism*, 1990）學藝書林、1994 年
［5］　井上輝子・上野千鶴子・江原由美子編『フェミニズム理論』岩波書店、1994 年
［6］　E. F. ケラー、幾島幸子・川島慶子訳『ジェンダーと科学』（*Reflection on Gender and Science*, 1985）工作舎、1993 年
［7］　J. バトラー、竹村和子訳『ジェンダー・トラブル：フェミニズムとアイデンティティの攪乱』（*Gender Trouble*, 1990）青土社、1999 年
［8］　慶應義塾大学経済学部編『マイノリティからの展望』弘文堂、2000 年

（大熊圭子）

3 ポストモダンの倫理

1 ポストモダン宣言：メタ物語に対する不信感

「ポストモダンとはメタ物語にたいする不信感である」（文献[1]）。ポストモダンという言葉が1980年代に思想の分野で流布するきっかけとなったのは、この宣言、リオタール(1924-98)の『ポストモダンの条件』(1979年)の中の、このいわばポストモダン宣言であった。近代を支えてきた「メタ物語」(「大きな物語」)への不信感。これがポストモダンである。近代の夢見たもの、①精神、統一（弁証法）、②真理、意味（神学）、③理性、主体、労働、自由（啓蒙とマルクス主義）、④豊かさ（資本主義）、これらの概念、価値に対する不信感！　現代思想としてのポストモダンとは基本的にこのリオタールの宣言を出発点として理解される。そしてこの不信の立場をとると見なされた一群の思想家たちが、1980年代以降、ポストモダンの思想家と呼ばれるようになる。より限定すれば、1968年「五月革命」前後からフランスで活躍をはじめ、1980年前後にアメリカで強い影響を及ぼすようになったいわゆるフランスのポスト構造主義の思想家たちが、ポストモダンの思想家と見なされている。たとえば、リオタール、ドゥルーズ(1925-95)、ガタリ(1930-92)、フーコー(1926-84)、ボードリャール(1929-2007)、デリダ(1930-2004)らが、その中に含まれる。

2 ポストモダンの倫理と20世紀の負の遺産

ポストモダンの思想家に対して批判的立場をとる者は、彼らの中に「反・近代」の姿勢を見る。つまり、彼らは西洋近代の獲得したもの―理性―の拒否を表明している、と批判されることが多い。しかし本節「ポストモダンの倫理」ではポストモダンを、むしろ、その可能性において考察しようと思う。その思想の核にある、21世紀を生きる私たちにとって無視することのできないものをとりあげて問題にしたい。無視しえぬものとはこれら思想家のモ

チーフ、20世紀あるいは近代に対する深刻な危機意識である。
　20世紀、それは戦争と革命の世紀であった。どちらもがおびただしい数の人間の虐殺をもたらした。一方のファシズム、他方のスターリニズム。これらの虐殺は近代以前では考えられない人間の行為であった。20世紀の負の遺産であるこの二つの出来事が近代の理性の帰結なのか。ポストモダンの倫理を語るとは、まさにこの近代の暗い影について語ることである。近代への絶望あるいは希望。これが彼らのモチーフである。
　本節では四人の思想家、フーコー、ドゥルーズおよびガタリ、デリダをとりあげ21世紀の倫理へのヴィジョンを探る。

３　フーコー：権力の病弊と離脱の倫理
（１）「主体化＝服従化」：性、主体、権力
　「私の研究の統一的な主題は権力ではなく主体である」。フーコーはこう語る。構造主義者、後にはポスト構造主義者ともいわれるフーコーにとり、なぜ主体が問題なのか。サルトル的実存主義においては自由な主体が倫理の基礎をなす。ところが構造主義以後、「主体」(sujet) とは構造ないし権力による「主体化＝服従化」(assujettissement) の効果でしかない。主体とは服従なのだ。これが彼の問題である。
　だがなぜ彼は服従としての主体を問題とするのか。そこにはフーコーの「具体的な苦しみ」（文献[２]）がかかわっている。彼はエイズで亡くなった。同性愛者だったのだ。「性が彼の生活の中心だった」。若きフーコーはみずからの同性愛に恥辱を感じみずからの行動に茫然自失となり虚脱状態に陥いる。数々の奇行を繰り返し何度も自殺を試み精神科医に連れて行かれる。「同性愛が受けとめられなかったため」だと医師は語る。彼の苦しみは「性」だった。同性愛者としての自分が、なぜ社会によって異常な他者として経験され排除されるのか。なぜ人間は社会において「正常な」異性愛者として「主体化＝服従化」されねばならないのか。この苦悶がフーコーをして服従としての主体を主題とさせたのだ。

みずからの苦しみから彼の闘いは「権力」へと向かう。権力こそが、個人を強制的に自身の自己同一性に縛りつけ、人が何者であるかを決定するからである。権力が正常な人と異常な人とを分割するのだ。権力とは何か。権力は実際にどのように行使されているのか。

（2）『狂気の歴史』（1961年）：理性による大いなる〈閉じこめ〉

「死ぬまで狂気と隣り合わせだった」彼が、狂気の監禁に鋭敏になるのは必然的なことであった。彼が明らかにしたかったのは、狂気の監禁という近代の事態が西洋文化の歴史において決して自明なことではないということであった。ある時期に、何かが起こり、狂気は監禁される対象にされてしまったのだ。

中世、ルネサンス期には、狂気は人々に悲劇的で宇宙的な経験を与え続けていた。そして狂人たちは「阿呆船」（文献[2]）で世界を縦横に行きかっていた。ところが、17世紀にはじまる古典主義時代になると狂気は、監禁の世界へと追放される。この時期にヨーロッパ全土にわたって「大いなる〈閉じこめ〉」（文献[2]）が実施されるのだ。この〈閉じこめ〉によって、狂人は、乞食、怠け者、ペテン師、放蕩者、罪人などの仲間として、非神聖化されてしまい排除される。

なぜこのような根本的な変化が生じたのか。それは、デカルト哲学におけるように17世紀の理性の出現に関して何かが起きたからである。古典主義的思考によって、狂気は、主体が真理を求める領域つまり理性の領域の外に追放されたのである。理性と狂気の間に分割線が引かれた。狂気は理性によって、さきほどの仲間とともに「非理性」として分割・排除・浄化される対象、〈閉じこめ〉の対象となったのだ。これが現代私たちの目にする狂気の監禁の発端の姿である。

この研究において彼は権力の何を告発するのか。それは「隣人を監禁する最高権威たる理性」の名において行使される権力の所業である。狂気の「具体的な苦しみ」の監禁である。権力は理性の名において「人間が狂気じみていること」の必然性（パスカル，1632-62）（文献[2]）を覆い隠し、ついに理性

それ自身の「歪み」を忘却してしまうのだ。

（3）『監獄の誕生』(1975年)：一望監視の社会

「ファシズムとスターリニズムという二つの巨大な影、これが20世紀の社会の政治不安をもたらしている」。フーコーは1977年にこう語る。また彼は、なぜ今日権力が重要な問題なのかという疑念に対して、愕然として答える。「私はただ二つの『病理学的形態』に触れるにとどめたい。二つの『権力の病弊』、ファシズムとスターリニズムである。これらは、その内面的狂気にもかかわらず、私たちの政治的合理性の諸観念や装置をおおいに利用したのである」。彼の権力をめぐる問題は、性にかかわるのみならず、実は20世紀の権力の病弊をその視野に収める。たとえばソルジェニーツィンの『収容所群島』の中にスターリンによる粛清裁判の様子が伝えられている。裁判は、スターリンの姿は目に見えないがまるで彼が臨席しているかのように行われる。この粛清裁判の情景は、形こそ異なるがどこかフーコーの「一望監視施設（パノプチコン）」を想起させる。

一望監視施設とは、19世紀はじめにベンサム（1748-1832）がロシア滞在中に構想したといわれている監視装置である。フーコーはこの装置こそ「理想的形式に縮約された権力機構の図解」（文献[3]）だという。この装置を手がかりに彼は近代における権力の病理学的形態の系譜学を明らかにしようとする。ところで、一望監視施設とはどのような建築物なのか。それは中央に塔を、その周囲に円環状の建物を配す。塔にはそれを取り巻く建物の内側に面して大きい窓がいくつもつけられる。一方、周囲の建物は独房に区分けされる。その独房には窓が二つある。一つは中央の塔の窓に対応する位置に内側に向かう。もう一つは外側に面しその窓からは光が独房を貫くように射し込む。こうして中央の塔の中に監視人を一名配置し各独房内に狂人なり病者なり受刑者なり労働者なり生徒なりを一人ずつ閉じ込めるだけで完全な監視が可能になる。

しかし一望監視施設の恐ろしさは、簡単な措置をとるだけで、独房の囚人たちからは塔の監視者が居るかどうか確定しがたくすることができることで

ある。中央の塔からはいっさいを見ることができるが、独房からは塔の内部をまったく見ることはできない。すると独房の囚人たちは権力の監視を常に意識しなくてはならなくなる。絶えず監視されているかもしれないのだ。囚人は権力の作用を永続的に意識せざるをえない。こうしてこの絶妙な機械仕掛けによって「主体化＝服従化」が自動的に生じる。囚人はみずから権力の眼を自分の内部に組み込みそれに服従しつつみずからを囚人（規律・訓練の対象）として主体化する。

フーコーはこの一望監視施設こそ近代の「政治解剖学」の一般原理だという。近代社会はまさに一望監視の社会なのだ。私たちは一望監視の仕掛けの中にある。工場や学校や兵営や病院が一望監視施設を理想とする監獄に似かようことには何の不思議もない。

（4）『快楽の活用（性の歴史 II）』（1984 年）：実存の美学

『監獄の誕生』公刊直後にフーコーは『性の歴史』第 1 巻『知への意志』を発表する。彼はついに「性」(sexualité) を主題とする。しかし、フーコーが「性」の苦しみに自分なりの答えを見つけるのは第 2 巻『快楽の活用』の中であった。

フーコーは『性の歴史』執筆当初の計画を突然変更し、急遽第 2 巻を『快楽の活用』と決める。その理由は、「自分自身からの離脱」を可能にしてくれる好奇心のゆえだという（文献[4]）。彼は「別の方法で思索すること」、「別の見方で知覚すること」に直接向かいたかった。彼は「自己自身の変化をめざす試練」を求めたかったのだ。この好奇心に駆り立てられて彼は、紀元前 4 世紀の古典期ギリシア文化における性に向かう。

この研究によって彼は、キリスト教教義におけるような「肉欲との戦い」や「浄化の手続き」といった「悪」を出発点にした倫理ではない、別の倫理を古典期ギリシアに見出す。古典期ギリシアにおいては、性の行為にかんする問題構成の中核には、「快楽の活用の美学」が見出されるのだ。古典期ギリシア人にとって性行動において目標となるのは「完全な自己統御」なのである。彼らは「自分の生に可能なかぎり最も美しい、最も完璧な形式を与え

たい」と望むのだ。これが彼が最後にたどり着いた「実存の美学」である（文献［４］）。「性」をめぐるさまざまな問題（主体、権力、真理、知など）と闘ったフーコーは、死の１年前にこう答える。「性はもううんざりです」。「生が一つの美しい芸術作品へと彫琢されるべき素材である、という考えに私はひかれるのです」。最晩年のフーコーは性の苦しみから「離脱」する。

4　ドゥルーズとガタリ：欲望解放の倫理

『アンチ・オイディプス』（1972 年）の最大の敵はファシズムである。ドゥルーズの友人であったフーコーはこう語る。「ここでいうファッシズムとは、われわれ全員のなかにある、われわれの頭のなかに、われわれの日常行動のなかにあるファシズム、われわれをして権力を愛せしめるファシズムである」。ポストモダン的な思想を最もよく代表すると思われているドゥルーズとガタリ。彼らが真に問題とするものは、実はこのようなファシズムである。もっと一般的にいえば、「欲望」のあらゆる抑圧装置が彼らの敵なのである。したがってその抑圧装置の中には、資本主義国家はもちろん社会主義国家における党、専制的かつ官僚主義的組織も含まれる。さらに「政治的な禁欲主義者たち、陰鬱な闘士たち、革命の官僚と真理の公僕」。これらすべてのものからの「逃走」が彼らの倫理的問題となる。

（１）『アンチ・オイディプス』：欲望する諸機械

欲望を肯定する。これが彼らの出発点である。パリの 1968 年５月の流産した革命があとに持ち越した問題、それは欲望が権力だけでなく党や組合さらには極左翼の組織によっても抑圧されたことである。この未解決の問題つまり「欲望の解放」こそが彼らの第一の問題なのである。しかしその一方でライヒ（1897-1957）の叫ぶように「大衆は騙されていたのではない、大衆はファシズムを欲望していた」のである（文献［５］）。人は自分の利益に反する欲望を持つことがあるのだ。ファシズムはもちろん、資本主義も社会主義もこのことをうまく利用する。したがって欲望には、「革命的」なあり方と「反動的、ファシスト的」なあり方の二極があることになる。それゆえ第二

の問題とは、いかにして欲望を解放しながら欲望の反動的、ファシスト的あり方から「逃走」するかである。『アンチ・オイディプス』の提出する諸概念はすべてこの問題設定に取り組むためのものである。

　まず、欲望が解放されるとは、欲望が無限に外部に接続されていくことである。欲望が内部へと統制されたり、全体化されることではない。欲望は「無意識」つまり「欲望する諸機械」として存在するのだ。そして欲望する諸機械は、リビドーという固有のエネルギーの無限の流れの遮断システムなのだ。つまり、欲望が解放されるとは、欲望する諸機械が「流れる、断ち切る、流れのままにまかせる」という絶え間ない流れの遮断システムとして、無限にほかの諸機械（二人にとりいっさいは機械であり自然も、天空も、国家もすべてが機械である）と相互に連結していくことなのである。

　このような解放された欲望のあり方が「分裂症（スキゾフレニー）的」と呼ばれ、一方、統制された欲望のあり方が「パラノイア的‐オイディプス的」と呼ばれる。ドゥルーズとガタリにとりフロイトの「オイディプス」や「去勢」とは家族主義的、社会的な抑圧の結果にすぎない。無意識とはそのような古代悲劇の単なる再現ではなく、常に新たに何かを「生産する」ものなのだ。これが彼らの根本思想である。それゆえ彼らの立場は「アンチ・オイディプス」的なのだ。

　この欲望の二つのあり方、〈分裂症的〉と〈パラノイア的〉との対立を、彼らは、さまざまな独特の諸概念を用いて説く。〈分裂症的逃走線〉と〈パラノイア的統合線〉。リビドーの〈革命的な傾向を持つ、遊牧的備給〉と〈反動的あるいはファシスト的傾向を持つ、定住的な備給〉。〈分子的な多様体〉と〈モル的な統一体〉。〈器官なき身体〉と〈有機体〉。欲望の解放とは、もちろん、逃走線としての、遊牧的なものとしての、分子としての欲望を器官なき身体のうえで実現することである。

　ところで現代の資本主義社会において私たちはいかに欲望を解放するか。彼らによれば資本主義の極限形態がそもそも分裂症的である。なぜなら、資本主義は、種々の流れの「脱コード化」と社会の「脱土地化」とを本質的傾

向として持つからだ。それゆえ、資本主義は、全力をあげて分裂症者を生み出し、自分の極限形態（分裂症）に絶えず近づこうとする。ところが一方で、資本主義は、この極限に近づくことを拒絶し続ける。つまり資本主義はおのれの分裂症的な流れを「再コード化」することによって抑制し続けるのである。したがって、欲望の解放を本当に実現するためには、この資本主義を突破し革命をもたらさなくてはならない。人は、神経症患者のようにオイディプス化されて家庭や国家という土地の上にいつまでも住みつくことを、拒否しなくてはいけない。また人は、倒錯者のように社会が提供する人工的な家庭という土地を真に受けて信用することも、斥けなくてはならない。定住ではなく、遊牧こそが、革命の潜在力なのである。資本主義の極限に身をおいている分裂症患者こそが、「資本主義を殺戮する天使」（文献[5]）なのだ。分裂症患者がいっさいのコードを混乱させ、欲望の脱コード化した種々の流れをもたらすゆえにである。

（2）『千のプラトー』：リゾーム

ドゥルーズとガタリは、ファシズムないしあらゆる欲望の抑圧装置と闘うために、『アンチ・オイディプス』では欲望の分裂症的なあり方にその突破口を探った。8年後の共著『千のプラトー』（1980年）では、二人は欲望の分裂症的なあり方つまり欲望が無限に外部に接続されていくあり方を、「リゾーム」（rhizome）という言葉でとらえなおす。欲望が動き、何かを産み出すのはつねにリゾームを通してなのだ（文献[6]）。

リゾームとは地下の茎、根茎のことである。また群れをなすねずみや巣穴もリゾームである。リゾームは樹木や根とは異なる。樹木や根は一つの点、一つの秩序を固定するからだ。樹木や根のシステムは序列的システムである。それらは1個の高位な統一性から出発して〈多〉を模倣する。それに対し、リゾームのどんな一点も他のどんな一点とでも接合されうる。リゾームは四方八方に分岐し表層的に拡張する平面的な〈多様体〉である。リゾームには、樹木や根におけるような点や位置はなく、逃走線があるだけである。こうして、樹木は〈権力〉の構造であり、中心化システムである。これが西欧の現

実と西欧の全思考とを支配してきた。それに対し、リゾームは、非中心化システムであり、〈将軍〉のいないシステムである。

したがって、私たちはもはや樹木や根を信ずるべきではない。オイディプスの復活からファシズム的凝結に至るまで、こうした、樹木状の文化を避けるためには、決して根にはならないこと、また根を生やさないことが重要なのだ。グループや個人が含むミクロ・ファシズムを結晶させないためには、どうすればよいか。「リゾームになり、根にはなるな！　一にも多にもなるな、多様体であれ！　線をつくれ、けっして点をつくるな！」。これがドゥルーズとガタリの解答である。

5　デリダ：脱構築の倫理

（１）『声と現象』（1967年）：差延と脱構築

デリダは「差延」（différance）という、当時のフランス語の辞書にもない、それゆえ「語でも概念でもない」ものをたずさえてフランスの哲学界に登場した（1965年）。この差延と呼ばれるものによって、彼は何を私たちにもたらそうとしたのだろうか。

「差延」はフランス語の différer（ラテン語の differre）という動詞の二つの意味をあわせ持つ。つまり差延は「遅延（させる/させられる）」とともに「差異（させる/させられる）」という、「働きではないような一つの働き」なのだ。「遅延」とは欲望ないし意志の成就を一時的に中断させ待機させること、「後に延期する」ことである。また「差異」とは一瞬たりとも「同一でないこと」、常にすでに「他であること」である。

こうして差延は、いかなる存在者の存在の「現前性」（présence）をも、自己同一性をも禁じる。またそれらを求める西洋形而上学の欲望をも禁じる。「いかなる瞬間、いかなる意味においても或る単一の一要素がそれ自体で現前して、それ自身にしか回付しない」ということを禁じるもの、それがデリダの差延なのである。またこの差延を彼は次のような言い方で説明しようとする。差延とは、「各要素がその要素それ自身より以外の他のものに関連を

もち、おのれのうちに過去的要素のしるしを保蔵し、未来的要素へのおのれの関連のしるしによってすでにうがたれるにまかせている」という事態である、と。あるいは、差延とは、「諸差異の、諸差異の諸痕跡の、体系的戯れ」である、と（文献[7]）。そして彼は、いかなるものも、いかなる存在者もこの差延に先行しないという。むしろ、あらゆる存在者の存在、現前性、同一性は、差延の効果なのである。差延は、存在の真理よりも「古い」のだ。こうして差延によって、デリダは、あらゆる状況、あらゆる事態における還元不可能な「他者」、根絶不可能な「差異」を、ニーチェ（1844-1900）的な笑いと舞踏のうちに肯定しようする。

　また「脱構築」(déconstruction) とは、この差延を抑圧するあらゆる装置・体系をゆさぶるためのデリダの戦略なのである。たとえば、フッサール (1859-1938) の現象学は、充実された一直観の明証性において一対象が意識へ現前すること、あるいは、意識内での意識の〈自己への現前〉を、すべての価値の源泉とする。〈自己〉への同一性の絶対的近接性が、現象学という装置・体系を可能ならしめているからだ。そしてこのときフッサールは、意識への現前性の中核において戯れている非 - 現前と差異（間接性、記号、回付など）を否認しようとする。なぜなら非 - 現前と差異は現象学を不可能ならしめるものだからである。ところが、脱構築は、そのような現象学に対して、その現象学自身が否認し抑圧しているもの、つまり、非 - 現前と差異が、実は、絶対に還元不可能なのものであり、むしろ、非 - 現前（現前性の他者）と差異（同一性の他者）の戯れこそが、つまり、差延こそが、現前性と同一性を可能ならしめていることを示す（文献[8]）。このように、脱構築は、あらゆる装置・体系が、みずからの否認し抑圧する不可能性の条件（他者）を、実は、それみずからの可能性の条件としていることを示す。他者（差異）を抑圧することによって成り立つ装置は、脱構築されるのである。

　（2）『法の力』(1994年)：正義と幽霊

　他者、差異を抑圧しない。それらをニーチェ的な笑いと舞踏において肯定する。これがデリダの差延であり、その抑圧に抵抗する戦略が脱構築である。

このような思想を懐くデリダは私たちにいかなる倫理学を呈示するだろうか。

彼は「正義」と「幽霊」について語る。デリダにとり、正義について語るとは、幽霊について、つまり、非 - 現前的な他者たちについて語ることである。幽霊とは、すでに死んでしまった他者たちであるし、まだ生まれていない他者たちである。こうした他者たちの尊重を原理として認めないようなどんな倫理も正義ではない。戦争、政治的その他の暴力、虐殺、帝国主義や全体主義の抑圧の犠牲者たち、これらの者たちの幽霊の前で何らかの責任を負うという原理なしにはどんな正義もありえない。「幽霊について、いやそれどころか、幽霊にたいして、幽霊とともに語らなければないないのだ」。

これがデリダの倫理である。ある装置・システムにおいて抑圧された非 - 現前的な他者について語ること、つまり、脱構築が正義なのである。脱構築が差延に基づく戦略である限り、そして正義が「絶対的な他性の経験」である限り、脱構築こそ正義なのである。「脱構築は正義に狂う」のだ（文献［9］）。「他者の到来」の経験。これを彼は、「（メシアなしの）砂漠のメシアニズム」とも「絶望のメシアニズム」とも呼ぶ。デリダの倫理とはまさに差延の倫理であり、脱構築の倫理である。

参考文献
［1］ リオタール、小林康夫訳『ポスト・モダンの条件』（*La condition postmoderne*, 1979）水声社、1986 年
［2］ フーコー、田村俶訳『狂気の歴史』（*Histoire de la folie à l'âge classique*, 1972）新潮社、1975 年
［3］ フーコー、田村俶訳『監獄の誕生』（*Surveiller et punir : Naissance de la prison*, 1975）新潮社、1977 年
［4］ フーコー、田村俶訳『快楽の活用』（*L'usage des plaisirs*, 1984）新潮社、1986 年
［5］ ドゥルーズ=ガタリ、市倉宏祐訳『アンチ・オイディプス』（*L'anti-Œdipe*, 1972）河出書房新社、1986 年
［6］ ドゥルーズ=ガタリ、宇野邦一ほか訳『千のプラトー』（*Mille plateaux*, 1980）河出書房新社、1994 年
［7］ デリダ、高橋允昭訳『ポジシオン』（*Positions*, 1972）青土社、1981 年

［8］　デリダ、高橋允昭訳『声と現象』（*La voix et le phénomène,* 1967）理想社、1970 年
［9］　デリダ、堅田研一訳『法の力』（*Force de loi,* 1994）法政大学出版局、1999 年
［10］　高橋哲哉『デリダ』講談社、1998 年

（杉田広和）

4 グローバル化時代のコミュニケーション倫理

1 グローバル化とコミュニケーション

　近年、グローバル時代、あるいはグローバル化時代とよくいわれる。この言葉はIT（情報通信技術）時代の申し子といえよう。ITの電子メディアは容易に国境を越えて地球を駆けめぐる。ITを主軸とする情報網の発展、それに伴い必要な情報を得た多くの人たちが、たとえばビジネス、留学、観光などのために国外に移動する。また、原料や商品などの売買や輸出入が促進されて物流が地球規模で盛んになる。したがって交通・輸送網がますます発達する。こうして経済活動が地球規模で活性化されることになる。

　私たちは家に居ながらにして瞬時にリアルタイムでインターネットや衛星放送などによって世界中の情報を入手できる。マスクメロンのように地球を覆うインターネット網、世界は狭くなりつつある。このネットの網の目は今後ますます細密化するであろう。このようなグローバル化の過程に私たちは生活している。世界各地で人間の出会いが生まれて、非政府組織（NGO）や非営利団体（NPO）あるいは個人レベルによるさまざまなイベント、共同事業、ボランティア活動などが行われている。世界市民ないしは世界市民主義（コスモポリタニズム）の意識も当然に芽生え育ちつつある。

　しかしその反面において、文化、民族、言語などの違いによってさまざまな誤解や対立が生じている。地球上のあらゆる所で紛争や戦争が起きていることも事実である。宗教的原理主義、民族主義などを主張するテロや紛争も地球のあちこちに頻発して、流血の惨事を惹き起こしている。ITは、憎悪を直接に相手（国）に投げつけることを容易にして、世界的規模の同時多発的なテロをも可能にした。

　もちろんITは人間の愛を発信し拡げることもできる。しかし反対に憎悪を相手に送ることもできる。この意味ではITを主軸とするグローバル化は二律背反的となる。つまり愛と憎、平和と戦争、秩序と破壊等々の混乱を二

律背反的な形で引き起こしている。

　ITを主軸とするグローバリゼーションは、地球上の様々な生活様式や文化を均質化ないし画一化するのであろうか。それとも、他文化の尊重を涵養ならしめて地球はマルチ・カルチュア（多様文化）化するのであろうか。

　現代は地球規模のコミュニケーションに誰もが参加できるグローバル・コミュニケーションの時代である。つまり異なる文化・民族・言語の人たちがお互いに出会い交流する機会が増大するということである。このようなグローバル化時代におけるコミュニケーションのあり方、それは何といっても対立や紛争や戦争を避けて合意形成に至るコミュニケーションでなければならない。この観点から、グローバル化時代のコミュニケーション倫理に接近してみよう。

2　コミュニケーション哲学の形成

　コミュニケーションとは、社会生活を営む人間（個人、集団）において行われる知覚、感情、意思などの伝達である。その伝達は、主として、言語（音声や文字）、その他の視覚・聴覚にはたらくものを媒体とする。なおコミュニケーションは人間のみならず動物間にも認められるし、細胞間にさえも認められよう。

　近年、このコミュニケーションを方法的基盤とする哲学の潮流が見えてきた。その流れは、ローティ（1931-2007）が主導するネオ・プラグマティズムであり、ハーバーマス（1929-　）が指導するフランクフルト学派第二世代である。グローバル化時代のコミュニケーション倫理を考察するにあたって、ローティのコミュニケーション論とハーバーマスのコミュニケーション行為論（以下はコミュニケーション論と記す）を等閑に付することはできない。

　彼らのコミュニケーション論は、その主旨として対立や紛争を避けて会話・対話を継続するべきことを提唱する。彼らはこのような意味での倫理性をコミュニケーションに託している。したがって、ローティやハーバーマスはグローバル化時代にふさわしいコミュニケーション倫理を提示していると

見て取れる。

　両者のコミュニケーション論は、歴史的にいうと、西欧近代哲学を主導してきた理性主義および客観主義を批判する。つまり人間理性が知識を客観的に把握できる、という主張（主義）を拒否する。近代哲学において、このような理性主義および客観主義はデカルトによって創始された。

　デカルトは、理性を正しく導いて確実な知識を獲得するために、方法的懐疑を進めて「我思う、ゆえに我在り」という理性的直観に至り、彼の哲学の第一原理を確立した。この理性が明晰かつ判明に認識するものは真理である、そしてこの理性（良識）はすべての人に平等に配分されている。デカルト以降、近代哲学は理性の主導の下に展開してきた。この理性を持つゆえに、人間はほかの動物とは質的に異なり、理性を合理的に使用することによって自然を支配しえるのである。人間の理性は、人間がさまざまな事柄に対して、真と偽、善と悪、正と不正などを分別し判断しうる根本能力であり、その合理性において人間は、自然の中に法則（知識）を発見する、社会においては倫理道徳を唱えて法を制定し社会秩序を構築する。カントが「定言命法」において主張したように、人間は理性によってみずから判断しみずからの意志によって倫理的に行為する人格となる。

　人間は理性的存在である、この規定はさらに古代ギリシャにまで遡及しえる。アリストテレスは人間を動物から区分する種差は理性にある、と規定して「人間は理性的動物である」と定義した。さらに理性主義は、理性的思考（ヌース）によってイデアを知る（愛する）という、プラトンのイデア論にまで遡ることができよう。

　ところで古代ギリシャのロゴス（logos）は、理性、理法とともに言語をもその意味として内包する。このことはコミュニケーション論にとってある示唆を与えてくれる。ロゴスとは、「言語」であり、言語の使用にかかわるそれである。換言すると、理性は、言語を使用する対話やコミュニケーションにおけるそれとして、すなわち対話的理性、コミュニケーション的理性として把握される可能性を予示している。

ローティやハーバーマスのコミュニケーション論は、古代ギリシャ以来の伝統哲学の根幹であった理性、そしてそれが把握する真理を、対話やコミュニケーションからとらえ直そうとする試みなのである。さらにいうと、従来の人間観において、中心的役割を果たし指導理念となってきた理性や合理性を、言語能力や言語使用という具体的手がかりを持つレベルから、つまり、人間（生物）におけるコミュニケーションの進化、記号行動の進化から再検討する語用論（プラグマティクス）的接近法を開いてくれた。

　コミュニケーションにおいては、文化（言語）の違いという障壁、つまりカルチャー・ショックやカルチャー・ギャップが立ちはだかる。それをどう乗り越えるか、が問題となる。コミュニケーションにおいては、たしかにクワイン（1908-2000）が二つの言語系を例にして説明したように「翻訳の不確定性」（indeterminacy of translation）についても、これを認めざるをえない。翻訳の不確定性は、私たちの用いる語や文に普遍的に共通する確定的な意味がないことを示している。また彼の「指示の不可測性」は、私たちが用いている語や文が明確に定められた指示対象を持たないことを主張する。

　しかし語用論からとらえると、このことは直ちに私たちがコミュニケーションにおいてお互いに意思疎通しえない、ということを意味するものではない。私たちは、意思の疎通をめざして言語を用いるとともに、言語外の行動（身振り・しぐさや表情など）や状況をとおして、その他の手段を尽くして可能な限り相互理解に努める。異なる言語（文化）を持つ人たちとのコミュニケーションにおいても、私たちが共同の生活経験に入りうるならば相互理解はかなりの程度において可能となる。さらに、お互いが文化や言語の相違を認め合う、という相互了解のうえで共に生活することも可能である。その共生から交流や融和が生まれ意思疎通が可能になる、という展望を見出しえる。このような共生および展望から成り立つ都市が世界にはたくさん成立しつつある。マルチ・カルチュラル都市（多様文化都市：ニューヨーク、トロント、キャンベラなど）である。

　ハーバーマスやローティ、彼らのコミュニケーション論の特質は、決定的

な対立を回避して合意形成に至りうる語用論的方法を提示していることである。つまり一言でいうと、ローティにとっては寛容でリベラルな態度による会話の継続であり、またハーバーマスにとっては「討議」によるコミュニケーションの歪みの矯正である。

3 二つのコミュニケーション論

ローティとハーバーマス、両者のコミュニケーション論は、伝統哲学に見られる、理性や合理性を根拠とする客観的真理を否定する点においては基調を同じにする。とはいえ両者のコミュニケーションの方法論は相違を見せている。ローティは「自文化中心主義」を掲げながら会話(対話)の継続を唱える。一方、ハーバーマスは「理想的発話状況」における「討議」による対話を唱えている。ローティは、ハーバーマスのコミュニケーション論における討議倫理を、超越論的と特徴づけて批判する。

(1) 自文化(民族)中心主義:ローティの会話の倫理

ローティのコミュニケーション論は、彼の近代哲学史の研究から導き出されてくる。彼は近代哲学にはとくに二つの転回が認められるという。端的にいうと、17世紀、デカルトやロック(1632-1704)の創始になる近代哲学はカントの超越論的認識論において完成する。これは近代以前の存在論を中心とする思考から認識論を中心とする思考への移行、すなわち「認識論的転回」である。次なる転回は19世紀から20世紀にかけての、フレーゲ(1848-1925)やラッセル(1872-1970)の記号論理学的思考が主導した「言語論的転回」である。この転回は、認識論から言語論への移行である。これは、言語とそれが指示ないしは意味する対象、を研究主題とする。そして今後の哲学は「解釈論的転回」に向かい人間の文化批評的な理解や記述になるであろう、と予想する。ローティのコミュニケーション論はこの解釈論的展開の見通しのうちに設定される。

ローティは彼の著書『哲学と自然の鏡』において近代哲学の主流を担った認識論に対してその終焉を宣告する(文献[1])。彼によると、哲学は伝統的

に「鏡」のメタファーに囚われていた。そのメタファーは「心は自然（事実）を写す鏡である」という視覚的メタファーであり、そのメタファーは否定され廃棄されなければならない。私たちの認識活動は、事実を正確に写す鏡のようなものではないからである。心は自然を写す鏡である、というメタファーのゆえに、事実と価値を二元的に区分してしまう誤謬が生じてしまう。視覚的メタファーは、視覚によって自然（事実）を認識する形「……は……である」（事実命題：「ネコがマットの上にいる」）を成立させる。そのメタファーの形が価値にもはたらいて「愛は憎しみに勝る」という価値命題を成立させる。これにより事実と価値の関係をめぐる伝統的問題が生じてくることになる（第1章4節 2（2）を参照されたい）。

　ところで、パース（1839-1914）やデューイ（1859-1952）のプラグマティズムは、彼らの探求の理論において、伝統哲学がその把握をめざしてきた「真理」を拒否した。彼らは、哲学を探求する目的は科学的に探求する集団における「信念」の形成にある（パース）、あるいは一般世人における「保証つきの言明可能性」の獲得にある（デューイ）、と主張する。つまり、プラグマティズムにとっては、知識や認識は社会的行動とのかかわりにある。すなわち、知識や認識は「もしそうであると信じるならば、私たちはいかなる行動をするのか」という社会的実践において把握される。ローティにとっては、パースやデューイと基調を同じくして、信念とは、事物の性質を表象するものではなく、「行動を成功させる法則（規則）」である。また認識とは、理性によって客観的に真理を把握することではなく、「現実に対応するための行動習慣を獲得していくこと」なのである。

　ローティは、『プラグマティズムの帰結』において、社会的実践としての「会話」に「客観性」を見出すべきであると主張した（文献［2］）。したがってローティは、客観的な真理とは命題とその指示対象との対応関係、そこにおける一致であるという「真理の対応説」を否定する。たとえば、初期論理実証主義者たちの「検証理論」、ラッセルや前期ウィトゲンシュタイン（1889-1951）の論理的原子論に基づく「写像理論」などは否定される。ロー

ティは、コミュニケーションをとおしての意見の一致としての合意、そこに客観性を主張する。哲学とは、理性による客観的真理の探究ではない、むしろコミュニケーションにおける対話・会話を継続させつつ合意形成に至る試みである。

会話の継続、それはまず他者の存在およびその発言を認める寛容なリベラルな態度（姿勢）によって可能となる。そこから社会的合意は形成されてくる、連帯もまた生まれてくる。言い換えると、哲学とは、共同の言語的営みのうちに「共約可能性」（commensurability）を探求する試みである。つまり真理とは実は「普遍的共約」のことなのである。

以上のような主旨に基づいて、意識哲学から言語哲学にまで通底する理性・合理性・客観性はコミュニケーション過程の中に解消されることになる。さらに従来哲学的課題とされてきた客観と主観、事実と価値という二元的区分、これらもまたコミュニケーション過程の中に解消されることになる。

私たちの言語活動は共同体の中での会話の継続、あるいはほかの共同体との会話の継続である。その際、ローティが強調するのは客観性、ないしは客観的実在という観念の代わりに、いかなる権力や権威にも支配されないところの、「強制によらない合意」（unforced agreement）という観念の設定である。そのような「合意」を得ている発言ないし言説が客観的というにふさわしい。会話の継続と強制によらない合意、そこに社会の連帯が可能となる、とローティは主張する。連帯は、外的諸条件から与えられるのではなく、会話への参加者におのずから内発的に生まれてくるそれである。

ローティの以上のようなコミュニケーション論は、とくにデューイのコミュニケーション論に依拠するものであるが、デューイとは異なり、自文化・自民族に立脚するコミュニケーションを強調する。

さて、異文化の人たちとのコミュニケーション、その会話の出発点において私たちは、さしあたって自らが生活し慣れ親しんだ自らの文化を信念として物事を判断せざるをえない。その意味においては「自文化（民族）中心主義」（ethnocentrism）に立脚せざるをえない。というのも、真理、善、正など

について、客観的な基準がない以上、自文化の基準に従いながら会話をし判断をせざるをえない。「この民族中心的立場は、われわれは他者のすべての見解をわれわれ独自の規準に照らして吟味せざるをえない、ということを意味するだけである」(文献[2])。そして、会話の進行とともに、人々の信念、ひいては自文化の基準そのものも変わりうるのである。文化もまた変容する。結局、権力的な、あるいは物理的な強制（暴力）によることのない会話を通しての合意が、諸文化間の連帯（solidarity）を生むことになる。

ローティが、彼のコミュニケーション論に託してめざすところのもの、それは以下のとおりである。「グローバルな、コスモポリタン的な、民主主義的な、平等主義的な、階級のない、カースト制のない社会の希望」(文献[2])。これがローティのコミュニケーション論の究極の目標であり、また私たちのコミュニケーションを推進せしめる希望でもある。

ローティのコミュニケーション論は、ハーバーマスのコミュニケーション論、とくにその「討議倫理」を批判する。ローティはいう、「ハーバーマスは超越論へとすすみ原理を提示しようとする。しかしプラグマティストとは、自文化中心であり続けようとする」(文献[2])。さて次に、そのハーバーマスのコミュニケーション論を見ていくことにしよう。

（2）　討議倫理：ハーバーマスの普遍的語用論

ハーバーマスは、ローティのコミュニケーション論に対して「ローティは認識の客観性を間主観性の一致に還元する」(文献[3])と述べて賛意を表している。人間理性が客観的に真理を把握する、という伝統哲学の形而上学的認識論を厳しく糾弾するローティに賛成なのである。とはいえハーバーマスのコミュニケーション論はローティのそれとは異なる方法的立場をとる。

ハーバーマスは語用論の観点に立脚して、ミード（1863-1931）のシンボリック相互行為論を採用し、オースティン（1911-60）の言語行為論に依拠して彼のコミュニケーション行為論を構築した。彼にとっては、言語と、それが指示する対象との関係を扱う意味論よりも、まず言語と、それを使用する人間、およびその人間の状況との関係を扱う語用論がコミュニケーション論の

土台でなければならない。

　ハーバーマスの語用論は、オースティンの「何かを言うことは何かを行うことである」を主旨とする、言語行為論（発語行為、発語内行為、発語媒介行為）に依拠する。とりわけ彼は、発語内行為（何かを言うことのうちにおいて、その発言に慣習的に結びつくところの遂行機能を果たす行為）に着目する。というのも、「発語内行為には相互人格的関係を作り出す行為調整のしくみがある」からである（文献[4]）。ハーバーマスのコミュニケーション行為論は、オースティンが示した行為遂行動詞の5分類を再編する。その際、オースティンの一人称中心の言語行為は、一人称と二人称の行為者（話し手・聞き手）における双方向的言語行為（コミュニケーション）として把握される。ハーバーマスのコミュニケーション論における行為遂行動詞は4分類である。すなわち「対話型」（対話を可能にする前提条件：言う、話す、答える等）、「確認型」（外的事実の認識：主張する、記述する、陳述する等）、「表自型」（話し手の意図や立場の表明：願う、思う、望む等）、「規制型」（話し手・聞き手が遵守する規範：約束する、命ずる、契約する等）である。これを根拠にしてコミュニケーション行為に、「理解性」、「事実性」、「誠実性」、「正当性」という普遍的妥当要求が見出される。コミュニケーションは暗黙のうちにこの普遍的妥当要求に基づいて行われる。

　科学的知識（法則、定理）とは、語用論の次元にあり、実は日常のコミュニケーションにおける妥当要求「理解性」と「事実性」に依拠している。科学的知識はある同一対象に多くの人が同一の述語づけをすることにより成立する。これをハーバーマスは真理の「社会的合意説」と述べている。

　ハーバーマスのコミュニケーション論は、伝統哲学とは別の形で、主観、客観、相互主観を提示する。まず、自己と他者との関係において、相互に理解可能であるように発言することがコミュニケーションの出発であり、これが「理解性」である。その上に立って、たとえば、「ニュートリノには質量がある」（確認型：事実性）という主張において客観性が開かれてくる。次に、「私はあなたの幸せを願う」（表自型：誠実性）という心からの発言には主観性が開かれてくる。そして、「私は明日の正午ここに来ます」（規制型：正当性）

という発言はお互いの約束となり相互主観性（規範性）が開かれてくる。

　科学的知識の真理とは、主体と客体との、言語とそれが指示する対象との一致、という意味論的次元のみに成立するものではない。科学的知識とは、語用論的次元において、自分が、他者に話しかける・他者を理解するという認識関心から成立する。この関心が欠落するならば科学的知識は社会で認知されない。したがって、客観的（科学的）真理と認められる知識も、それは元来他者に向けての主張行為であり、社会的合意の上に成り立つところの真理なのである。

　ところで、私たちの日常的なコミュニケーションは、いつしかある外的力によって歪められてしまう、ついにはそれが不可能となってしまう危険性が常にある。かつてナチス政権下でドイツ国民はその歪みに陥った。また資本主義的経済システムはその歪みをもたらす可能性を内蔵する。

　コミュニケーションが歪められる事態に陥った場合、現実のコミュニケーションをひとまず括弧に入れて中止して、コミュニケーションを支える妥当要求そのものを吟味する「討議」(Diskurs) に移ることが必要となる。なぜ、事実、思っていること、約束したことが相互に伝達（共有）されないのか。このことを主題とする討議となる。討議とは、日常のコミュニケーションを吟味し基礎づける試みであり、失われた伝達と合意形成を再び回復しようとするメタ・コミュニケーションである。この討議は「理想的発話状況」によって保証されていなければならない。この状況においては、話し手と聞き手の役割が交換可能であり、発言のチャンスが平等であり、支配、強制などもない無制約・自由な討議が遂行される。理想的発話状況は討議の可能根拠であり、参加者は実はこの状況を常に先取りしながら討議する。討議が成立するためには以下の二つが満たされなければならない。それは「討議倫理原則」と「普遍化原則」である。前者は、討議に参加する者すべてが同意する規範のみが妥当性を要求しうる、という原則である。後者は、その規範は、予想しうる結果（影響）として、すべての人の利益を損なうことなしに、また強制なしに受容されなければならない、という原則である。

4 コミュニケーションと沈黙

　ローティは、それぞれの自文化（民族）に依拠して対話・会話を進めること（——ただし寛容なリベラルな姿勢において——）を主張する。その終わりのない会話の継続において、会話者たちのそれぞれの信念や価値観が変容しながら、相互の理解が深められていく。一方、ハーバーマスの討議倫理は、コミュニケーションが歪められた場合、再びコミュニケーションを回復ならしめる方法である。ハーバーマスの討議倫理はコミュニケーションの内容にかかわらず、むしろ普遍的「形式」として提示されている。したがって、彼の討議倫理は、文化およびその多様性を規制ないし否定するものではない。この討議倫理をローティは超越論的、基礎づけ主義的と批判する。寛容なリベラルなコミュニケーションか、討議倫理のコミュニケーションか、これをグローバル化時代のコミュニケーション倫理をめぐる問題としてとらえておこう。

　さてグローバル化時代のコミュニケーション倫理、それは何といっても対立や紛争や戦争を避けて合意形成に至ることが肝要である、と本節 1 で述べたとおりである。もちろんアジア、日本にも対立や紛争や戦争を避けることを趣旨とする倫理がある（合意形成はともかくとして）。それは「言わぬが花」あるいは「不立文字」「以心伝心」といわれる倫理である。グローバル化時代であるからこそ、私たちはこのような「沈黙の文化」における沈黙の知恵にも学ぶ必要がある。言葉が過剰に増幅するほどに、誤解が生まれて、理解不能に陥って、対立や紛争や戦争が起きる、ということもありうるからである。

参考文献

［1］　ローティ、野家啓一監訳『哲学と自然の鏡』（*Philosophy and the Mirror of Nature*, 1979）産業図書、1993 年

［2］　ローティ、室井尚ほか訳『哲学の脱構築：プラグマティズムの帰結』（*Consequences of Pragmatism*, 1982）御茶の水書房、1985 年

［3］　ハーバーマス、藤沢賢一郎・岩倉ひろしほか訳『コミュニケーション的行為の理論』（*Theorie des Kommunikativen Handelns*, 1981）未来社、

1986 年
［4］　ハーバーマス、森元孝・千川健史訳『意識論から言語論へ』(*Vorlesungen zu einer sprachtheoretischen Grundlegung der Soziologie*, 1970／71) マルジュ社、1990 年
［5］　魚津郁夫『現代アメリカ思想：プラグマティズムの展開』放送大学教育振興会、2001 年
［6］　笠松幸一「プラグマティズムとフランクフルト学派」『理想』669 号、2002 年
［7］　船津衛『コミュニケーション・入門：心の中からインターネットまで』有斐閣、1996 年

（笠松幸一）

おわりに

　本書を読んだ方にはおわかりのように、現代ではさまざまな分野で倫理が問題とされており、それらについての本も数多く書かれている。それらの中にはもちろん優れた内容のものも多いが、ただ初学者が一冊だけで倫理学史から現代の倫理学説までの基本的な知識を得られるというようなものは、案外少ないように思われる。本書はこのような要望に応えるべく、以前の哲学に関して同様な意図で八千代出版から出された『21世紀の哲学』に対応して企画されたものである。このような趣旨に基づいて、本書においては倫理学の基本的な考えをできるだけわかりやすく説明したつもりである。ただし、本書は単なる著名な学説の紹介のみではなく、それらに対する執筆者の批判や、執筆者独自の考えを展開した部分も含んでいる。もちろん、読者は執筆者の考えをそのまま受け入れる必要はなく、一つの説として批判的に読んでほしい。

　最後に私事ながら、私の古くからの友人であり、本書の企画、構成などにも多くの協力をしてもらった小原昭氏が一昨年倒れ、現在いわゆる植物状態にある。植物状態における治療というのは、まさに生命倫理の問題の一つであるが、このような本の企画の最中に彼がそのような状態になるとは、私自身思ってもいなかった。彼には執筆してもらう予定もあったが、それも不可能となってしまった。しかし、先にも述べたように、彼には本書のために多くの協力をしてもらった。彼の協力がなければ、本書もこのような形で完成させることはできなかったであろう。小原氏に深く感謝するとともに、彼の一日も早い回復を願う。

編　者　和田和行

人名索引

ア　行

アウグスティヌス（A. Augustinus, 354-430） 20-22
アリストテレス（Aristoteles, BC.384-22） 14-17,22,104,141,237
井上哲次郎（1855-1944） 3
井上有一 139
今道友信（1922- ） 111
イリガライ（L. Irigaray, 1930- ） 215
ウィトゲンシュタイン（L. Wittgenstein, 1889-1951） 240
ウィルソン（E. O. Wilson, 1929- ） 130
ウォルツァー（M. Walzer, 1935- ） 202-203
ウォレン（M. A. Warren） 117
エイヤー（A. J. Ayer, 1910-89） 38-39,41
エンゲルハート（H. T. Engelhardt, 1941- ） 83,116-117
オースティン（J. L. Austin, 1911-60） 242-243

カ　行

カーソン（R. L. Carson, 1907-64） 102-103,106
ガタリ（F. Guattari, 1930-92） 223-224,228-230
カブ（J. R. Cobb, Jr., 1925- ） 135,137-138,143
カプラ（F. Capra, 1939- ） 142
カント（I. Kant, 1724-1804） 4,7,25,29-32,34,110,209-210,237,239
キャリコット（J. B. Callicott, 1941- ） 127,130
キルケゴール（S. A. Kierkegaard, 1813-55） 5
クーゼ（H. Kuhse） 97
クリステヴァ（J. Kristeva, 1941- ） 215
クワイン（W. V. O. Quine, 1908-2000） 238

サ　行

サルトル（J. P. Sartre, 1905-80） 5,224
サンデル（M. Sandel, 1953- ） 207-209
ジェイムズ（W. James, 1842-1910） 137-138
シーバート（F. S. Siebert, 1902- ） 146
シュラム（W. Schramm, 1907-87） 146,149-150,158
シュレーダー＝フレチェット（K. S. Shrader-Frechette, 1944- ） 109-111
シンガー（P. Singer, 1946- ） 83,120
スティーヴンソン（C. L. Stevenson, 1908-79） 38-40

ストーン（C. Stone, 1937- ）	113
スピノザ（B. Spinoza, 1632-77）	140
スミス（J. M. Smith, 1920-2004）	130
セン（A. Sen, 1933- ）	211-212
ソクラテス（Sokrates, BC.470-399）	11-13, 16-17, 33
ソロー（H. D. Thoreau, 1817-62）	123-124

タ 行

ダルシー（J. D'Arcy）	152
テイラー（P. W. Taylor）	126
テイラー（C. Taylor, 1931- ）	201-203
デカルト（R. Descartes, 1596-1650）	95, 104, 225, 237, 239,
デューイ（J. Dewey, 1859-1952）	41-42, 240-241
デリダ（J. Derrida, 1930-2004）	223-224, 231-233
トゥーリー（M. Tooley, 1941- ）	69, 83, 116-118, 120
ドゥルーズ（G. Deleuze, 1925-95）	223-224, 228-230
トマス（T. Aquinas, 1225-74）	22-23
ドレングソン（A. Drengson）	139

ナ 行

中島力造（1858-1918）	3
ナッシュ（R. Nash, 1939- ）	114-115, 138
ニーチェ（F. W. Nietzsche, 1844-1900）	5, 25, 31, 34-35, 207, 232
ネス（A. Naess, 1912-2009）	139-141, 143
ノージック（R. Nozick, 1938-2002）	205-208

ハ 行

ハイデガー（M. Heidegger, 1889-1976）	5, 94, 137
パース（C. S. Peirce, 1839-1914）	137, 240
パスカル（B. Pascal, 1632-62）	225
ハッチンス（R. M. Hutchins, 1899-1977）	147-149
ハーツホーン（C. Heartshorn, 1897-2000）	135, 137
ハーバーマス（J. Habermas, 1929- ）	179, 203, 236, 238-239, 242-243, 245
ヒポクラテス（Hippokrates, BC 460 頃-BC 375 頃）	92
ヒューム（D. Hume, 1711-76）	68-69, 121
ピンショー（G. Pinchot, 1865-1946）	123-125
フィルマー（R. Filmer, 1589-1653）	26
フーコー（M. Foucault, 1926-84）	223-224, 226-228
フッサール（E. Husserl, 1859-1938）	137, 232
プラトン（Platon, BC.427-347）	11, 13-16, 21, 34, 141, 237
フリーダン（B. Friedan, 1921-2006）	214

フレーゲ（G. Frege, 1848-1925）	239
フロイト（S. Freud, 1856-1939）	229
プロタゴラス（Protagoras, B.C.480 頃-410 頃）	11
ヘア（R. M. Hare, 1919-2002）	40, 47
ベーコン（F. Bacon, 1561-1626）	94, 104
ペターソン（T. Peterson, 1918-　）	146
ベルクソン（H. Bergson, 1859-1941）	137-138, 140
ベンサム（J. Bentham, 1748-1832）	4-5, 31-32, 226
ヘンペル（C. G. Hempel, 1905-1997）	69
ポッター（V. R. Potter, 1911-2001）	44-45, 47
ホッブズ（T. Hobbes, 1588-1679）	25-29, 115, 204, 206
ボードリャール（J. Baudrillard, 1929-2007）	223
ホワイト（L. White, 1907-87）	133-135, 138, 143
ホワイトヘッド（A. N. Whitehead, 1861-1947）	135-138

マ 行

マクブライド（S. MacBride, 1904-1988）	150-151
マスターマン（L. Masterman, 1939-　）	154
マーチャント（C. Marchant, 1936-　）	138, 141-143
マッキンタイア（A. MacIntyre, 1929-　）	207-208
ミード（G. H. Mead, 1863-1931）	202, 242
ミューア（J. Muir, 1838-1914）	123-125
ミル（J. S. Mill, 1806-73）	5, 32-33
ムーア（G. E. Moore, 1873-1958）	37-38, 40

ヤ 行

ヤスパース（K. Jaspers, 1883-1969）	5
ヨナス（H. Jonas, 1903-1993）	109-111

ラ 行

ライヒ（W. Reich, 1897-1957）	228
ラーキン（A. Larkin）	106
ラッセル（B. Russell, 1872-1970）	136, 239-240
リオタール（J. -F. Lyotard, 1924-98）	223
ルソー（J. -J. Rousseau, 1712-78）	25, 27-29, 34, 204
レオポルド（A. Leopold, 1887-1948）	43-45, 101, 126-128
レーガン（T. Regan, 1938-　）	127-128
ロック（J. Locke, 1632-1704）	25-27, 29, 115, 204, 206, 239
ローティ（R. M. Rorty, 1931-2007）	42-43, 236, 238-242, 245
ロールズ（J. Rawls, 1921-2002）	45, 47, 204-211

ワ 行

和辻哲郎 (1889-1960)　　　　　　　　　　　　　　　　　　　　　　　8, 9

事項索引

ア 行

IT	180, 235
アイデンティティ	220-221
アタラクシア	18-19
アデニン	50
アデノシンデアミナーゼ（ADA）欠損症	54
アドバスターズ・メディア・ファンディション（Adbusters Media Foundation）	170
アドバンス・ディレクティブ	95
アパテイア	18
アファーマティヴ・アクション	219
アプリオリ	42, 69
アポステリオリ	69
アミノ酸	53
RNAポリメラーゼ	52
RNA（リボ核酸）	52
アンチセンスRNA	56
安楽死	94
——法	94
ES細胞株	59
以心伝心	245
一望監視施設（パノプチコン）	226
一般意志	27-29, 34
イデア	13-14
遺伝カウンセリング	62
遺伝子	7, 52
——解析	61
——検査	61
——差別	61
——修復	56
——診断	61
——置換	56
——治療	56
——特許	57
——発現抑制療法	56
——補充療法	56
遺伝情報	7
遺伝病の確定診断	61
EBM	96
医療消費者運動	90
医療倫理	44
因果関係	68
インスリン非依存性糖尿病（NIDDM）	55
インターネット・エシックス	174
イントロン	53
インファント・ドゥ事件	82
インフォームド・コンセント	57, 91
インフォームド・チョイス	91
インフォームド・ディシジョン	91
インフォメーション・エシックス	173
ウイルスベクター	54
宇宙船地球号	110
ウーマン・リブ運動時	215
ウラシル	52
AIH	76
AID	76
エキソン	53
エコエティカ	111
エコフェミニズム	141, 214-216
エコロジー運動	216
SOL	90
エスニシティ	210
エスノセントリズム	220
NBM	96
NBN	97
エピクロス派	18-20
遠隔責任の命法	110-111
塩基	51
——対	51
エンパワーメント	158
OECD 8原則	182

応用倫理	6-7
――学	43,47
大いなる〈閉じこめ〉	225
オゾン層破壊	108
オルターナティブ・メディア	197
オンブズマン	193
オンライン・プロファイリング	182

カ　行

快	37
解釈論的転回	239
会話	43,239
科学	41,43
――技術	45,47
――主義	66
核	50
学際的	45
格差原理	205-208
仮言命法	30
重なりあう合意	210
カースト制	242
価値判断	4,38,40,42
価値命題	240
家父長制	215
神の死	34
環境破壊	102-103,107,110-111
環境ファシズム	127-128
環境保護	112
環境倫理	6
――学	44
幹細胞（stem cell）	58
――化	60
患者の権利章典	90
観想	16,22
機械論的自然観	104,215
器質死	63
機能死	63
規範理論	146
規範倫理学	37,39,46
義務	46,117
――論	46
客観主義	237
客観性	43,48
客観的真理	241
客観的妥当性	39
QOL	90
狂気	225
共生	216
強制によらない合意	241
共同体	43-44
――論	207
――論者	209
京都議定書	142
共約可能性	241
拒絶反応	60
キリスト教	133,135,137-139
――的	134-135
グアニン	50
組み換えDNA	56
グローバリゼーション	200-201
グローバル・スタンダード	200,210
クローン人間	60
クローン胚	60
ケアリング	97
経験	38,42
経済	46
――学	45,47
――的価値	43
啓蒙主義	25,31,34-35,207
契約	117
ゲノミクス（ゲノム学）	58
ゲノム創薬	57
ゲノムの個人差	54
権原理論	205-207
原告適格	113
言語行為論	243
言語分析	37
現実的二元論	71
検証理論	240
原初状態	46,204-205,208-209
顕微授精	77
権利	46,117

権力	224
合意	43
広告の規制（規律）	165
広告の機能	161
広告の制作	163
広告の定義	160
広告リテラシー	169
恒常的連接	68
公正としての正義	46
行動綱領（北京行動綱領）	187
公民状態	27
功利主義	25,31-32,37-38,46-47,206
合理性	43
合理的	46
個人情報	182
――の漏洩	58
骨髄移植	59
コード	55
五道	8
子どもの権利	119
――条約	185-186,190
コドン（codon：遺伝暗号）	53
コミュニケーション	236
コミュニケートする権利	151-152
コミュニタリアニズム	207
コモンウェルス	26-27
語用論	238
コンピュータ・エシックス	173

サ 行

差異	232
再生医療	58
多能性幹細胞（pluripotent stem cell）	58
最大多数の最大幸福	4,32
サイトカイン	56
差延	231
差別主義	120
サロゲート・マザー	78
産業革命	105
CAM	97
シエラ・クラブ	123
ジェンダー	186,194-195,210-212,214-217,220
――とメディア	191
――の視点	195
――フリー	217
資源枯渇	105-106,108-109
四元徳	14,22
自己意識要件	69
自己決定権	33
事実判断	38,40,42
自然科学	39,44-45
自然環境保全法	125
自然権	25-27,115,204,206
自然主義	37,40-42
――的誤謬	38,40
自然状態	25-28,204,206
自然中心主義	112
自然の権利	112
自然の権利訴訟	112
自然の法則	4
自然法	26,204
持続可能な開発	143
事態	67
疾患感受性遺伝子	55
質素	109,111
実存の美学	227
質的功利主義	32
シトシン	50
死の三徴候	65
自文化〈民族〉中心主義	43,239,241
死への存在	94
自民族中心主義	220
社会科学	45
社会契約説	25-27,31,46,204,207
社会正義論	46-47
社会善	45
社会存在の理法	9
社会的合意説	243
社会的責任論	147,149
写像理論	240
ジャンク（がらくた）配列	52

事項索引　255

自由意志	20, 21, 23
自由至上主義	204
自由主義	204
住民基本台帳ネットワークシステム	183
主観性	43
種差別	120
主人道徳	34-35
受精卵（余剰凍結胚）	60
——診断	81
主体化＝服従化（assujettissement）	224
出生前診断	79, 82
情動主義	37-39, 41
情報縁	175
情報格差	179
情報リテラシー	175
情報倫理	6
初期胚	59
植物状態	63
女性とメディア（J項）	187
諸民衆の法	210
指令主義	37, 40
人格（パーソン）	67
人工授精	76
人工進化	7
人口増加	108
心身二元論	95
信念	240
新ファジー主義	43
人文科学	44-45
真理の対応説	240
スターリニズム	226
ストア派	17-18, 20
SNP（スニップ）	55
性	224, 227
生活習慣病	54
正義	233
生気論	138, 142, 207, 209-211
——的	133
政治的リベラリズム	210
精子バンク	77
聖書	103-104
生殖系列細胞遺伝子治療	56
生存の科学	45
生態学	43-45, 126
——的危機	133-134
生態系	126
——中心主義	127
成長の限界	108
生物学	41-42, 45
生物多様性	128
——条約	128
生命科学	44
生命中心主義	126
生命倫理	6, 92
——学	44
世界市民	235
世代間の公平	110
世代間倫理	109
善	37, 46, 48
潜在能力	211
染色体	50, 88
全体主義	131
全体論（holism）	45, 137
——的	133, 143
選択的治療停止	82
臓器移植	64
——法	64
造血幹細胞	59
組織幹細胞（Tissue stem cell）	58
ソフィスト	11-12
尊厳死	94

タ　行

体外受精	77
体細胞遺伝子治療	56
胎児条項	80
代替医療	97
代理出産	78
対話	238
多因子遺伝病	54
他者	232-233
脱構築	232

ダブル・スタンダード	80
多文化主義	201,210
多様体	230
単一遺伝子病	54
チェルノブイリ原発事故	106
地球温暖化	107-108
——防止行動計画	107
地球環境問題	47
知性	40,42
——的徳	15-16,22
地平の融合	204
チミン	51
超音波診断	79
調整	9
著作権	180
直観	38
——主義	37
沈黙の春	102-103
DNA	50,88
——多型	55
定義	37,38,40
定言命法	30,237
抵抗権	27
ディープ・エコロジー	139,141
デカダンス	34
デカルト的二元論	66
デザイナー・ベビー	85
デジタル・デモクラシー	178
デジタル・デバイド (digital divide)	152-154,179,190
データ・クレンジング	183
デュシャンヌ型筋ジストロフィー症	54
テーラーメイド医療（オーダーメイド医療）	58
テレビをつけない週間 (TV Turnoff Week)	171
電子民主主義	178
転写	52
当為	38
討議	244
——倫理	242
道家思想	131
統合医療	98
道徳	2
——的実在論	48
動物解放論	120
特殊意志	28-29
土地倫理	43-45,126-127
ドナー	59
——・ベビー	85
トリプレット構造	53
奴隷道徳	34-35

ナ 行

内在的価値	112
二元論	215-216
——的思考	103,105
ニヒリズム	34
人間中心主義	112,125,130-131,216
認識説	37
認識論的転回	239
ヌクレオチド	52
ネチケット	175
ネチズン	175
脳死状態	63
脳死問題	63
ノーマライゼーション	218-219

ハ 行

バイオエシックス	44-45
胚性幹細胞株 (embryonic stem cell line)	59
パースン論	81
パターナリズム	91
発語内行為	243
発症前診断	61
ハッチンス委員会	148
パラノイア的	229
反照的均衡	47
ハンチントン舞踏病	54
ヒト ES 細胞株	59

ヒトゲノム	7	報道と人権	188, 192, 194
──計画	52	報道被害	188
ひとびとのコミュニケーション憲章	152	報道評議会	192
非一人間中心主義	125	方法的懐疑	237
非認識説	37	保証つきの言明可能性	240
ヒポクラテスの誓い	92	ポスト構造主義	223
評価	41-42	ホストマザー	78
表現の自由	196	ポストモダン	223
平等	46	──・フェミニズム	214-215
平等主義的	242	保全	123-124
ファシズム	226, 228	保存	123-124, 131
フェニルケトン尿症	54	母体血清マーカー検査	81
フェミニズム	214, 216, 221	母体保護法	81
──運動	217	ホーリズム（全体論）	126
付加遺伝子療法	56	翻訳	53

マ行

負荷なき自我	208	マイノリティ	210, 214, 217, 219-221
不平等	46	──市民	195-196
普遍的妥当要求	243	マクブライド委員会報告	151
プライバシーの権利	182	マジョリティ	218-221
プラグマティズム	41-43	松本サリン事件報道	189
ブラック・フェミニスト	220	マルチ・カルチュア	236
不立文字	245	ミニマム・スタンダード	210-211
プレス・オンブズマン	192	無知のヴェール	46, 205, 208-209
プレスに関する4理論	146	無買デー（Buy Noting Day）	171
プレスの自由に関する委員会	148	メタ物語	223
プロセス神学	135	メタ倫理学	37, 42, 47-48
プロテアーゼ	55	mRNA（メッセンジャーRNA）	53
フロンガス	108	メディア・カルタ（Media Carta）	171
文化	42-44	メディア研究モデル	155-156
分化誘導	59	メディア・リテラシー	154, 188, 197
分析	38-40	目的の国	31
──的倫理学	37	目的論	46
──哲学	37	──的自然観	104
分配の正義	46	モントリオール議定書	108
分裂症的	229		
……べきである	38, 41-42, 47		

ヤ行

北京行動綱領	191	夜警国家	206
保因者	61	唯物論	67
──診断	61	有機体	41
包括的リベラリズム	210		
放送行政委員会	189, 192, 196		

──の哲学	137-138
有機的統一体論	66
遊牧的	229
幽霊	233
善い	37-41
羊水検査	81
欲望する諸機械	229
欲望の解放	228
欲求	37, 42, 46

ラ行

ラジカル・フェミニズム	214-215
卵子診断	82
リヴァイアサン	26
理性主義	66, 237
理想的発話状況	244
リゾーム	230
離脱	227
リバタリアニズム	204-205, 207
リビング・ウィル	95
リプロダクティブ・ヘルス/ライツ	83
リベラリズム	204, 207
リベラル・フェミニズム	214-215, 220
リボザイム	56
リボソーム	53
良心	44
量的功利主義	32
臨調答申	64
倫理的徳	14-15-6, 22
ルサンチマン	35
連帯	43, 242
ロイシン	55
ロゴス	237
ローマクラブ・グループ	108
ロングフル・アドプション	84
ロングフル・バース	83
ロングフル・ライフ	84
論理実証主義	38
論理的二元論	71

ワ行

我思う、ゆえに我在り	237

著者紹介

大熊圭子（おおくま　けいこ）　担当：第3章3、第5章2
　1993年　日本大学大学院文学研究科哲学専攻博士後期課程修了（単位取得）
　現　在　日本大学法学部准教授
　〔著書〕
　　『21世紀の哲学』（共著）八千代出版、2000年
　〔主要論文〕
　　「あいまい性の探究」『精神科学』第29号、日本大学文理学部哲学研究室、1990年
　　「アドルノの西欧文明批判と無調の哲学」『研究紀要』第9号、日本大学通信教育部通信教育研究所、1996年
　　「日本におけるファジィ理論―制御理論としての受容―」『論理哲学研究』第1号、日本論理哲学会、1999年
　　「ファジィ論理が規定するあいまい性」『精神科学』第38号、日本大学文理学部哲学研究室、2000年

小口裕史（おぐち　ひろふみ）　担当：第1章4
　1996年　東京大学大学院総合文化研究科広域科学専攻相関基礎科学系博士課程修了（単位取得）
　現　在　早稲田大学教育学部・武蔵野美術大学造形学部講師
　〔著書〕
　　『21世紀の論理』（共著）八千代出版、2007年
　〔主要論文〕
　　「デューイの価値論と道徳的実在論―『事実と価値』という二分法に対する批判をめぐって―」『日本デューイ学会紀要』第47号、日本デューイ学会、2006年
　　「『ムーアのパラドックス』とフィッチの『認識可能性のパラドックス』との関係について」『論理哲学研究』第6号、日本論理哲学会、2009年
　〔訳書〕
　　アン・トムソン『論理のスキルアップ　実践クリティカル・リーズニング入門』（共訳）春秋社、2008年

笠松幸一（かさまつ　こういち）　担当：第1章1、第5章4（第1章責任編集）
　1979年　日本大学大学院文学研究科哲学専攻博士課程修了（単位取得）
　現　在　元日本大学文理学部教授
　〔著書〕
　　『プラグマティズムと記号学』（共著）勁草書房、2002年
　　『現代環境思想の展開』（共編著）新泉社、2004年
　〔主要論文〕
　　「プラグマティズムとフランクフルト学派」『理想』669号、理想社、2002年
　　Environmental Philosophy and a Philosopher's Role in Japan, Interkulturalität,

hrsg. von Konrad Meisig, Harrassowitz Verlag, 2006.

京屋憲治（きょうや　けんじ）　担当：第2章1
1986年　早稲田大学大学院文学研究科哲学専攻博士後期課程修了（単位取得）
現　在　東海大学講師
〔主要論文〕
　「合生と知覚」『プロセス思想』第4号、日本ホワイトヘッド・プロセス学会、1991年
　「ホワイトヘッド自然哲学における〈点〉の構成」『哲学世界』第15号、早稲田大学大学院文学研究科哲学専攻、1992年
〔訳書〕
　C.ハーツホーン『コスモロジーの哲学』文化書房博文社、1998年

小松奈美子（こまつ　なみこ）　担当：第2章3・4（第2章責任編集）
1989年　筑波大学大学院教育研究科修士課程修了
元武蔵野大学薬学部教授
〔著書〕
　『新版　生命倫理の扉―生と死を考える』（単著）北樹出版、1998年
　『医療従事者のための補完・代替医療』（共著）金芳堂、2003年
　『統合医療の扉―生命倫理の視角から』（単著）北樹出版、2003年
　『医療倫理の扉―生と死をめぐって』（単著）北樹出版、2005年

小山英一（こやま　えいいち）　担当：第4章2・3
1987年　日本大学大学院文学研究科哲学専攻博士後期課程修了（単位取得）
現　在　日本大学文理学部／生産工学部／通信教育部／商学部・日本体育大学講師
〔著書〕
　『哲学の軌跡』（共著）北樹出版、1998年
　『21世紀の哲学』（共著）八千代出版、2000年
〔主要論文〕
　「世界の豊饒性―フッサールの現象学から見た世界とギブソンの生態学的心理学から見た世界について―」『精神科学』第52号、日本大学、2014年
　「『直接体験重視の原則』と共同体―ブラジルの一部族ピダハンの日常から―」『総合社会科学研究』第3集7号（27号）、総合社会科学会、2015年

齋藤暢人（さいとう　のぶと）　担当：第3章4
2003年　早稲田大学大学院文学研究科哲学専攻博士後期課程修了（単位取得）
現　在　中央学院大学現代教養学部准教授
〔著書〕
　『包まれるヒト―〈環境〉の存在論』（共著）岩波書店、2007年
　『環境のオントロジー』（共編著）春秋社、2008年
〔主要論文〕
　「全体と部分の現象学」『現代思想』37巻16号「総特集フッサール」、青土社、2009年
〔訳書〕
　T・サイダー『四次元主義の哲学』（共訳）春秋社、2008年

杉田広和（すぎた　ひろかず）　担当：第5章3
　1989年　早稲田大学大学院文学研究科哲学専攻博士後期課程修了（単位取得）
　元立正大学講師
　〔著書〕
　　『21世紀の哲学』（共著）八千代出版、2000年
　〔主要論文〕
　　「ヘーゲルにおける『反照』について」『文学研究科紀要別冊第12集』哲学・史学編、早稲田大学大学院、1986年
　　「ヘーゲルの『知覚』論―『反照』と『絡み合い』―」『紀要』第62号人文科学編、法政大学教養部、1987年
　　「ヘーゲル独自の"Reflexion"概念の成立時期の遡及」『哲学世界』第11号、早稲田大学大学院文学研究科哲学専攻、1988年
　〔訳書〕
　　ブライアン・マギー編『西洋哲学の系譜』（共訳）晃洋書房、1993年

鈴木みどり（すずき　みどり）　担当：第4章1・4（第4章責任編集）
　1966年　スタンフォード大学コミュニケーション学部大学院修士課程修了（M.A.）
　元立命館大学産業社会学部教授
　〔著書〕
　　『テレビ・誰のためのメディアか』（単著）學藝書林、1992年
　　『メディア・リテラシーを学ぶ人のために』（単編著）世界思想社、1997年
　　『メディア・リテラシーの現在と未来』（単編著）世界思想社、2001年
　　『study guideメディア・リテラシー』（編著）リベルタ出版、入門編・2002年、ジェンダー編・2003年

高橋陽一郎（たかはし　よういちろう）　担当：第3章1
　1996年　日本大学大学院文学部研究科哲学専攻博士後期課程修了（単位取得）
　現　在　日本大学文理学部教授
　〔著書〕
　　『ショーペンハウアー哲学の再構築―《充足根拠規律の四方向に分岐した根について》（第1版）訳解』（共訳著）法政大学出版局、2002年
　〔主要論文〕
　　「初期ショーペンハウアーにおけるフィヒテ―ショーペンハウアーの《フィヒテ・ノート》を手掛かりとして―」『フィヒテ研究』第6号、1998年
　　「学位論文第1版（1813年）における意志論」『ショーペンハウアー研究』第4号、1999年
　　Neue Dimensionen der "poiesis". Herstellung, Reifung und Restaurierung des Kunstwerkes, dargestellt anhand von Heideggers Kunstphilosophie, in：Unterwegs mit und in der Philosophie-Festschrift für Karl Anton Sprengard, hrsg.von Reinhard Zecher, Verlag Dr. Kovač, Hamburg, 2003.

平野明彦（ひらの　あきひこ）　担当：第1章3、第5章1（第5章責任編集）
1990 年　日本大学大学院文学研究科哲学専攻博士後期課程修了（単位取得）
現　在　日本大学国際関係学部教授
〔主要論文〕
Möglichkeit der Aneignung der Tradition in unserer Zeit anhand von Nietzsche und Jaspers, in Karl Jaspers' Philosophie / Karl Jaspers's Philosophy, Königshausen & Neumann, 2003
「ヤスパースにおける理性の復権」『理想』671 号、理想社、2003 年
Die Möglichkeit des Weltethos in Jaspers' Denken mit Rücksicht auf Weltphilosophie, in Karl Jaspers: Geschichtliche Wirklichkeit / Historic Actuality, Königshausen & Neumann, 2008
〔訳書〕
カール・ヤスパース『哲学的信仰』（共訳）理想社、1998 年

降旗芳彦（ふりはた　よしひこ）　担当：第1章2
1988 年　早稲田大学大学院文学研究科哲学専攻博士後期課程修了（単位取得）
現　在　元実践女子大学文学部准教授
〔著書〕
『中世思想原典集成第 13 巻』（共著）平凡社、1993 年
『中世の学問観』（共著）創文社、1995 年
〔主要論文〕
「責任と不可避性」『実践女子大学文学部紀要』第 44 集、実践女子大学、2001 年
「意図と主体」『総合社会科学研究』第 17 号、総合社会科学会、2005 年

和田和行（わだ　かずゆき）　担当：第2章2、第3章2（第3章責任編集）
1985 年　早稲田大学大学院文学研究科哲学専攻博士課程修了（単位取得）
元日本大学芸術学部教授
〔著書〕
『記号論―その論理と哲学―』（共著）北樹出版、1989 年
『哲学的論理学』（共著）北樹出版、1997 年
〔主要論文〕
「公理的性質論における事態及び完全個体概念の構成」『科学基礎論研究』第 69 号、科学基礎論学会、1987 年
「公理的性質論における可能的世界の構成」『科学基礎論研究』第 71 号、科学基礎論学会、1988 年

21世紀の倫理

2004年5月14日第1版1刷発行
2020年3月31日第1版7刷発行

編著者 ── 笠松幸一・和田和行
発行者 ── 森口 恵美子
印刷所 ── 壮光舎印刷㈱
製本所 ── 渡邉製本㈱
発行所 ── 八千代出版株式会社

〒101-0061 東京都千代田区神田三崎町2-2-13
TEL 03-3262-0420
FAX 03-3237-0723
振替 00190-4-168060

＊定価はカバーに表示してあります。
＊落丁・乱丁本はお取替えいたします。

ISBN978-4-8429-1310-0　　　© 2004　Printed in Japan